KB104261

남성성의 각본들

한국연구총서 102

남성성의 각본들

민족국가의
탄 생 과
남 자 - 되 기

허 윤 지 음

오월의봄

차례

길을 잃은 아들들의 시대
한국 남성성의 각본 다시 쓰기

문학이론가 게오르그 루카치의 『소설의 이론』은 다음과 같이 시작한다. "별이 빛나는 창공을 보고, 갈 수가 있고 또 가야만 하는 길의 지도를 읽을 수 있던 시대는 얼마나 행복했던가?" 서사시의 시대, 길을 나선 여행객들은 하늘의 별을 따라 자신의 갈 길을 정할 수 있었다. 하지만 따라갈 별이 사라진 세계에서 혼자 자신의 길을 개척하는 여행객이 있다. 루카치는 그를 근대성의 담지자로 명명한다. 소설이 '성숙한 남자의 형식'이라는 루카치의 생각은 사라진 별자리 대신 아버지의 질서를 부정하고 길을 떠날 수 있는 자가 남성으로 성별화되었음을 보여준다. 세계와의 대결을 통해 문제적 인간으로 거듭날 수 있는 근대적 인간의 보편값은 남성에서 출발했다.

이 책은 근대성의 표준으로 설정된 남성을 역사화하려는 시도다. 능동적이고 적극적이며, 공격적이고 이성적이라고 대표되는 남자다움은 남성의 본질적이고 자연적인 특징처럼 여겨진다. 여자들은 수동적이고 소극적이며, 피학적이고 감정적이라는 말처럼 말이다. 여성성의 신화는 오랜 시간 페미니스트들에 의해 비판받아왔으며, 이미 낡은 이데올로기가 된 지 오래다. 이제는 남성성이 어떻게 만들어졌고 어떤 사회적 효과를 가지는지 역시도 꼼꼼히 돌아볼 필요가 있다.

해방 이후 남성성의 재건설을 검토하는 것은 민족국가nation의 성립과 젠더 질서를 확인하기 위해서다. 태평양전쟁과 한국전쟁 등 두 차례에 걸친 총력전 체제는 한국이 민족국가를 건설하는 데 큰 영향을 미쳤다. 1945년 8월 15일 일본은 패전을 선언하고, 식민지 조선은 해방되었다. 해방기 조선은 민족국가의 주축이 될 남성 청년을 호명하고 소환하는 데 열심이었다. 이런 풍경은 민족국가의 탄생이 남성성과 맺고 있는 관계를 보여준다. 국가와 시민의 사회계약은 민주주의적 민족국가가 성립하는 필수 요건이다. 프로이트는 「토템과 터부」에서 절대적 아버지가 독점하던 정치력을 남성들이 동등하게 분배하는 과정을 보여준다. 아버지의 권력을 물려받은 아들들은 서로 간의 평등한 관계를 위해 여성을 교환하고 근친상간을 금기로 확립한다. 친족 내 결혼을 금지하는 근친상간이 가부장권의 확립과 직결되기 때문이다. 이를 통해 정치는 아버지가 아니라 우애 있는 복수의 남성들 fraternity, 즉 시민들의 것이 된다. 여성이 남성으로서의 인간, 형제로서의 인간에 복종하게 된 것은 근대 시민사회의 결정적인 특징이며, 사회계약론자들은 가부장적 지배를 실시했다.[1] 민주주의적 민족국가라는 사회체제를 구성하는 것은 곧 남성들 간의 계약이다.

시민혁명을 대표하는 프랑스 혁명을 살펴보자. 공화국의 설립 과정에서 국왕이라는 정치적 아버지는 살해되었고, 평범한 아버지들은 법률의 제약에 굴복하거나 국가의 권위에 의해 대체되었다. 아버지는 무대 중앙에서 사라졌고, 이후 이들은 공화주의적 덕성이라는 남자들 간의 형제애에 기반하여 시민이 된다. 입법의회는 가부장의 특권을 분해하는 작업을 계속하여 개인들 사이, 개인과 국가 사이에 계약관계를 확립시켰다. 따라서 프랑스 혁명에서 박애란 사실상 남성들 사이의 우애에 지나지 않는다.[2]

그렇다면 이 남성들 사이의 우애는 어떻게 만들어지고 유지되는가. 레비스트로스는 친족(남성들 간의 형제 관계)은 여성을 '선물'로 교환하면서 성립한다고 지적한다. 여성은 선물이 될 때만 친족 체계라는 사회 시스템에 기입될 수 있다.

이러한 친족 구조는 여성을 일종의 원자재로 간주하고 가내 노예로 가공하는 체계적인 사회적 장치를 파악하게 해준다. 이 교환에서 남성들은 우애와 상호성을 획득하고, 선물(여성) 은 두 집단의 남성들 사이의 관계를 성립시킨다. 여기서 남성들은 서로를 파트너로 승인한다. 바로 이 '형제애적 계약' 이 정치적 바탕을 이룬다.[3] 형제들 사이의 계약 자체가 남성과 여성 간의 이성애적 결합에 토대를 두고 있다고 볼 수 있다. 아버지와 아들의 오이디푸스 관계를 중심으로 한 민족국가 건설 각본에서 여성은 교환되는 대상으로만 존재할 뿐 계약의 주체는 될 수 없다. 즉 이성애야말로 사회계약에서 당연한 것으로 가정된 강제적 계약이다.[4]

사회계약의 젠더를 묻는 것은 민족국가의 성립이 젠더 규범과 맺는 관계를 살펴보기 위해서다. 근대 민족국가가 성립되면서 공동체의 질서는 젠더화된다. 민족국가의 표상은 남성 청년으로 재현되며, 여성은 생물학적, 문화적, 상징적으로 민족을 재생산한다.[5] 지금껏 많은 연구자들이 남성을 공적 영역에, 여성을 사적 영역에 할당하는 성별화된 구도나 민족국가가 시민을 남성으로 대표재현하는 데 대해 비판해 왔다. 보편 주체이자 젠더 무감적gender-blind이라고 간주된 남성은 고정불변의 상수항을 갖고 있는 것처럼 여겨진다. 남성성은 성적 억압의 중추이거나 가부장제 자본주의, 식민지 제국주의, 폭압적 독재의 표상이었다. 특히나 한국의 남성성은 헤게모니적인 것으로 여겨졌다. 그러나 다른 한편 가부장의 강력한 힘을 근거로 한 헤게모니적 남성성은 도달 불가능한 것이기도 했다. 이 '지배적 허구the dominant fiction'는 남성 주체가 믿고 따라야 할 것으로 상징되지만, 누구도 이를 충족시킬 순 없다.[6] R. W. 코넬이 주장하는 것처럼, 남성성은 헤게모니적 남성성이 포함과 배제의 실천을 통해 구성되는 젠더정치다. 이러한 관점에서 헤게모니적 남성성은 언제나 경합의 여지가 있고, 계속해서 다시 규정되고 다시 협상되어야 하는 역사적 구성물이다. 복수적 남성성에 대한 연구는 상징계를 구성하는 헤게모니적 남성성이 더 이상 유효하지 않다는 진단에서 비롯된다.[7] 따라서 헤게모니적 남성성을 둘러싸고 벌어지는 협상 과정을 세밀하게 살펴볼 필요가 있다.

⁑

근대화와 식민화가 함께 진행된 한국의 경우, 남성성의 발생과 형성 과정이 서구 제국주의 국가들과 같을 수 없다. 아버지의 세계를 떠나 새로이 개척할 세계를, 식민지의 아들은 가질 수 없었기 때문이다. 게다가 식민과 냉전, 태평양전쟁과 한국전쟁으로 이어지는 총력전은 한국을 군사주의적 남성성이 배태한 사회로 구조화했다. 해방 이후 한국사회는 탈식민의 과제를 부여받는다. '대한민국'의 탈식민은 미국 중심의 냉전체제하에서 하위제국으로 거듭나는 것으로 이어진다. 가야트리 스피박은 서구 지식인들과 식민 남성 주체의 공모 과정을 분석하며, 식민 지배자와 식민지 지식인 남성 모두 서구 백인 남성 주체를 보편화하려는 욕망하에 연대하고 있다고 본다.[8] 피식민 국가의 남성 주체는 식민 이후 자국의 국민국가를 재건하는 과정에서 식민지 경험을 여성화하고, 나라를 빼앗긴 전근대 남성들의 무능력으로부터의 분리를 선언함으로써 구성되는데, 식민 이후 한국 식민 남성 주체들은 여성뿐 아니라 남성들 사이에 존재하는 다른 목소리들 역시 삭제한다.[9]

이승만에서 박정희로 이어지는 한국의 정치체제는 북한이라는 적의 존재를 강조하며 병역법·국가보안법·주민등록법 제정 등 다양한 방식의 통치 테크놀로지를 생산했다. 전쟁은 남성성과 민족국가를 젠더화하는 가장 효과적인 기제이다. 국가는 전쟁을 수행하기 위해 남성을 '일등 시민'으로 명명하고 전사자들을 기념한다. 하지만 이 과정에서 일등 시민은 죽거나 다치고 마는 모순에 직면한다. 결국 희생을 명예로 여겨야 한다는 헤게모니적 남성성 각본은 실패할 수

남성성의 각본들

밖에 없었고, 다기한 남성성/들masculinities의 목소리가 곳곳에서 쏟아졌다. 남자다운 남자가 되어야 했지만, 그 누구도 국가 혹은 대통령만큼 남자다울 수는 없었다. 치안국가 남한이 과잉 남성성을 추동하는 동시에 헤게모니적 남성성을 독점했기 때문이다. 또한 미국의 동아시아 체제에 협력하여 한미 양국의 우호적인 관계를 진전시키고 '남한 사람들의 자유를 위해 열심히 싸우는' 미군들을 즐겁게 해주기 위한 수단으로 여성을 제공하기도 했다.[10] 1953년 체결된 한미상호방위조약은 "무기한으로 유효한" 우호를 약속한다. 한국은 주한미군의 비법적 행위를 묵인했다. 한국은 기지촌을 통해 형제의 나라 미국에게 여성을 '선물'한다. 초남성적 국가로 설명되어온 한국사회가 실상 강력한 형제인 미국에 기대지 않으면 안 될 만큼 허약한 토대를 가지고 있다는 것이 이렇게 방증된다.

★
★★

이 책은 민족국가 성립 과정에서 삭제된 여러 목소리를 복원함으로써 복수의 남성성/들을 역사적 주체로 소환하고자 한다. 한국의 남성성을 규명하고, 한국문학의 젠더를 질문하며 헤게모니적 남성성 각본을 탈구축하기 위한 작업이다. 특히 해방 이후부터 1970년대에 이르는 시기를 남성성 각본의 원초적 장면으로 삼아 점검한다. 국가와 민족의 주체로 호명되어온 남성 청년들이 어떤 방식으로 이러한 요구에 응답했는지 살피기 위해서다. 이를 위해 이광수, 김동리의 소설에서부터 한국전쟁기 잡지 『전선문학』 『희망』, 여성국극, 여장남자 코미디 영화에 이르기까지 다양한 텍스트를 다룬다. 비가시화된 여러 남성성/들을 소환함으로써 지금-여기의 남성성이 어디서 비롯되었는지 살펴보려 한다.

1장은 이 책에서 주로 다루는 해방 이후의 전사前史로, 근대 초기 이광수의 단편 소설과 해방 직후 발표된 염상섭의 「해방의 아들」을 겹쳐 읽는다. '이미 거세된 아버지의 세계'를 딛고 출발한 조선의 아들들은 해방과 더불어 '고자로서의 삶'을 끝내고 민족국가의 주체가 될 기회를 확보했다. 2장과 3장에서는 남성 청년의 비상이 우익 청년단체라는 형식으로 재현되는 과정을 서북청년단과 김동리의 소설 『해방』을 중심으로 살폈다. 국가 재건은 남성 청년들의 노력으로 대표재현되었고, 이 과정에서 민족주의적이고 파시즘적인 목소리들 역시 긍정되었다.

4장은 한국전쟁기 발간된 육군의 선전잡지 『전선문학』과 대중잡지 『희망』을 통해 전쟁이 강화하는 젠더규범을 확인했다. 아들은 군인이 되고, 젊은 여성들은 간호장교로 참전하거나 상이군인과 결혼하는 것이 애국이라고 선전했다. 하지만 한국전쟁으로 인한 남성들의 공백은 여성들에게 다른 세계를 상상할 수 있는 가능성을 제공하기도 했다. 여성들은 시장에 나가 상품을 팔고, 다친 남편 대신 일을 했다. 이를 계기로 정치, 경제 등 다양한 영역에 진출하기 시작했으며, 여성들이 축적한 자본은 대중문화장의 변화를 끌어내 여성국극과 같은 공연 양식을 출현시켰다. 5장은 여성국극을 통해 현실 세계의 훼손된 남성들 대신 무대 위의 이상적 남성성을 목격한 1950년대의 상황을 다룬다. 여성국극은 젠더규범의 변화를 직접 확인할 수 있는 공간이었다. '남자보다 더 남자다운' 남역 배우들에 대한 열광은 여성에게는 허락되지 않았던 세계를 상상하게 하는 효과를 가져왔다. 이는 해방과 한국전쟁 등으로 인한 인구의 대이동이 가능케 한 세계이기도 했다.

6장에서는 1950년대 손창섭과 염상섭의 소설을 통해 결혼하지 않는 남성 청년들의 문제를 살펴본다. 결혼을 하고 아들을 낳는 것이 애국이라던 해방 직후의 분위기와 달리, 결혼을 거부하고 남성다움을 비수행하는 청년들은 강화되는 젠더규범을 탈구축하고, 헤게모니적 남성성의 중심축을 뒤흔든다. 이러한 청년들의 배면으로 여성을 혐오하는 남자들이 등장한다. 7장은 1950년대 소설과 담론에서 드러나는 여성혐오에 대해 문화사적 해석을 시도한다. 해방 이후 가속화된 미국을 중심으로 한 아시아의 냉전 질서하에서 '양공주' '자유부인' 일본군 '위안부' 등이 담론화되는 방식을 논하며 국제 질서를 담론적으로 정당화시키는 여성혐오의 양상을 살펴본다. 이런 담론들은 약화된 한국의 남성성을 은폐하는 데 활용되었다.

8장~11장은 박정희 체제의 통치성이 구축한 젠더규범과의 길항을 살펴본다. 박정희 체제가 강화한 경범죄처벌법과 병역법 등의 법적 통치성은 불특정 다수의 남성 청년을 구속하는 방식으로 작동했다. 8장에서는 자신의 성별이나 이름 등을 숨기고 살았던 퀴어들을 처벌한 박정희 체제를 통해 남성 일반을 위법적 존재로 형상화하는 방식을 살핀다. 9장과 10장은 박정희 체제의 통치성과 길항한 1960년대의 대중문화를 통해 다기한 남성성/들을 조망한다. 9장의 경우, 한국 최초의 SF 소설로 일컬어지는 문윤성의 『완전사회』를 통해 남자 없는 세계를 따라가본다. 수면여행을 통해 100년 후의 미래에서 깨어난 한국 남자 우선구는 성별이 없는 세계를 목도한다. 젠더리스한 여성들의 세계에서 유일한 남자가 된 그는 섹스를 거부함으로써 시원적 아버지의 자리를 포기한다. 10장의 경우, 여장남자 코미디 영화를 통해서 거세된 남성 청년들의 '남자-되기' 과정을 분석한다. 하위모방의 일종으로 등장하는 여장남자들은 가부장제적 사회문화의 구조에서 파열음을 만들어낸다. 물론 이러한 대중서사 텍스트는 남성 청년들이 사랑하는 여자를 만나 결혼하는 등 이성애 정상성을 제도화하는 식으로 끝을 맺지만, 대중서사적 결론보다는 그 내부의 균열이나 다양성을 살피는 것이 더욱더 중요하다.

11장에서는 황석영의 소설을 통해 박정희 체제에 대항하는 남성 주체가 어떤 식으로 형성되는지 검토한다. 고향을 떠나 일터로 이주하는 남성이 산업화 시대 민중의 표상이었던 반면, 이주하는 여성은 언젠가 고향으로 돌아가야 할 존재였다. 백화가 고향으로 돌아가고, 미리가 부르주아의 도덕에서 벗어나지 못한 것은, 황석영 소설이 여성을 민중적 주체로, 변혁 운동의 중심적 인물로 상상하지 않았기 때문이다. 민중에 대한 이런 식의 젠더화는 한국의 민족문학이 문학사의 주체를 표상하는 방식과도 깊게 연관된다.

이 책에 실린 글들은 지난 2012년부터 약 10년간 한국의 남성성을 연구한 결과물이다. 해방 전후부터 박정희 체제에 이르는 시기를 헤게모니적 남성성의 구축과 탈구축이라는 관점에서 읽어내고자 했다. 나의 고민은 헤게모니적 남성성에서 밀려난 비非-남성에 주목하는 것이었다. 이런 문제의

식 속에서 정전화된 남성적 리얼리즘을 질문하고, 역사·문화적으로 구성된 남성성의 안팎을 들여다보았다. 남성성을 탈구축하고, 젠더화된 문학사를 헤게모니적 남성성이라는 지배적 허구에 관한 텍스트로 다시 읽음으로써 더 많은 텍스트들, 더 많은 가능성들과 조우할 수 있었다. 남성성을 곧 성적 억압의 중추이자 적대의 대상으로 보는 시각에서 더 나아가, 남성성 역시 역사적 담론 구성체이며 변화할 수 있다는 점을 강조해야 한다.

그사이 한국사회에서는 '페미니즘적 전환'이 일어났다. 강남역 살인사건, #○○계_내_성폭력 고발, 미투운동 등은 인간의 권리, 사회적 질서, 젠더규범을 전면적으로 의심하게 만드는 '사건'이었다. 여성과 남성, 섹스와 젠더, 권리 보장과 보호 등 다양한 의제가 공론장으로 쏟아져 나왔으며, 젠더감수성에 대한 공통감각이 그 어느 때보다 높아졌다. 이뿐만 아니라 트랜스젠더 군인 고故 변희수 하사의 커밍아웃, 양심적 병역거부 첫 무죄 판결 등 한국사회에서 한 번도 도전받은 적 없던 남성성의 가치가 다각도로 그 균열을 드러내기 시작했다. 젠더규범이 사람들의 실천과 행위에 따라 변화할 수 있는 것이라면, 지금이야말로 남성성의 변화를 진지하게 고민할 때가 아닐까.

이 책이 나오기까지 여러분의 도움을 받았다. 우선 한국연구원 총서로 선정해주신 김상원 원장님과 심사위원 선생님들께 감사드린다. 덕분에 여물지 못한 글을 단행본으로 정리할 기회를 가질 수 있었다. 흔쾌히 책을 맡아주신 출판사 오월의봄과 편집자 임세현 선생님께도 인사를 전한다. 덕분에 만듦새가 좋은 책이 될 수 있었다.

개인적으로 여러 변화가 있었다. 부산으로 옮겨 새로운 학생들, 동료들과 만났다. '길 위의 삶'을 살펴주는 가족들과 부족한 점이 많은 사람을 넉넉한 마음으로 지켜봐주는 분들에게 온 마음으로 인사를 전한다.

2021년 10월

허윤

주

1   캐롤 페이트만, 『남과 여, 은폐된 성적 계약』, 이충훈·유영근 옮김, 이후, 2001. 페이트먼은 이 정치적 권리가 가족이나 사적인 것이 비정치적 영역으로 전이됨으로써 은폐되었다고 본다. 결국 가부장제란 여성으로부터 지속적인 복종을 끌어내기 위해 변형·고안된 최신의 장치인 셈이다. 사회계약으로 맺어진 가부장제를 지탱한다는 것은 곧 여성을 교환 가능한 상징적 재산으로 이용하는 것과 같다.

2   린 헌트, 『프랑스 혁명의 가족 로망스』, 조한욱 옮김, 새물결, 1999.

3   게일 루빈, 『일탈』, 신혜수 외 3인 옮김, 현실문화, 2015.

4   모니크 위티그, 『모니크 위티그의 스트레이트 마인드』, 허윤 옮김, 행성B, 2020.

5   니라 유발-데이비스, 『젠더와 민족』, 박혜란 옮김, 그린비, 2012.

6   Kaja Silverman, *Male Subjectivity at the Margins*, Routledge, 1992.

7   R. W. 코넬, 『남성성/들』, 안상욱·현민 옮김, 이매진, 2013.

8   가야트리 스피박, 『다른 세상에서』, 태혜숙 옮김, 여이연, 2003.

9   권김현영, 「민족주의 이념논쟁과 후기 식민 남성성」, 『문화과학』 49, 문화과학사, 2007, 39~54쪽.

10 캐서린 H. S. 문, 『동맹 속의 섹스』, 이정주 옮김, 삼인, 2002.

기로에 선 아들들

불안과 공허의 식민지를 살아가는 법

이미 상실한 아버지의 세계

프로이트의 가족 로망스는 아버지를 부정하는 아들의 이야기에서 출발한다. 주체는 유아기의 나르시시즘으로 인해 자신이 이렇게 평범한 가정에서 태어났다는 것을 받아들이지 못하고 스스로를 업둥이나 사생아로 상상한다. 로망스(소설)의 탄생은 곧 자신의 아버지를 부정하는 이 첫 번째 거짓말과 긴밀히 얽혀 있다. 마르트 로베르는 근대문학이 이 가족 로망스에서 시작한다고 설명한다. 『기원의 소설, 소설의 기원』은 로빈슨 크루소를 통해 아버지를 부정하고 자신의 세계를 개척하기 위해 집을 나서는 아들의 서사를 다룬다. "소설이야말로 오이디푸스적 장르"인 것이다.[1] 아버지로 상징되는 기존 질서로부터 해방되어 개인으로 바로 서는 것, 이것이 근대성의 신화이자 근대문학의 기원이다.

이처럼 아버지를 부정하는 아들의 세계는 세대 교체와 권력 분배에 대한 상상력을 바탕으로 만들어진다. 제우스는 아버지 크로노스를 죽여서 형제들을 구해내고, 신전의 주인이 된다. 그리스 신전의 12신은 아버지의 죽음을 딛고 형제로 맺어진다. 제우스식 민주주의의 승리다. 그러나 크로노스 역시 한때는 아들을 집어삼키는 아버지를 죽인 아들이었다. 영원히 사는 아버지를 죽여야만, 새로운 세대는 탄생할 수 있다. 제우스의 신화는 권력을 독점하는 왕을 죽이고 그 권력을 나눠 갖는 근대 시민의 탄생을 상징하는 비유로 등장한다. 프로이트도 「토템과 터부」에서 막강한 권력을 휘두르는 아버지가 있던 원시시대가 아들들의 조직적 아버지 살해를 통해 해체되는 데 주목한다. 이 시원적 아버지를 죽인 아들들은 죄책감을 해소하기 위해 사회계약을 탄생시킨다. 본능적인 충동의 단념, 상호 의무의 인식, 신성하다고 선언된 특정 제도의 제정과 더불어 근친상간이 금기가 되고, 족외혼이 나타난다. 형제 동맹은 남성적 사회구조를 분석하는 데 유효한 틀을 제공했다.[2] 하지만 이 아버지 살해의 신화는 동아시아의 식민지 조선에서 굴절된다. 조선의 아들들에게는 죽일 아버지가 존재하지 않았기 때문이다.

제국 일본의 등장으로 조선 청년들은 아버지와 대결할

남성성의 각본들

기회를 빼앗겼다. 아버지와 함께 거세된 아들은 주체가 되기 위해 어떤 모델을 따를 것인지 고민해야 했다. 이러한 고민과 방황을 보여주는 것이 『무정』의 이형식이나 『만세전』의 이인화다. '고아' 이형식은 불쌍한 민족을 가르치고 계몽할 역할을 자임했으나, 성장 과정 내내 여성 조력자들의 도움에 의지했다. 아내가 위독하다는 편지를 받고도 조선으로 돌아오기를 망설인 이인화 역시 마찬가지다. 도쿄의 이인화에게 도착한 전보는 식민지의 현실을, 아픈 아내와 무덤 같은 조국을 불러냈다. 제국의 세계질서에서 식민지는 헤게모니에 종속된 채 주변화되어 '사철 발 벗은 아내'나 한복을 입은 기생과 같은 여성 이미지로 표상된다. 이들은 남편이나 오빠가 지식과 힘을 가지고 돌아오기를 기다리고 있다. 하지만 이인화는 집으로 가는 발걸음을 최대한 지연시킨다. 그렇다고 해서 아내나 무덤 같은 조선을 버릴 수도 없다. 돌아가고 싶지 않지만 궁극에는 돌아갈 수밖에 없는 그곳은 식민지인인 그가 처음부터 박탈당했던 헤게모니적 남성성의 세계인 것이다.

아버지의 세계를 이미 상실한 아들은 "한 번만 더 날아보자꾸나"를 외치고 싶었던 「날개」의 '나'가 된다. 볕이 들지 않는 유곽에서 '박제가 되어버린 천재'들은 역사의 파국을 증언하는 주체가 되기 위해 '짓밟힌 아내'로 표상되는 여성 섹슈얼리티를 관통한다. 일본의 황국신민으로서 오이디푸스 콤플렉스를 겪는 것도 남성들이고 전선에서 피를 흘린 것도 남성들이다. 고향을 잃고 도시에서 방황하는 것도 남성이다. 댄디한 모던보이 역시 식민지가 만들어낸 남성성/들이었다. 소영현은 청년 담론을 개인, 사회와 네이션, 젠더 등의 역사적 조건의 역학관계 속에서 '고정하고 실체화하지 않는' 방식으로 근대의 주자가 되는 '과정' 자체로 정의한다. 즉 근대 청년 담론은 서구의 진보적 인본주의에 기초하면서 인본주의 사상과 자본주의적 경제체제, 국민국가 체제의 교차점으로서 근대적 시민상을 만들어내는 과정이라 할 수 있다. 이와 동시에 기존의 가치에서 분리된 존재를 시대정신이나 요구에 따라 재배치하는 작업이 동반되기 때문에, 개인으로서의 청년에 대한 요구와 집단으로서의 청년에 대한 요구는 서로 갈등하게 된다.[3] 신사가 식민지인의 전형이었다면, 문학청년들의 불온성은 민족적 저항성을 표상했다.[4] 이러한 양상은 무엇보다 식민지의 헤게모니적 남성성과 길항하는 남성성/들에서 가장 잘 드러난다. 국가와 민족이 일치하지 않는 상황에서, 집단과 개인의 욕망이 갈등하는 상황에서 남성성/들은 어떤 방식으로 직조되었을까?

이광수의 퀴어한 소년들

'근대문학의 아버지' 이광수는 1916년 「문학이란 何오」에서 강한 전통 단절의 의지를 보인다.[5] 신라 이래 천년의 역사는 중국의 영향하에 있었기에 조선의 문학은 없다고 단언하는 이광수의 주장은 "조선 문학은 오직 장래가 유할 뿐이요 과거는 무하다 함이 합당하"다는 말을 통해 잘 드러난다. 이를 뒷받침하듯 이광수는 소설에서 신교육과 자유연애를 재현하면서 구질서의 몰락과 전통 부정의 의지를 표명한다. 규범이라는 이름으로 내면화된 아버지를 적극적으로 부정하고 살해함으로써 근대라는 새로운 시대를 맞이하고자 한 것이다.[6] 이러한 아버지 살해의 욕망은 근대국가의 탄생을 설명하는 상징으로 사용되었다.

아버지 살해와 아들들의 연대는 식민지 조선에서 굴절된다. 조선이라는 아버지는 죽었으나 아들이 죽인 것은 아니었다. 제국 일본이라는 더 강력한 가부장이 바깥에서 등장했기 때문이다. 조선의 아들은 전근대적인 아버지를, 권력을 독점하고 있는 기존의 레짐을 해체할 기회조차 갖지 못했다. 이러한 정치적 변화는 국민(황국신민)이지만 시민은 될 수 없는 조선의 현실과 만나, 남성 청년의 행위를 제한한다. 즉 식민지 소설에 등장하는 '행위하지 않음'은 근대 시민의 자격을 부여받지 못한 탓이기도 하다. 아버지의 권력을 이어받지 못한 아들들은 교환할 자원이 없다. 서로 여성을 교환함으로써 자원을 획득했던 남성동성사회의 질서를 수행할 수 없는 것이다. 그 결과 남성동성사회의 성애적 측면이 도리어 가시화된다. 이광수의 초기 소설들에 이런 지점이 잘 드러난다.

이광수는 문학은 情(정)이 중심이 되어 카타르시스를 발현하는 것이지, 결코 교화하거나 가르치는 것이 아니라고 주장한다. 정을 소재와 주제 면에서 근간으로 삼아 활용한 문학이 시대고금을 막론하고 아름다운 이야기가 될 수 있다는 주장도 마찬가지다. 정이 개성의 중심을 이룬다는 그의 사고에는 주체로서의 개인상을 세우고자 하는 근대적 의도가 반영되어 있다. 그의 초기 소설에 주로 등장하는 '사랑'에 관한 서사가 이를 보여준다.[7]

문학은 정情의 기초상에 입立하였나니, 정과 오吾인의 관계를 종從하여 문학의 경중이 생하리로다. 고석에서는 한국下國에서나 정을 천히 여기고 이지만 중히 여겼나니, 차는 아직 인류에게 개성의 인식이 명료치 아니하였음이다.[8]

그런데 이광수 초기 단편에서 나타나는 사랑은 성애적 욕망이라기보다 동정sympathy에 가깝다.[9] 「소년의 비애」속 문호는 중학교에 다니는 학생이다. 그가 주말이 되어 본가로 돌아올 때면, 종매들은 마을 근처 나무에까지 가서 기다린다. 문호가 사랑하는 이도 자신의 아내가 아니라 사촌동생들이다. 그가 여성에게 갖는 특별한 감정은 "부친보다도 모친께, 숙부보다도 숙모께, 형제보다도 자매께" 향하는 애정에서 잘 드러난다. 문호는 종매들이 가진 재주와 배움에 대한 열망을 사랑한다. 이처럼 이광수가 말하는 정은 남녀 간의 사랑이라는 좁은 의미를 넘어선다. 김윤식은 이광수의 동성애를 '사랑 기갈증' '사랑 기갈 콤플렉스'라는 측면에서 설명한다. 마사오, 종매, 조선 민족으로 사랑의 대상이 확장되는 것에서 이광수에게 있는 사랑 기갈 콤플렉스를 엿볼 수 있다는 것이다.[10] 한국 근대문학의 아버지에게는 열렬히 사랑을 토로하는 청년이 있다.

이광수가 1909년 시로가네 학보에 낸 첫 번째 소설 「사랑인가」와 1918년 발표한 「윤광호」는 모두 소년의 첫사랑에 관한 이야기다. 「사랑인가」의 주인공 문길은 도쿄에 유학 중인 조선인으로 동급생인 마사오를 연모한다. 소설은 마사오에 대한 문길의 애정과 고백, 번민을 그려낸다. 문길은 마사오의 거절에 좌절하여 선로에서 자살을 기도한다. 습작기의 소설인 만큼 구성이 탄탄하게 갖추어져 있지는 않다. 시점도 1인칭과 3인칭이 혼재하고, 혼잣말과 생각이 구분 없이 전개되는 등 텍스트의 미학적 차원에서는 소품에 더 가깝다. 대신 소설은 동급생 마사오를 좋아하는 소년 문길의 마음만큼은 충실하게 재현해낸다. 「윤광호」도 비슷하다. 특대생이 될 만큼 우수한 조선인 유학생 윤광호는 어느 날 P를 보고 사랑에 빠진다. P가 다니는 길 주변을 서성이며 기다리고, 그를 붙잡고 사랑 고백을 하기에 이른다. 하지만 윤광호는 P에게 거절당해 자살한다. 소설의 마지막은 "P는 남자러라"라는 관찰자의 진술로 끝난다.

부모가 죽고 가난하게 살다가 어느 고관의 도움으로 일본 유학길에 오른 문길이나 아버지가 죽은 뒤 어머니가 재가한 윤광호는 아버지를 잃은 아들의 상황을 보여준다. 이들은 모두 외부의 도움으로 유학길에 오른 우수한 학생이다. 윤광호의 경우 "특대생이 무엇인지는 모르건마는 아마 대과급제 가튼것이어니하고 깃버"할 어머니가 있다는 점에서 차이가 있기는 하지만, 아버지 없이 성장해야 했다는 점에서는 동일하다.

> 문길은 열한 살 때 부모와 사별하고 홀몸으로 세상 속의 쓰라림을 맛보았다. 그는 친척이 없지는 않았으나, 그의 집이 부유할 때의 친척이지 일단 그가 영락의 몸이 된 후로는 누구 한 사람 그를 돌보아주는 자 없었다.[11]

그는 전유학계에서 이러한 칭찬을 바들때에는 십삼사년전의 과거를 회상치아니치못한다. 그때에 자기는 부친을 여의고 모친은 재가하고 자자한 독신으로 혹은 일본집에서 사환노릇을 하며 혹은 국수집에서 멈살이를 하였다. 그때에 자기의 운명은 비루한 무의무가한 하급노동자밧게 될 것이업섯다.[12]

문길과 윤광호는 식민종주국에서 공부하고 있는 식민지 지식인이다. 이들은 이미 죽고 없는 조선이라는 아버지 대신 근대 문물을 배운 민족적 지도자로 거듭나 그 자신이 새로운 아버지가 될 수 있는 가능성을 가지고 있다. 그런데 공교롭게도 이 두 인물 모두 사랑 대상으로 또래 남성을 선택한다. 문길은 마사오라는 동급 친구를, 윤광호는 P라는 타학교 남학생을 사랑한다. 이는 자아 이상을 사랑 대상으로 선택하는 경향으로 볼 수 있다.[13] 보통 자아를 향한 리비도는 대상으로 전환되는데, 어떤 사람들의 경우는 대상 리비도와 자아 리비도 사이의 균형이 깨져서 붕괴하게 된다. 자아 리비도를 모두 대상에게 투사하는 것이다. 이를 보여주는 것이 나르시시즘적 사랑 대상의 선택[14]이다. 윤광호와 문길은 상대를 자신의 전부로 여기고, 자신의 목숨이 상대에게 달려 있다고 믿는다. 나르시스가 수면에 비친 자신의 모습을 사랑

해서 물에 뛰어들어 죽은 것처럼 그들 역시 자신 밖에 있는
자신의 모습과 사랑에 빠진다.

> 무리하게도 그는 자기를 사랑하고 있다고 결정하고 있었
> 다. 바로 이점에 괴로움이 있는 것이다. 그는 마사오를 목
> 숨같이 생각했던 것이다. 밤낮 마사오를 생각하지 않은 때
> 는 없었다. 수업중에조차도 생각하지 않을 수 없었다.[15]
> 모친은 맛당히 죽을 사람이로대 P는 결코 죽어서 못될 사
> 람이엇다. 천지는 업서질지언뎡 P는 업서서 되지못하엿다.
> 광호의 목슴은 P를 위하야서 잇고 P가 잇기 때문에 잇는것
> 이엇다. P가 금시에 죽는다하면 광호의 생명은 그순간에
> 소멸될듯하다. 광호로는 P를 제하고는 생명도 생각할수업
> 고 우주도 생각할수업다.[16]

문길과 윤광호는 모두 상대방을 자신의 목숨처럼 생각
한다. 심지어 어머니보다도 더 귀하게 여긴다. 그러나 이 사
랑은 일방적이다. 윤광호와 문길은 직접 상대를 만나 사랑을
이야기하지 않고 편지를 보낸다. 편지는 대화와는 달리 상대
의 이야기를 듣지 않아도 된다. 화자가 하는 말에 대해 즉각
적으로 반응하거나 소통할 수 없기 때문에 오롯이 자신의 감
정만을 솔직하게 고백하기 좋은 매체이다. 사랑에 빠진 문길

과 윤광호는 직접적인 고백 대신 편지를 통해 일방적으로 자신의 감정을 표현한다.

그래도 다소는 자기에게 애정을 두었거니하였다. 잇다금 광호를 돌아보며 방그시 웃는 것은 얼마콤 광호의 애정을 깨닷고 또 광호에게 대하야 얼마콤 동정을 하거니 하였다. 그래서 광호가 이런 말을 하면 P가 "나도 그대를 사랑하오" 하지는아니하더라도 따듯이 동정하는 말이라도 하려니하엿던 것이 이러한 냉대를 당하니 광호는 광장에 땅을 파고 들어가고십다.[17]

윤광호는 현실과 대면하는 것을 유예시키고 편지로 자신의 감정을 표출하려고 시도한다. 문길이 마사오를 찾아갔음에도 그를 쉽게 부르지 못하고 밖에서 기척만 내는 것은 직접 현실을 대면하고 싶어 하지 않는 심리의 발로이다. 문길과 윤광호가 막상 현실을 대면했을 때 상황은 분명한 거부와 거절로 끝나기 때문이다. 이들의 성애화된 관계는 식민지와 식민종주국 사이에 존재하는 주체의 위치 차이를 가시화한다. 식민지 조선의 유학생들은 그 사랑을, 형제로서의 애정을 거절당할 수밖에 없는 위치에 놓여 있었다.

한번 이 난류의 따뜻한맛을본 광호는 도저히 다시 빙세계에서 살수가업게되엿다. 그는 난류를 구하고 구하다가 득하면 살고 부득하면 죽을수밧게업다. 그의 생명은 오직 P의 향배에 달렷다. 그런데 P는 광호를 돌아보지아니한다. 이러케 생각할때에 광호는 소리를 내어 울며, "나는 죽을랍니다."하는 소리는 마치 패전한 장수가 자문刺文하려할때에 부르는 노래와가티 비창悲愴하엿다.[18]

문길은 자신의 사랑이 거절당했다고 느끼고 돌아서는 순간 선로에서 자살을 결심한다.

그는 철도 노선에 달라붙어 3간쯤 가서, 동쪽의 레일을 베고 누워 다음 기차가 오기를 이젠가 저젠가 기다리며 구름 사이로 흘러나오는 별빛을 응시하고 있었다. 아아, 이것이 나의 최후이다. 작은 두뇌 속에 품었던 이상은 지금 어디인가, 아아, 이것이 나의 마지막이다.[19]

이때 선택하는 자살 방식이 기차와 철로라는 점이 흥미롭다. 철도와 기차는 근대의 상징이다. 개화가 시작되면서 가장 먼저 도입된 요소가 기차이기 때문이다. 근대성의 상징인 기차 위에서 자살하는 문길의 모습은 근대성에 의해 처벌

남성성의 각본들

받는 자아의 모습을 드러낸다. 사랑에 실패하고, 형제가 되지 못한 청년들은 죽음을 선택한다.

　조선에서 식민종주국 일본으로 유학을 간 학생들은 유학이나 한문학을 부정하고 일본식의 서양 학문을 받아들이지만 동시에 아버지를 살해한 근대와 일본에 대해 반감을 가지고 자신을 처벌한다. 그들은 근대화된 일본을 배우고 따르면서도 거세된 조선으로 돌아가 민족적 지도자로 거듭나야 한다는 이중적 요구와 직면하고 있었다. 일본에 대한 이러한 양가감정은 식민지 시대 지식인의 착종적 면모를 보여준다. 식민지 지식인이 가지고 있던 근본적 죄책감은 아버지를 죽인 자를 다시 아버지로 여겨야 하는 모순에서 기인한다. 이 죄책감은 윤광호와 문길을 죽음으로 추동하는 힘이 된다. 아버지를 살해했다는 죄책감과 그 질서를 훼손시키고 있다는 위협이 아들을 우울증으로 몰아넣고, 자기 처벌의 수순을 밟게 한다. 우울증자의 자학적 증상에는 자기 처벌에 대한 욕망이 내재되어 있다. 아버지를 죽이고 새로운 시대를 개척하는 것은, 식민지의 아들에게는 불가능했다. 전통을 부정하고 적극적으로 '고아'임을 표명하는 동시에 '조선의 지도자'가 되겠다는 민족적 의지를 가진 근대의 유학생들은 아버지를 죽이고 싶어 하면서도 동시에 아버지의 질서에 따라 자기를 처벌하는 아들들이다. 다시 말해 식민지의 아들들은 '행위하지 않음'을 행위하는 비주체적 상황에 스스로를 투입했다.

아들들을 짓누른 히스테리

근대문학을 대표하는 작가 염상섭은 일제 말기를 "고자의 시간"으로 명명함으로써 일제의 통치 아래에서 제 날개를 펴지 못한 조선의 상황을 '거세된 청년'에 빗대어 표현했다. 이처럼 '비非수행'을 특징으로 하던 식민지 남성 청년은 해방과 더불어 비로소 주체가 될 수 있는 기회를 맞이한다. 일제 말의 긴 침묵을 깨고 1946년 발표된 염상섭의 소설 「해방의 아들」은 해방된 조선에서 강한 남성성을 표상으로 재건을 상상한다. 염상섭이 '첫걸음'[20]으로 제시한 것은 가족 건설을 통한 민족의 재건이다. 해방 후 만주에서 신의주로 돌아온 홍규는 아내의 출산을 기다리며 태어날 아이에게 붙일 이름을 '해방'(딸일 경우) 혹은 '건국'(아들일 경우)으로 구상한다. 소설은 홍규 아내의 출산과 마쓰노/조준식과의 만남을 병치한다. 마쓰노/조준식은 일본인 어머니와 조선인 아버지 사이에서 태어났지만 아버지가 일찍 죽은 탓에 나가사키의 외조부 호적에 들어가 일본인 행세를 하다가 해방과 더불어 "아버지 성을 찾겠다는 일념"으로 조준식이라는 이름을 되찾는다.

부계 혈통의 뿌리를 찾는 것이 해방과 더불어 일어난 가장 큰 변화였음을 짐작할 수 있다. 이때 홍규는 준식에게 아버지 되기를 가르치는 역할을 맡는다. 육체노동을 통해 가족을 먹여살리고, 태극기를 통해 민족의식을 전한다. 아버지가 일찍 돌아가신 탓에 일본인으로 살아야 했던 준식을 조선인으로 각성시키는 홍규는 준식의 '돌아가신 아버지'가 된다.[21] 이처럼 소설은 홍규와 홍규의 아들인 '건국', 조준식과 그의 아버지처럼 부계 혈통을 세움으로써 민족국가를 설립해야 한다는 의지를 보인다.[22] 그러나 이런 식의 계보 잇기는 가능한 정치적 행위는 아들을 낳고, 부계 혈통을 고수하는 것뿐이라는 사실을 암시하기도 한다. 매일같이 신문을 읽고 정세를 공부하는 홍규는 막노동을 하고 있고, 마쓰노/조준식은 일본에 가야 할지 한국에 남아야 할지 망설이는 중이다. 이들에게 해방된 조선은 가족의 틀 안에서만 상상된다. 이는 이후 한국전쟁을 거치면서 '잃어버린 땅(북한)을 회복한다'는 민족적 대의에 부응할 아들을 낳는 서사로 이어진다.

　　1950년대 발간된 모든 출판물에 게재된 「우리의 맹세」는 청년을 민족의 담지자로 호명한다. 1949년 7월 문교부가 제정한 「우리의 맹세」는 여순사건 진압 후 국방부장관 이범석이 만든 「국군 3대 강령」을 수정한 맹세문으로, 전 국민의 군인화를 의도하고 있다. 이 맹세문은 "1. 우리는 대한민국의 아들딸 죽음으로써 나라를 지키자. 2. 우리는 강철같이 단결하여 공산침략자를 처부수자. 3. 우리는 백두산 영봉에 태극기 날리고 남북통일을 완수하자"의 3개 항으로 수정되어 1950년대 출판된 모든 출판물의 판권 상단에 찍힌다. '대한민국'은 외부의 적인 공산침략자와 제국주의의 야망을 포기하지 못한 일본 등으로 인해 상시적 위험에 노출되어 있기 때문에, 이를 선취하여 "죽음으로써 나라를 지키"고, "'강철같이' 단결하며 백두산을 정복"해야 한다는 주장이 담겨 있다.[23] 「우리의 맹세」가 일제 말에 제창된 황국신민서사의 변형이라는 점은 1950년대의 반공민족주의가 파시즘적 제국주의의 영향권하에 있음을 보여준다. "우리 국민들은 북벌을 갈망하고 있습니다"[24]라는 이승만의 언설은 해방기부터 1950년대를 관통하는 통치 이데올로기의 토대였다. 식민지 주체로 거세된 남성들은 해방을 맞아 국가를 재건하기 위해 자신들이 배운 호전적 남성성을 바탕으로 탈식민을 시도한다. 진정한 독립국가를 만들기 위해 청년들은 남성성을 획득해야 한다. 국가가 남성 청년의 민족주의를 소환한 건 바로 그 때문이다. 1950년 발발한 한국전쟁은 호전적 남성성을 헤게모니적 남성성으로 구성하는 데 주요한 역할을 한다. 이는 한국의 경우에도 마찬가지였다. 해방과 전쟁을 거쳐 군사주의적 남성성은 현대사회의 규범으로 전형화된다.

그러나 이 군사화된 헤게모니적 남성성은 '트러블'을 일으키기도 한다. 일제의 강제동원과 학도병 모집 등에 시달렸던 식민지 조선의 남성 청년은 해방된 조국에서도 다시금 군인으로 동원되는 데 저항감을 가질 수밖에 없었다. 더구나 한국전쟁이 발발하고 성인 남성들의 징집이 시작되자, 목숨을 부지하기 위해서라도 징집을 피하려고 했다. 제1차 세계대전 당시 널리 퍼진 전쟁신경증 환자들은 신체적 상태와 이렇다 할 연관이 없어 설명하기 어려우나 걷잡을 수 없는 경련을 일으키며 전투 임무를 거부했다. 이는 정신적 외상에 의한 히스테리로, 크리스티나 폰 브라운은 이 남성 히스테리가 자신들이 전쟁에 나가 수호해야 했던 것이 인공적 산물, 즉 전쟁 직전에야 생겨났던 민족임을 무의식적으로 깨달은 데서 비롯되었다고 지적한다. 점령국의 적을 자신의 적으로 생각할 수 없었던 이들의 거부 의사가 육체를 통해 드러났다는 것이다.[25] 이는 군인을 소재로 한 한국의 1950년대 대중가요에서도 잘 나타난다. 전쟁에서 싸워 이겨야 한다는 통치성의 압박 속에서도 군인을 한 명의 인간으로 생생하게 묘사하는 노래들이 인기를 끌었다. 그 노래들은 죽음의 공포와 비극성을 계속 일깨운다.[26] 한국전쟁 당시 민족국가 남한은 북한을 적으로 명명했지만, 실제로 전투에 나가서 싸워야 하는 적은 고향 친구들이자 이웃이었다. 이런 상황은 많은 이들에게 전쟁에서의 승리가 결국은 자기 자신의 몰락을 의미할 뿐이라는 공허함을 불러일으켰다.

이렇듯 남성들이 겪은 히스테리는 군사화된 남성성이 민족국가의 남성성을 훼손하고 있었음을 보여준다. 전쟁에서 돌아온 남성들은 재건의 주체가 되지 못하고 자살하거나 범죄를 저지른다. 이들에게 군사화된 남성성의 바탕을 이루어야 할 형제애나 우애는 없다. 헤게모니적 남성성은 남성들이 사수하려 열망하는 이상이지만, 현실의 남성들이 그에 맞추어 살아가기란 불가능하다. 전통적 남성성의 완벽한 외양으로 그려졌던 것들은 깊은 불안감을 숨기는 '인조 피부'였던 셈이다.[27] 해방 이후 한국사회에서 강조한 호전적 남성성 역시 마찬가지다. 영웅으로 칭송된 상이군인들은 가난과 질병에 시달렸고, 자살 또한 급증했다. 백두산에 태극기를 꽂아야 한다는 외침 뒤에는 '여자가 남자보다 더 살기 편한 세상'이라는 진심 어린 넋두리가 있었다.

주

1   마르트 로베르, 『기원의 소설, 소설의 기원』, 김치수·이윤옥 옮김,
    문학과지성사, 2001, 50쪽.
2   지그문트 프로이트, 「토템과 터부」, 『종교의 기원』, 이윤기 옮김,
    열린책들, 2003, 23~240쪽.
3   소영현, 『문학청년의 탄생』, 푸른역사, 2008, 21~63쪽.
4   권보드래, 「문학의 산포 혹은 문학의 고독」, 『문학사 이후의 문학사』,
    푸른역사, 2013, 39~52쪽.
5   "요컨대, 조선문학은 오직 장래가 유할 뿐이요, 과거는 무하다 함이
    합당하니, 종차로 기다한 천재가 배출하여 인적부도한 조선의
    문학야를 개척할지라." 이광수, 「문학이란 何오」(1916), 권영민 엮음,
    『한국의 문학비평』, 민음사, 1995.
6   이광수가 국가를 아버지의 자리에 위치시킨다는 점은 사뭇 분명해
    보인다. 이희춘 역시 이를 지적하고 있다. 그는 이광수의 친일 행적을
    두고 아버지 자리에 일본이라는 강력한 부성을 위치시킨 것으로
    설명한다. 하지만 이런 분석은 민족주의자로서 이광수의 행보, 즉
    초기 이광수가 보이는 민족지도자로서의 자부심을 설명하지 못한다.
    이희춘, 『이광수 소설 연구』, 중문사, 2011.
7   서영채는 이에 대해 이광수가 시대적 전환점에서 새로운 사랑의
    코드를 내세움으로써 이전 시대와 결별하고자 했다고 설명한다.
    이광수가 내세운 낭만적 사랑이 계몽주의적 사랑과 충돌하기는
    하지만 해방의 힘으로 작동하는 열정을 표현한다는 점에서 시대의
    가치관을 보여준다는 것이다. 서영채, 『사랑의 문법』, 민음사, 2004.
8   이광수, 「문학이란 何오」, 『매일신보』, 1916. 11. 15.
9   손유경, 『고통과 동정』, 역사비평, 2008.
10 김윤식, 『이광수와 그의 시대』, 솔, 1999.
11 이광수, 「사랑인가」(1909), 『문학사상』, 1981년 2월, 문학사상사,

1981, 444쪽.

12 이광수, 「윤광호」(1918), 『한국 근대 고백소설 작품 선집 1』, 역락, 2003, 143~144쪽.

13 프로이트는 동성애를 자아를 향한 리비도의 집중으로 설명한다. 지그문트 프로이트, 「나르시시즘 서론」, 『정신분석학의 근본 개념』, 열린책들, 2003.

14 "청소년이 된 아이가 사랑하는 소년들은 대체 인물들에 지나지 않는, 다시 말해 어머니가 자신을 사랑했듯이 아이가 사랑한 자기 자신의 분신들에 지나지 않음으로, 동성애자는 자가 성애로 되돌아 간 것이다. 아이가 나르시시즘에 기초해 사랑 대상을 선택했다고도 말할 수 있을 것이다." 지그문트 프로이트, 「레오나르도 다 빈치의 유년의 기억」, 『예술, 문학, 정신분석』, 열린책들, 2003, 212쪽.

15 이광수, 「사랑인가」, 445~446쪽.

16 이광수, 「윤광호」, 159쪽.

17 같은 책, 150쪽.

18 같은 책, 156~157쪽.

19 이광수, 「사랑인가」, 446쪽.

20 「해방의 아들」은 '첫걸음'이라는 제목으로 발표되었으나, 이후 단행본에 수록되면서 내용의 변화 없이 제호만 바뀐다.

21 "북에 있으나 남으로 내려가나 현해탄을 건너서 나가사키로 가시거나, 이 깃발 밑이 제일 안온하고 평화로울 것을 깨달을 날이 있을 것입니다." …… "고맙습니다. …… 이 기를 받고 나니 인제는 제가 정말 다시 조선에 돌아온 것 같고 조선 사람이 분명히 된 것 같습니다…… 돌아가신, 돌아가신 아버지가, 어려서 어렴풋이 뵙던 아버지가 불현 듯이 다시 한 번 뵙고도 싶습니다!" 염상섭, 「해방의 아들」(1946), 『두 파산』, 문학과지성사, 2006, 332쪽.

22 마쓰노/조준식의 탈식민 문제로 분석되어온 「해방의 아들」을 여성의 자연적 출산과의 오버랩과 페이드아웃으로 설명한 류진희는 젠더를

분석 범주로 하여 근대 민족-국가 체제 속 여성의 존재 의미를 묻는다. 부계적 혈통에 대한 강조 속에서 여성 주체는 봉인되었다는 것이다. 류진희, 「염상섭의 「해방의 아들」과 해방기 민족서사의 젠더」, 『상허학보』 27, 2009, 161~190쪽.

23   「국군 3대 강령」은 "1. 우리는 선열의 혈적을 따라 죽음으로써 민족국가를 지키자. 2. 우리의 상관, 우리의 전우를 공산당이 죽인 것을 명기하자. 3. 우리 군인은 강철같이 단결하여 군기를 엄수하며 국군의 사명을 다하자" 등의 내용을 담고 있었다. 이후 이를 일반 국민이 지켜야 할 규범으로 제시하면서 수정을 거친다. 김득중, 『빨갱이의 탄생』, 선인, 2009, 457쪽.

24   「이승만이 로버트 티 올리버에게 보낸 편지(1949. 9. 30)」, 김인걸 외 엮음, 『한국현대사 강의』, 돌베개, 1998, 123쪽에서 재인용.

25   크리스티나 폰 브라운, 『히스테리』, 엄양선·윤명숙 옮김, 여이연, 2003, 328~360쪽.

26   이영미는 대중가요 속 군인의 표상에 관한 연구에서 1950년대를 '죽음을 무릅쓰는 군인'으로 명명한다. 당시 인기를 누린 군인 소재의 대중가요들이 사적 삶을 가진 인간으로서 군인의 면모를 드러내면서, 개인의 삶과 전쟁의 소모품으로서도 충실히 기능해야 한다는 지배 이데올로기의 요구 사이의 절충점을 보여준다는 분석이다. 이런 가요들은 고향에서 자신이 살아 돌아오기를 기다리는 가족의 모습과 '장부의 길'을 동시에 제시함으로써 대중의 공감을 샀다. 이영미, 「낙동강에서 입영열차까지: 노래 속의 군인 표상과 그 의미」, 『한국문학연구』 46, 2014, 39~85쪽.

27   존 베이넌, 『남성성과 문화』, 임인숙·김미영 옮김, 고려대학교출판부, 2011, 112~114쪽.

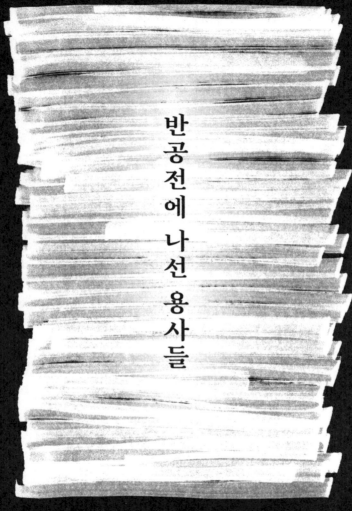

2장

반공전에 나선 용사들

남한 우익의 계보

재무장한 민족국가의 청년들

해방은 날개 꺾인 남성 청년의 비상을 의미했다. 청년은 해방된 조국fatherland의 주체로 부각되었다. 이들은 아버지 세대와 달리 친일협력으로부터 자유로웠으며, 해방과 건국을 책임질 주체로 은유되었다. 국가 재건의 목소리는 남성 청년에 대한 소환으로 이어지고, 좌우익을 막론하고 청년에 의한 세대 교체와 정치투쟁이 이어진다. 따라서 해방기 여러 종류의 청년단체들이 결성된 것은 자연스러운 귀결이다. 식민지가 거세된 남성성, 여성화된 조국으로 형상화된다면, 해방을 맞이한 조선은 광복군이나 임시정부, 청년들의 귀환으로 설명되는 남성의 공간이어야 했다. 광복군 장군으로 이름을 날렸던 이범석이 귀환하여 동료들과 함께 제일 먼저 결성한 것이

청년단체라는 사실을 통해서도 이를 확인할 수 있다.

해방기 청년들은 제국주의를 압도하는 힘의 질서와 마주한 상태였다. 1945년 8월 6일 당시 일본군 제2사령부이면서 통신센터이자 병참 기지였던 히로시마에 '어린 소년Little Boy'이, 이어 8월 9일에는 군수품과 전쟁 물자를 생산하던 산업도시 나가사키에 '뚱뚱한 남자Fat Man'라는 이름의 원자폭탄이 떨어졌다. 이 두 '남성'은 일본 제국주의의 항복을 이끌어냈고, 냉전체제의 개막을 알렸다. 원자폭탄만이 아니다. 태평양전쟁 말기 제국의 수도인 도쿄에 가해진 공중폭격은 동아시아 전역에서 전쟁을 펼치고 있던 일본에 가해진 '남성성의 폭격'이기도 했다. 이는 전쟁을 체험하고 있던 식민지 조선인에게도 큰 충격을 주었다. 제국보다 더 강력한 존재가 나타난 것이다.

이후 일본은 '평화'라는 이름으로 무장해제되었고, 제국 일본이 강조했던 건강한 남성성의 아름다움은 더 강한 미국에게 자리를 내주었다. 제국은 거세당했고, 식민지는 해방되었다. 동아시아는 미군의 주둔에 따라 재배치되었고, 각 지역에 배치된 미군은 식민지에서 해방된 국가들에게 미국의 힘에 대한 동경을 불러일으켰다. 이는 소년과 남성이 상징하는 미국의 군사력과 자유민주주의에 대한 동경이기도 했다. 그러나 미국이 만드는 냉전 질서는 구 일본제국의 유산과 닮아 있었다. 1949년 신중국이 건설되고 한국전쟁에 이르는 시기에 미국은 일본을 비롯한 아시아 전역에 경찰예비대를 신설하는 등 구 일본제국의 유산을 다시 꺼내들기 시작했다.[1] 공산주의의 확산을 막기 위해 일본과 남한을 재편하려 한 것이다. 그 영향 아래 있던 이승만의 반공 남한 역시 "공산주의보다는 파시즘이 낫다"는 신념에 기초하여 수립된다. 이승만 정부는 주한미군의 조기 철수 대신 '군사력 강화를 중심으로 한 반공국가 기구의 강화' 및 '성공적 선거 수행을 위한 준비'로 압축될 수 있는 단독정부 수립을 목표로 내세운다. 이때 강조되는 것이 좌파에 대한 사실상의 불법화 조치와 좌익세력 숙청, 군경을 중심으로 한 안보기구의 확대이다. 이 과정에서 청년단에 의한 보도연맹 사건, 제주 4·3사건 등이 발발하여 민간인 학살이 자행된다. 좌익의 폭력으로부터 치안을 지킨다는 명목으로 미군정의 비호 아래 우익 청년단이 활동했다.[2] 해방 후 3년간 송진우, 여운형, 장덕수가 암살되었고, 1945년 8월부터 1947년 4월까지 약 276건의 테러가 발생해 100명이 사망하고 1000여 명에 이르는 부상자가 속출했다.[3] 이렇듯 해방기 남한은 전방위화된 폭력에 노출된 상태였다.

　　해방기 청년단은 친일협력자인 아버지 세대 대신 '대한민국'이라는 민족 이데올로기를 바탕으로 공동체를 이룬다. 특히 반공의식으로 뭉친 남성들로 구성된 청년단은 '씩씩한 남자 되기'를 폭력적으로 실천하면서 이데올로기를 체현했다. 바야흐로 날개 꺾인 남성들이 재무장하는 시기가 온 것이다.

청년의 폭력을 장려하라

제1대 국방부장관이었던 이범석은 독립군 출신 청년들을 기반으로 하여 1946년 10월 9일 조선민족청년단(이하 '족청')을 건설한다.[4] 그는 통일 과업을 완수하는 '국가지상 민족지상'의 목표를 달성하기 위해서는 무엇보다 '청년의 땀과 피'가 필요하다고 강조한다.

> 우리는 '민족 지상'의 명령으로 그 피의 결합을 요구하고, '국가 지상'의 권위로 그 땀과 힘의 단합을 요구한다. 이와 같은 청년에 대한 민족적 명령과 국가적 요청은 실로 소아의 조그마한 자유를 지양해 대아의 커다란 자유를 살리며, 계속되는 민족의 미래의 생명을 영원하게 해 자손만대의 자유와 행복의 기초를 잡으려는 데 있는 것이다.[5] (1947년 10월 8일)

청년은 한 사회, 한 민족, 한 국가의 생산력과 투쟁력의 중심이다. 젊은 과학자, 젊은 발명가, 젊은 기술자, 젊은 노동자, 젊은 운동가, 젊은 농부, 젊은 군인, 이들은 그 사회, 그 민족, 그 국가의 동량이다. 동력, 전기, 비행기, 잠수함이 모두 청년이 발명한 것이고, 농공의 생산은 거의가 청년의 땀의 결정이고, 진실로 고상한 예술은 청년의 뜨거운 순정에서 우러났고, 전쟁에 나가서는 청년이 승리의 원동력을 이룬다.[6] (1947년 4월 10일)

이범석은 민족과 국가를 우선시하는 태도를 가진 청년들이 승리의 원동력이 될 것이라고 목소리를 높인다. "우리의 참다운 자유와 독립과 번영은 오직 우리들 청년의 태도에 달렸다"며 "청년을 중심으로 한 민족주의"를 구상한다. 이범석은 족청을 통해 이러한 이상을 펼치고자 했다. 그는 남성청년들의 힘이 해방된 조국을 발전시킬 수 있다고 믿었다.

해방기부터 등장한 다수의 청년단체는 탈식민 민족주의의 토대에 내재한 호전적 남성성을 보여준다. 족청은 창단 2년이 되던 해 가입자 수가 100만 명에 이르렀고, 제헌국회에 진출한 (족청) 단원 또한 14명이나 되었다.[7] 이들은 '국가지상 민족지상'이라는 목표하에 전국 각지에서 활동하고 있는 청년단체의 지도자들을 훈련시켰다. 경기도 수원의 족청 중앙훈련소에서는 (한 달 단위로 진행되는) 1기당 200명씩 훈련을 진행했고, 1기에서 10기까지 총 1921명의 청년 지도자를 양성했다. 훈련에는 신체 단련뿐 아니라 민족애와 반공정신에 토대를 둔 정신교육도 포함된다. 청년단은 이러한 훈련 과정을 통해 냉전 질서 아래의 남한적 남성성을 탄생시켰다. 그 결과 무수히 많은 청년단이 활동을 전개하게 된다.

여순사건을 계기로 제1공화국은 좌익의 폭력과 비인간성을 강조하면서 좌익세력을 짐승, 비인간, 악마로 간주했다. 이에 비해 진압 작전에서 수많은 민간인을 학살한 군경, 우익 청년단체는 공산주의의 위협에서 대한민국을 구한 애국자로 칭송되었고, 훈장을 수여받았다. 반공이 곧 애국이었으며, 반공 이외의 것은 전부 체제에 대한 위협이자 매국으로 몰아가는 분위기였다. 여러 청년단체들을 연합한 대한청년단 역시 이러한 반공 정신의 산물이었다. 대한청년단은 "이승만 대통령의 명령에 절대 복종하고 공산주의 적구도배를 말살한다"는 목표를 내세웠다. 이승만을 총재로 한 청년단은 '파괴분자 숙청'과 '민족과 국가를 파괴하려는 공산주의 적구도배를 말살'할 것을 맹세하며 각종 군사훈련에 돌입하는데, 청년단의 형태로 존재하던 비밀결사와 정치조직 등을 국가가 해체·흡수하기 위함이다. 1948년 12월 이승만은 총재에 대통령, 부총재에 국무총리, 단장에 신성모를 임명해 대한청년단을 출범시켰다. 국방부장관 신성모가 단장직에 올랐다는 데서 짐작할 수 있듯, 대한청년단 역시 남성 청년의 힘을 강조했다. "1. 우리는 청년이다, 심신을 연마하여 국가의 간성干城이 되자. 1. 우리는 청년이다, 이북동포와 합심하여 통일을 완성하자. 1. 우리는 청년이다, 파괴분자를 숙청하고 세계평화를 보장하자"는 내용이 명시된 강령에서 청년의 힘으로 통일을 완성해야 한다는 제1공화국의 기조를 확인할 수 있다.

1940년대 후반 이승만은 북진 통일의 메시지를 공공연하게 전달하고 이를 뒷받침하듯 경찰력과 군사력을 강화한다. 여순사건과 제주 4·3사건 등 두 차례의 계엄령, 국회의 스파이 파동 등 좌익 반란을 진압하면서 정치·군사력을 키워나간 것이다. 이와 더불어 국가보안법을 제정하여 국가 이외의 무장조직을 일절 금했다. 이를 일선에서 실천한 인물이 이범석이다. 이범석은 반공민주군대라는 목표 아래 국방부에 정치국을 설치하고, 특수부대를 만들었다. 국방경비법 제32조를 바탕으로 이적·간첩 행위를 한 자는 신분을 불문하고 군법회의에서 심리, 처단하겠다고 발표하기도 한다. 이는 정당한 재판을 받을 국민의 권리를 침해하고 군사법을 확장하려는 의도로, 치안 정국하에서 국가가 어떤 식으로 폭력을 독점해가는지 뚜렷하게 보여준다. 이를 뒷받침하듯 경찰과 군인의 수도 증가했다. 1946년 11월 6000명의 경비대를 시작으로, 1947년 12월에는 3만 1000명, 대한민국 정부가 출범한 1948년 8월에는 약 5만 명으로 증가했다. 그 결과 1949년 9월 2일 한국의 치안 병력은 육군 10만 명, 경찰 5만 명으로 일제가 한반도 전체를 통치하면서 사용했던 병력의 약 두 배를 기록했다.

이와 같은 군대 창설 과정은 정치성의 박탈을 전유하는 국가 반공주의 체제 속에서 이해될 수 있다. 제주 4·3사건이나 여순사건과 같이 무력을 바탕으로 한 이데올로기전은 한국사회의 다양한 목소리들을 억압했고, '자유민주주의 대한민국'이라는 '치안'만 남았다. 자크 랑시에르는 치안police을 사회 안에 자리와 위계를 분배하고 그에 따라 자격과 권리를 할당하여 주어진 권리에 행사하게 하는 것, 즉 어떤 몫을 받을 자격이 있는 자와 없는 자를 분할하고 그 분할을 유지하는 것으로 정의한다. 치안은 주어진 사회의 고유성을 유지하기 위한 통치 활동일 뿐이며, 이미 특정한 양상으로 분배된 권력을 행사하는 것이다. 반면 정치는 몫이 없는 자가 자기 자신의 몫을 요구하는 것이고, 권리 없는 자가 권리를 요구하는 것이다. 이러한 구분에 따르면 1950년대 남한 사회는 남한과 북한, 공산주의와 자유민주주의, 반공과 빨갱이의 분할을 유지하기 위한 치안 국가였다고 말할 수 있다. 분할선

바깥의 몫 없는 자들인 비국민, 비시민들은 통치 테크놀로지에 의해 치안의 대상이 된다. 이는 역으로 이들 비국민, 비시민들을 근거로 하여 남한이 성립한다는 것을 보여준다.[8] 해방 이후 한국사회에서 형성된 과잉 남성성은 군대의 창설과 확립을 통해 민족국가로 귀속된다. 1953년 이승만은 청년단체와 군인의 상징이었던 이범석을 하야시킨다. 청년의 남성성과 힘을 국가화하는 과정이라 할 수 있다. 무력을 기반에 둔 남성 청년으로 젠더화된 국가는 남한의 영토와 외부의 적인 공산침략자, 백두산을 정복하는 확장과 발전의 서사를 공통감각으로 한다. 외부 공간에 대한 정복을 통해 민족을 확장시킨다는 제국주의적 세계관이 민족주의와 결합한 것이다. 문교부와 국방부는 학도호국단을 창설하고 군사훈련을 정규 과목으로 하는 교련교사를 배치하는 등 학교에서 군인을 양성하려고 시도한다. 이런 식으로 국가는 개인이 군사문화를 자연스럽게 습득하고 국가지상주의적 의식을 갖도록 유도했다.[9] 특히 한국전쟁을 통해 강화된 국민개병제는 청년들에게 남성성을 학습·내면화하는 장이 된다.

1957년 전면적인 개병제가 실시된 이후 한국에서 군대는 남성과 여성, 정상과 비정상을 나누는 기준이 된다. 군대에서는 '남자답다'는 것이 가치 있는 것으로, 그렇지 못한 것은 처벌받아야 하는 것으로 내면화된다.[10] 신시아 인로는 군대가 힘을 얻기 위해서 전사로서의 남자다움을 보조하고 보완하는 여자다움이 사회적으로 형성되어야 하고 그런 집단을 유지하기 위한 훈련과 단일한 위계질서, 성별 분업을 자연스럽게 보이도록 하는 여러 제도적, 신념적 장치가 필요하다고 지적한다.[11] 이때 군대나 경찰의 국가폭력의 힘은 남성적인 것으로 위계화된다. '제대로 된' 남자가 되기 위해서는 군대에 다녀와야 한다는 '진짜 사나이'론도 바로 여기에서 비롯한다.

서북청년단, 우익 남성성의 뿌리

사람들은 저만치 경찰 제복만 어른거려도 가슴이 내려앉았다. 하지만 경찰보다 진짜 더 무서운 존재는 따로 있었다. 몽둥이 패. 사람들은 육지에서 내려온 정체불명의 사내들을 그렇게 불렀다. 그 수십 명의 사내들은 경찰 병력보다 사나흘 뒤늦게 육지에서 배를 타고 들어왔다. 전투복 차림이긴 했지만 그들은 경찰이 아닌 서북청년단이었다. 대부분 더벅머리 이십 대인 그들은 처음 듣는 투박한 이북 사투리를 썼다. 주로 평안도와 함경도 출신들로, 빨갱이한테 부모, 형제, 재산을 다 잃고 이북에서 도망쳐 왔으며 스스로를 '빨갱이 사냥꾼'이라 부른다고 했다. 읍내에서 보도연맹원들이 떼죽음을 당할 당시 그자들이 저질렀다는 온갖 무서운 소행에 대해 섬사람들도 소문을 통해 이미 알고 있었다. 듣던 대로 그들은 경찰의 충성스런 사냥개였다. 손에 피를 묻히는 일은 모두 도맡아 해치웠다. 그들은 10여 명씩 패거리를 지어 몽둥이를 휘두르며 무시로 마을들을 휩쓸고 다녔다.[12]

임철우의 소설 「연대기, 괴물」은 20년간 정신장애인 집단 수용시설에서 생활하다 서울에 와서 노숙자로 자살한 송진태를 통해 한국 현대사를 조망한다. 어머니가 서북청년단원에게 강간당해 태어난 그는 죽은 사람의 호적을 빌려 출생신고를 한 탓에 본래 이름인 진태가 아니라 송달규가 된다. 출생신고 때부터 이미 죽은 자였던 셈이다. 그는 보도연맹 사건으로 고문당하고 자식을 잃은 외조부에게 원수의 자식이자 악마의 분신이었고, 베트남전쟁에서 사람을 죽였고, 자신의 가족이 될 뻔한 사람들을 5·18 광주민주화운동 과정에서 잃었다. 보도연맹, 베트남전쟁, 5·18, 세월호 참사 등과 같은 한국의 국가폭력이 송진태라는 남성의 삶에 기입된다. 이를 관통하는 것은 '서북청년단'으로 대표되는 우익의 이데올로기이다. 세월호 참사 직후 방송된 TV 뉴스에서 송진태는 자신의 '뿌리'이기도 한 서북청년단의 재건을 목격한다. '시체 장사' 운운하는 사람들 뒤로 서북청년단이 재건된다는 소식이 보도된 것이다.

> 그자의 바로 등 뒤에 선 회색 정장 차림의 팔십 대 노인. 등뼈 꼿꼿한 군대식 차려 자세, 성성한 백발, 다소 왜소한 체구, 무엇보다 섬뜩하고 예리한 눈빛의 그 노인…… 일찍이 박정희 대통령께서는 미친개에게는 몽둥이가 약이라고 하셨다. 청계천과 광화문 그리고 전국의 미친개들을 때려잡을 제2의 서북청년단의 활동이 절실하게 요망된다…… 서북청년단처럼 몽둥이를 들자. 이는 우리에게 주어진 역사적 사명이다. 마, 이 정도로 이분들의 주장을 요약할 수 있겠습니다, 마.[13]

송진태는 섬사람들이 '악마'라 부르던 자신의 생부가 경찰이 되어 경찰서장의 지위까지 올랐다는 소문을 전해듣는다. TV 뉴스에서 아버지로 보이는 인물이 서북청년단 재건위원회의 일원으로 서 있는 것을 본 송진태는 그를 찾아 죽이겠다는 생각으로 요양원을 나온다. 자신이 그의 아들이라는 것을 알았던 어린 시절부터 평생 봐온 괴물을 죽이기 위해서다. 하지만 괴물을 찾아 헤맨 서울에서 그가 목격한 것은 (5·18을) '광주 사태'라며 조롱하고 국가유공자 가산점을 원망하는 청년들이었다. 소설은 베트남전쟁에서 장애를 얻은 사람들, 세월호로 가족을 잃은 사람들 모두가 국가폭력의 희생자임을 말하며 괴물의 평범성을 지적한다. 송진태는 달리는 지하철에 몸을 던져 자살함으로써 이를 고발하고자 했다.

「연대기, 괴물」에서 괴물의 얼굴로 등장한 서북청년단은 남한의 우익 남성성을 대변하는 단체다. 1946년 결성된 서북청년단은 관서, 해서, 관북 지방 등 북에서 온 35세 이하의 청년들을 모아 반공세력의 결집을 목표로 활동했다. 조국의 완전한 자주독립 전취, 균등 사회의 건설, 세계평화의 공헌을 강령으로 삼은 이들은 북한의 토지개혁에서 재산을 빼앗기거나 공산주의 이데올로기에 반해 월남한 사람들로 반공의식이 높았으며, 자유민주주의 이데올로기에 적극적으로 공명했다. 신탁통치 반대운동을 주최하거나 보도연맹 사건[14]과 제주 4·3사건을 진압하는 데 적극 가담했으며, 김구 암살의 주범 안두희가 소속되었던 것으로도 잘 알려져 있다. 한국 현대사에서 테러와 폭력의 이름으로 기록되어 있지만, 서북청년단의 공간적 배경인 서북은 사실상 당시 한반도에서 가장 빠르게 근대화를 체현한 공간이기도 하다. 서북청년단원들 상당수가 중등학교 이상의 교육을 받은 사람들이었으며, 이들의 극단적 폭력과 테러행위 역시 뚜렷한 목적을 가진 전술이었다. 이들은 반공 전쟁에 나선 '용사'였다.

서북 세력의 부상

조선시대까지만 해도 차별과 배제의 공간이었던 서북은 정치나 학문의 측면에서 중앙과 거리가 있었기 때문에 어떤 지역보다 근대식 학문을 빠르게 받아들일 수 있었다. 도산 안창호와 남강 이승훈의 신민회, 이광수, 김동인, 전영택, 김억 등 근대문학을 대표하는 작가들이나 장준하, 함석헌 등 정치·사회의 지도자들 상당수가 서북 출신의 월남민이며, 이들 다수가 해방 이후 남한 사회의 엘리트가 되었다. 안창호-이승훈-조만식으로 이어지는 평양 대성학교, 정주 오산학교, 평양 숭실학교의 기독교 문화는 한국 근현대사의 기틀을 세운 남성 지식인들의 요람이 되었다. 또한 미국 북장로교 소속 선교사들이 선교 사업을 실시한 덕에 평안도와 황해도는 장로교의 해심 근거지이자 한국 기독교의 중심지로 부상했다.[15]

해방 후 초기 북한 사회는 기독교 민족주의자들과 공산주의자들의 연대를 도모하기도 했다. 그러나 소련군정과 김일성의 공산당이 산업을 국유화하면서 종교 행위가 불가능해졌다. 종교인들의 탁발이 금지되고 성직자들도 노동에 종사할 것을 요구받았다. 또한 신도들의 헌금을 착취로 규정하고 수도사나 수녀, 승려 등을 배급에서 제외시키는 등 종교인들의 기반을 몰수했다.[16] 이런 식의 압력은 종교인들이 공산당에 적극적으로 반대할 수밖에 없는 분위기를 조성했다. 성결교 목사인 김순봉은 신의주 학생 의거의 출발점을 10월 13일의 양시 농민조합으로 꼽는다. 그는 자신이 공산당 주도의 농민조합을 결성하기 위해 모인 사람들 앞에 나서서 민족주의 노선을 강화해야 한다고 주장했고, 많은 사람들이 이에 동조했다고 말했다.[17] 이후 용암포, 신의주로 확산되는 공산당과 기독교의 갈등은 서북 기독교가 월남하는 주요한 계기가 된다. 해방 직후 평북 지방에서 결성된 '기독교 사회민주당'은 한경직, 윤하영을 중심으로 민주주의 정부 수립과 기독교 정신에 의한 사회 개량을 목표로 삼았다. 1945년 11월 16일 용암포에서 개최된 기독교 사회민주당의 지부결성 대회는 반공 대회가 되었고, 공산당 청년단체의 습격으로 피해를 입었다. 이 사건은 며칠 후 신의주 학생 의거로 이어진다.[18] 이처럼 서북은 기독교를 중심으로 한 민족주의 진영과 공산당 진영의 대립으로 무력 충돌이 잦았고, 기독교인들의 다수가 대부분 월남했다. 이들이 모인 곳이 서북청년단이다.

우리는 서북청년군 조국을 찾는 용사로다. 나가나가 삼팔

선 넘어 매국노 쳐버리자. 진주 우리 서북 지옥이 되어 모두 도탄에 헤매고 있다. 동지는 기다린다. 어서 가자 서북에. 등잔 밑에 우리 형제가 있다. 원수한테 밟힌 꽃송이 있다. 동지는 기다린다. 어서 가자 서북에.[19]

서북청년단 단가團歌는 조국을 위해 용사가 된 자신들이 지옥이 된 서북을 구하고 형제를 구해야 한다는 신념을 강조한다. 이를 위해 남한에 있는 좌익을 소탕하는 것을 일차적인 목표로 삼았다. 갈고리와 죽창으로 설명되는 서북청년단의 폭력은 국기와 애국, 용맹이라는 남성적 가치로 거듭났다. 이는 이후 백색테러를 설명하는 키워드로 등장한다.

"제주도는 공산반도에 의해 불타고 있다. 육지에서 공산당 평정을 마친 용맹한 서청을 제주도는 학수고대하고 있다. 제주도 평정에 파견할 실천부대를 편성하라"는 문봉제의 지시에 내가 지원자를 모집했더니 5백여 명이 손을 들며 '가자 제주도로'라고 외치는 겁니다. 어차피 멸공전선에 몸을 던진 이상 미평정 지구인 제주도를 최후의 결전장으로 삼겠다는 서북사나이들의 의기였어요.[20]

4·3사건 당시 "용맹한" 서북청년단이 아직 정복하지 못

한 제주도를 결전장으로 삼아 멸공전을 펼쳤다는 서북청년 단원의 진술은 '의기'로 설명된다. '통일독립운동'으로 통칭될 이 전쟁은 물리력에 기반한 공격적 민족주의와 그 민족주의를 실천한 남성 청년들을 요청한다. 이러한 흐름 속에서 약 6개월간 민간인 사망자가 최소 1만 4000명에 이르는 대규모 '진압'이 실행된다. 서북청년단의 반공 투쟁은 경찰의 요청과 협조에 기대고 있었으며, 실질적인 국가폭력으로 작동했다. 실제로 그 이후로 상당수의 서북청년단원들이 국경경비대에 투입되거나 사관학교에 입학한다. 1947년 경비사관학교에 입학한 5기생 중 3분의 2가 서북청년단 출신이었으며, 이들은 한국전쟁에 소령 또는 대위로 참전했다. 장교가 아니더라도 북한 출신임을 살려 켈로부대KLO와 같은 방첩부대에서 활약하기도 했다. 서북청년단은 제1공화국의 민족주의적 남성성을 관통하는 단체였다.

서북청년단이 폭력적 남성성을 과시했다면, 서북 출신 지식인들은 남한의 정통 엘리트가 되었다. 김건우는 도산 안창호의 민족개조론이 서북인들의 공통감각이었음을 확인하며, 제국의 선진화된 제도와 문물을 배워 민족을 개조하자는 사상이 결국 제국에 동화되는 방식이기도 했음을 지적한다.[21] 장준하의 『사상계』는 김성한, 안병욱, 김준엽, 양호민, 지명관 등 월남민들이 주간을 맡았으며, 자유민주사회를 건설하는 청년세대를 요청했다. 『사상계』가 자신들의 편집 방향을 민족통일, 민주사상, 경제 발전, 새로운 문화 창조, 민족적 자존심 등으로 설정한 것으로 미루어볼 때 당시 민족 개조를 통한 발전이 여전히 힘을 발휘하고 있었음을 짐작할 수 있다. 이들은 반공 이데올로기를 바탕으로 한 국가 발전을 주창했고, 바로 그것이 남한의 지식 계보를 의미한다고 믿었다. 서북에서 넘어온 남성 청년들은 서북청년단장의 이름으로 학력을 인정받았다. 월남한 남성 청년들에게 서북청년단이 일종의 신분증 역할을 한 것이다. "오늘날 사회지도층에서 이름을 날리는 50~60대의 모모한 인사들도 서청이 발급해준 학력증명서 덕분에 대학 과정을 밟을 수 있었다"는 회고는 과장이 아니다.[22] 서북 출신의 대학생들은 기독교 세력의 후원에 힘입어 미국 유학 코스를 밟았고, 이후 한국의 지도층으로 자리 잡을 수 있었다.[23]

월남한 서북인들이 정착하는 데 큰 영향력을 행사한 것은 영락교회 한경직 목사를 중심으로 한 기독교 세력이었다. 당시 영락교회는 이북5도청의 역할을 대신한다고도 이야기되었다.[24] 『영락교회 50년사』는 서북청년회에 가담한 청년들의 활동이 한국교회 반공운동의 보루였음을 자랑하고 있다. 기독교인들은 월남하여 예수장로교 총회 주도권을 쥐고, 선교사들의 도움을 얻어 구호물자와 선교 자금을 확보했다. 기독교 세계 봉사회Church World Service는 공산주의자를 피해 월남한 기독교인을 돕기 위해 80만 4000달러어치의 구호물품을 한국으로 보냈다. 이들은 공산주의자로부터 한국의 기독교인을 보호하기 위한 목적으로 한국의 비참한 전쟁 상황을 전 세계 기독교인에게 전달했으며, 전 세계 기독교인을 반공전선으로 결집하는 데 중요한 역할을 했다.[25] 사상 검사로 유명했던 오제도 역시 서북 출신으로, 영락교회의 베다니 기독청년회에 속해 있었다. 이처럼 서북의 청년들은 다양한 방식으로 남한의 중심 세력으로 거듭나게 된다.

'애국'과 '보수'의 기원

서북 청년들의 세계관은 '국기'의 이름으로 한국 현대사의 장면마다 재등장하곤 한다. 군사주의 정권에 대한 비판과 민주화에 대한 요구가 거셌던 1986~1987년 58회에 걸쳐 『경향신문』에 「청년운동반세기」가 연재된다. 건국 초기와 한국전쟁기에 활약했던 청년단체의 궤적을 통해 '자유대한의 원형'을 탐구하는 기획으로 소개된 이 시리즈는 민주화를 요구하는 청년을 비판하면서 등장한다. "요즈음 은발의 기성세대에게서 이 나라가 어떻게 세워진 나라인데 국기마저 흔들려야 하는가"라고 비판하는 목소리가 증가했다면서, 청년단을 자유대한의 원형으로 호명한다.[26] 이는 당시 민주화를 요구하던 청년들을 해방기의 청년단과 비교하여 민주화운동을 폄훼하는 구도를 만들어낸다. 이 시리즈는 첫 시작을 서북청년단으로 열면서, 서울에 온 서북 청년들이 미군정 아래 '활개치는' 박헌영, 허헌, 여운형, 김원봉 등 좌익세력들에게 위화감을 느끼고 많은 남한 사람들이 "공산주의 허깨비에 신들려 있"기에 반공전선에 나섰다고 설명한다. 「청년운동반세기」의 저자 이경남은 "냉철함을 자랑으로 삼는 일부 식자층에서 해방정국 초기의 좌우익 간 폭력 대결을 '백색테러의 선도전'에 대한 '적색폭력의 응전'이라는 도식으로 파악하려 하는 것은 역사적 현실을 그릇되게 해석한 소치"라며 비판한다.[27] 그의 주장에 따르면, 서북청년단은 월남한 평범한 남성들이 국가를 지키고자 하는 의기에서 출발해 대한민국의 '국기'를 완성한 청년단체이다. 이는 '애국'을 청년의 얼굴로 표상하려는 시도에 다름 아니다.

대한민국에서 청년단은 반공 민족국가의 재건과 궤를 같이한다. 근대 민족의 탄생과 남성성이 연관되는 양식을 연구하는 조지 모스는 이상적인 남성의 이미지가 국민이나 숭고함, 전쟁 등 민족주의 안에서 중요하게 다루어지고 있음을 밝힌 바 있다. 하나의 역사적 개념인 남성성이 현대사회의 규범으로서 스테레오타입화되었다는 것이다. 민족주의자들은 전쟁에서 승리할 수 있는 공격적인 남성성을 지지하고 나섰고, 조국을 위한 죽음과 희생을 통해 민족주의가 완성되고 있다고 지적한다. 전사는 남성성의 고양된 이미지를 투영하고, 고귀한 인간성의 표현인 아름다움은 건강한 남성의 육체로 표상된다.[28] 서북청년단을 비롯한 애국 보수 청년들 역시 바로 이러한 남성성의 이미지를 재현한다. 식민지 주체로서 거세된 남성들이 아닌 해방을 맞아 국가를 재건하기 위해 자신들이 배운 호전적 남성성을 실천하려고 하는 것이다. 이러한 남성성은 체제가 위기에 빠지는 상황마다 등장해 '애국'의 노래를 반복한다. 2014년 서북청년단이라는 이름이 떡하니 다시 등장하게 된 데에도 이러한 배경이 깔려 있다고 할 수 있다. '서북청년단 재건 준비위원회'는 재건총회를 준비하는 과정에서 몸싸움을 벌이며 무력 행사를 이어갔고, 광화문 광장의 세월호 리본을 철거하려고 시도했다. "요즘 시국이 옛날 해방 공간과 비슷하다. 국민이 너무나 불안하다. 이걸 다잡기 위해선 좀 과격한 단체가 있어야겠다고 생각"했다는 준비위원회는 '국가 공권력 회복'을 주요 사업으로 내세웠다.[29] 준비위원회의 '청년'들이 60대라는 점은 의미심장하다. 남한이라는 아버지를 지키고자 노력했던 아들은 가부장이 되지 못한 채 늙어버렸다.

1 마루카와 데쓰시, 『냉전문화론』, 장세진 옮김, 너머북스, 2010, 105~115쪽.

2 임나영, 「1945~1948 우익청년단 테러의 전개 양상과 성격」, 『한국사론』 55, 2009, 391~462쪽. 대한민주청년동맹은 이러한 우익 청년단의 대표적인 단체로, 이승만, 김구, 김규식이 명예회장을, 유진산이 회장을, 김두한이 감찰부장을 맡았다. 특히 이들 청년동맹의 대원으로 종로와 명동 일대의 폭력조직원들이 동원되었다는 점에 주목할 필요가 있다. 미군정을 배후에 둔 우익 청년단의 테러는 정부 수립 이후에도 계속된다. 최근 이러한 우익 청년단 테러를 국가폭력의 일환으로 보는 연구들이 다수 제출되었다.

3 『독립신보』, 1947. 5. 31.

4 '족청'에 대한 자세한 연구는 후지이 다케시의 『파시즘과 제3세계주의 사이에서』(역사비평사, 2012)를 보라.

5 이범석, 「민족과 청년」, 『민족과 청년』, 백산서당, 1999, 20~22쪽.

6 이범석, 「청년론」, 같은 책, 79쪽.

7 한시준, 「이범석, 대한민국 국군의 초석을 마련하다」, 『한국사시민강좌』 43, 2008, 122~134쪽.

8 자크 랑시에르, 『정치적인 것의 가장자리에서』, 양창렬 옮김, 길, 2008, 133~138쪽.

9 김득중, 『빨갱이의 탄생』, 393~415쪽.

10 군대에서 신병은 "남성 이전의 존재"로 취급되고 병장은 남자가 되기 위한 관문을 통과한, 헤게모니적 남성성을 획득한 존재이다. 군대에 적응하기 어려워하거나 불만을 가진 사람은 '남자도 아니다' '남성답지 못하다' 등의 비난에 직면하게 되는 것이다. 김현영, 「병역의무와 근대적 국민정체성의 성별정치학」, 이화여자대학교

여성학과 석사학위논문, 2002.

11   Cynthia Enloe, *Does Khaki Becomes You: The Militarization of Women's Lives*, Pandora, 1983.

12   임철우, 「연대기, 괴물」, 『실천문학』, 2015년 봄, 255쪽.

13   같은 글, 271~272쪽.

14   1949년 정부가 좌익 전향자를 계몽, 지도한다는 명목으로 만든
      단체이지만, 실제로는 법률적 근거 없이 반공사상을 전파하고
      사상을 전향시키는 역할을 했다. 보도연맹의 확대 과정에서는
      좌익이 아닌 민간인들을 강제로 동원하는 일이 발생하기도 했으며,
      동원된 민간인들 중 상당수가 학살당했다.

15   김상태는 20세기 한국의 정치, 경제, 사회, 문화 분야의 핵심
      엘리트들 중 평안도 출신의 비율이 높은 것에 주목하여 평안도의
      기독교 세력과 친미 엘리트의 관계를 분석했다. 여기서의 핵심
      변수는 기독교이다. 미국계 장로교 선교사들의 영향을 받은 평안도
      출신 엘리트들은 기독교와 자본주의를 바탕으로 성장했으며, 이후
      미국으로 유학을 가는 순서를 밟았다. 신사 참배를 거부하고 신앙의
      순수성을 지켰기에 일본에 저항하는 경향이 높았고, 이는 해방
      이후 미군정이 출범했을 때 이들이 엘리트 세력으로 부상하는 핵심
      근거가 되었다. 김상태, 「평안도 기독교 세력과 친미 엘리트의 형성」,
      『역사비평』, 1998년 겨울, 171~207쪽.

16   사와 마사히코, 『해방 후 북한교회사』, 김홍수 엮음, 다산글방, 1992,
      18~20쪽.

17   「원로를 찾아서: 신의주 학생 사건의 불씨 김순봉 목사」, 『활천』 402,
      기독교대한성결교회, 1983, 32쪽.

18   신의주 학생 의거는 1945년 11월 23일 반소와 반공을 외친 북한
      주민들과 공산당이 충돌하여 발생한 사건이다. 신의주의 중등학교
      학생 3500여 명이 시위를 벌였고, 23명의 피살자, 700여 명의
      부상자 및 희생자가 발생했으며 많은 학생들과 민족 진영의 간부,

기독교인이 체포되었다.

19 이경남, 「청년운동반세기 서북청년회(6) 북한출신 20~30대 손을 잡았다」, 『경향신문』, 1986. 12. 10.

20 이경남, 「청년운동반세기 서북청년회(11)」, 『경향신문』, 1987. 1. 21.

21 김건우, 『대한민국의 설계자들』, 느티나무책방, 2017.

22 이경남, 「청년운동반세기 서북청년회(8) 6천여 명에 학력증명서 발급」, 『경향신문』, 1986. 12. 24. 이경남은 이 과정을 당시 31세였던 서북청년단 중앙본부의 학생부장 김계용이 문교부장이었던 유억겸을 만나 "내가 자결하는 한이 있더라도" 해결하겠다는 각오로 임한 결과 얻은 성과로 기록한다.

23 윤정란, 『한국전쟁과 기독교』, 한울, 2010.

24 "그때 공산당이 많아서 지방도 혼란하지 않았갔시요. 그때 '서북청년회'라고 우리 영락교회 청년들이 중심 되어 조직을 했시요. 그 청년들이 제주도 반란 사건을 평정하기도 하고 그랬시요. 그러니까니 우리 영락교회 청년들이 미움도 많이 사게 됐지요." 한경직목사기념사업회 엮음, 『한경직 목사』, 규방문화사, 1982, 55~56쪽.

25 윤정란, 『한국전쟁과 기독교』, 74쪽.

26 「사고: 청년운동반세기」, 『경향신문』, 1986. 10. 31.

27 이경남, 「청년운동반세기 서북청년회(3)」, 『경향신문』, 1986. 11. 19.

28 조지 모스, 『남자의 이미지』, 문예출판사, 2004.

29 전혜원, 「'서북청년단' 깃발 든 아스팔트 극우의 맨얼굴」, 『시사IN』 378, 2014. 12. 16.

3장

형제들의 공동체

남성동성사회와 좌우익 청년단체

해방된 조국의 아들

정부 수립 1년 후인 1949년 9월부터 1950년 2월까지 동아일보에 연재된 김동리의 소설 『해방』은 좌우익 청년단을 중심으로 청년들의 폭력적 정치 활동, 테러행위 등을 다룬다. 그동안 『해방』은 '전통지향적 보수주의' 또는 친일파와의 타협을 정당화하는 우익 이데올로기 문학으로 평가되어왔다. 이런 평가는 김동리가 이 소설을 "해방이 가져온 아픔과 괴로움에 어떻게 울며 쓰러지며 나아가려 하고 있는가"를 그리는 작품으로 명명한 것과도 통한다. 김동리가 말한 것처럼 이 소설은 우익과 좌익, 민족지사와 친일파 등 다양한 남성들의 좌표를 확인하기에 적합하다. 즉 식민지 독립군-일제 말 민족적 스파이-해방기 테러리스트-냉전기 군인과 경찰 등 국가기구 구성원으로 이어지는 식민-해방-냉전기의 흥미로운 인간형의 사례로도 읽힐 수 있다.[2] 이렇듯 『해방』은 남한 사람들의 이데올로기적 좌표를 점검하며 좌우 이데올로기를 둘러싼 청년들 사이의 갈등을 다룬다. 소설은 이런 갈등을 중재하는 주인공 이장우를 등장시켜 청년단체와 테러, 폭력이라는 해방기의 정치적 혼란과 주체의 재건 따위의 사건들을 병치시킨다. 그 과정에서 소설 속 청년들은 아버지 세대와 화해한다.

완수되지 않은 독립을 위한 폭력의 정치

『해방』은 단정 수립 전을 시간적 배경으로 삼아 "해방과 함께 다시 살아난" 청년 남녀를 통해 탈식민의 '신생'을 조망한다.[3] 우익인 대한청년회와 좌익인 고려청년당의 청년들은 저마다의 이념에 근거해 폭력을 수행한다. 김동리는 고문과 총살 등 테러가 난무하는 해방기를 다루며 민족국가 남한의 토대를 점검하기 위해 청년단체를 포착한다. 형제애는 남성들 사이의 연대를 바탕으로 근대 민족국가를 출현시킨다. 남성 형제들의 동맹에 기초했다고 할 수 있는 시민사회와 정치의 출현은 국가 성립의 핵심적인 사건이다. 김동리가 『해방』에서 주목하고 있는 지점도 이러한 형제들의 공동체이다. 소설은 우익 청년단체인 대한청년회의 회장이자 "진정한 애국자요 우리들의 둘도 없는 지도자"인 우성근이 "가슴과 배와 넓적다리와 두부와 전신에 난사"된 탄환을 맞고 피살되는 테러 사건에서 출발한다. "좌익계열 청년단체와 군사단체들을 일체 해체하라는 성명서를 우군이 발표한 바로 직후"[4]에 벌어진 이 테러 사건은 좌익 단체를 해소하고 이념적 단일화를 꾀하는 시기를 배경으로 한다. 우성근의 시체를 앞에 두고 김상철을 비롯한 대한청년회의 청년들은 범인으로 국군준비대, 민주청년동맹(이하 '민청'), 학병동맹 등 좌익을 범인으로 지목하며 복수를 다짐한다.[5] 감찰부장이었다가 회장 대리가 된 윤동섭과 김상철 등은 범인을 직접 색출하여 처단할 것을 주장한다.

> 무엇보다도 우리는 먼저 원수를 갚고 싶습니다. 이 도둑놈들의 씨를 하나도 없이 다 잡아 죽이지 않고서는 도저히 우리는 하나도 살아날 수 없습니다. 이 도둑놈들의 씨를 하나도 남김 없이 다 잡아 죽이고 돌아가신 우 회장의 원수를 갚지 않고서는 우리도 하나 살아날 수 없을 뿐 아니라 도저히 독립을 바라볼 수도 없을 것 같습니다. (15~16)

김상철은 범인을 잡아 죽임으로써 회장의 원수를 갚아야 한다고 말한다. 그에게 원수를 갚는 일은 독립과 연결된 중대한 사안이다. 자신이 무기를 들고 범인들을 쫓지 못한 것을 원통해할 정도다. 그러나 부회장 장극준은 이들과 다른 입장이다. 범인을 잡는 것과 같은 위법적인 일은 경찰에게 맡기고 "어디까지나 한 개 청년단체로서 공산당과 싸우며 하루바삐 독립을 전취하자는 것"이 그의 입장이다. 대치되는 두 입장은 국가의 치안권력이 어떤 식으로 영역을 확장해가는지 보여준다.

김동리는 법을 사이에 둔 두 입장 중 정열적 폭력을 택한다. "앙큼하고 음흉한" 장극준이 아니라 "정열적이요 개방적이요, 게다가 정의주의자"로서 초법적 정의를 외치는 윤동섭의 손을 들어준다. 이런 선택으로 미루어볼 때 작가가 보다 긍정적으로 생각하는 인물이 누구인지 쉽게 짐작할 수 있다. 윤동섭은 장극준이 시대를 요순 시절로 상정하고 있다면서, 법대로 되는 세상이 아니기 때문에 위법 여부를 두려워할 것이 아니라고 주장한다. 법보다 정의를 살리기 위해서 청년과 청년운동이 필요하다는 것이다. 이러한 윤동섭의 주장에 김상철을 비롯한 다수의 대원들이 찬성하는 것은 물론이다.

남성성의 각본들

법대로 되는 세상 같으면 살인이 왜 길이 나겠소? 법전서에 우 회장을 살해하란 조문이 있어서 걔들이 그렇게 한 줄 아시오? 남은 법에 없는 사람도 죽이는데 우리는 그 죽인 도둑놈들을 좀 찾아내자는 것이 위법이 돼서 못하겠단 말입니까? 그런 요순 시절 같으면 가만 앉아서 독립을 기다리지 청년운동이니 뭐니 하고 애꿎은 동지들의 목숨만 희생시킬 필요가 어디 있단 말이요? 그리고 또 우리가 우 회장의 살해범을 직접 찾아내지 못하면 청년운동이고 뭣이고 만사는 다 그만입니다. 걔들이 돈이 없어서 운동을 못하겠소, 수도청 내에 프락치가 없어서 못하겠소? 그리고 또 청년이란 좀 씩씩한 기상이 있어야지 밤낮 당국에서 해주려니 하고 팔짱만 끼고 있어봐요, 우리 꼴이 어떻게 되는가? 그야말로 청년운동이 아니라 복덕방이 되고 말 것이니깐. (247~248)

윤동섭은 청년의 물리력이 곧 운동의 기반임을 강조한다. 직접 범인을 찾아내는 "씩씩한 기상"은 단련된 몸에서 기인한다. 이들은 '독립'을 위해 신체를 단련하고 있다고 강조하며 무력을 통해 북한까지 통합해야 한다고 주장한다. 청년단원들은 훈련된 육체를 민족국가의 이상향으로 채택했다. 남성의 육체는 질서와 진보에 대한 사회의 요구를 상징하는 것으로 간주되었다. 이것을 집약화한 것이 군대와 같은 국가장치이다. 군대는 단련된 남성의 육체를 최고의 이상향으로 채택했다. 용기와 희생, 우정이라는 이상은 실제로 군인의 이미지 자체였고, 진정한 남자다움을 위해 겸비해야 할 신체적, 정신적 자질로 늘 제시되곤 했다. 군인에게 요구되는 정신력과 강인함, 인내력 같은 자질들은 남성성의 특징으로 두드러지게 되었으며, 전시가 아닌 상황에도 높은 가치로 인정받았다.[6] 『해방』에 등장하는 대한청년회의 감찰부나 고려청년당의 비밀결사들 역시 무기를 든 남성의 육체로 은유된다. 이들은 국가법이 아닌 초법적 차원의 정의에 호소하며 스스로를 전사로 정체화한다. 이를 잘 보여주는 인물이 스물세 살의 감찰부원 김상철이다. 70근짜리 구간을 수수깡 다루듯 하는 상철은 우성근 테러 사건 이후 신체를 단련하는 데 힘을 기울인다. 오전에는 구간을 들고 팔굽혀펴기를 쉰 번쯤 하고 오후에는 권투도장에 나간다. 의형 우성근의 원수를 갚기 위해 절치부심으로 신체를 훈련하는 것이다. 그 결과 범인인 하기철과 박상익 일당을 발견하고 취조 끝에 하기철을 죽이고 만다.

우성근이 피살을 당했대서 상철은 권투로 입신을 하려던 옛날의 생각으로 되돌아가지는 않았다. 그저 의형의 원수를 갚아야 된다는 것, 의형의 원수를 갚으려면 우선 자기의 신체가 튼튼해야 된다는 것, 자기의 신체가 튼튼하려면, 아침마다 구간을 다루고 오후엔 가끔 권투도장으로 나가야 된다는 것-그는 이렇게 믿고 있을 뿐이다. (233)

상철이 프로 권투선수가 되는 것을 포기하고 대한청년 회의 감찰부에서 활동하는 것은 개인적인 입신보다 건국에 힘을 써야 한다는 우성근의 권고 때문이다. 이처럼 이들의 형제애는 "인생의 어떤 근본적인 의미"이자 "인생관"이 된다. 상철은 자부심과 정의감, 애국심 등이 결합된 육체적 강인함을 바탕으로 우성근이나 이장우와 같은 민족주의 지도자의 말을 충실히 따르는 인물이다.

상철이 우익 청년단원의 어리숙함을 보여주는 인물이라면, 신철수는 소설의 안타고니스트로서 좌익의 한계를 노출한다. 그는 이장우, 우성근 등과 동세대로, 민족주의자에서 친일파로 전향했다가 해방 후 다시 민족주의자로 돌아온다. 신철수는 해방을 기회로 삼아 친일파 척결을 돈벌이의 수단으로 삼고, 사회주의의 인간해방을 자신의 성적 유희에 이용하는 기회주의자이다. 그는 이장우와 만나서는 현대 민주주의 사상을 논하고, 좌익 청년단과 만나서는 계급적 해방을 주장한다. 좌익과 우익을 오가면서 자신에게 이익이 되는

것을 취하지만, 겉으로는 민족을 위한 언론을 표방하며 신문
사업을 벌인다. 신철수의 악행은 하기철에 대한 정보를 미끼
로 여성동맹의 구성원 중 한 명인 하미경을 강간하려는 시도
로 이어진다. 신철수가 이데올로기를 이용해서 이득을 얻는
기회주의자라면, 여성동맹의 구성원들은 그런 그의 얄팍함
을 간파하지 못하는 어리석은 여성들이다. 그는 여성당원의
질투를 이용해 우성근 암살 사건의 배후를 알게 되고, 이 정
보를 하미경을 협박하는 데 사용한다. 김동리는 총 11장으로
이루어진 소설에서 신철수의 행각을 묘사하는 데만 세 개의
장을 할애한다.

　　이혜령은 『해방』이 해방에서 광장과 거리를 삭제하고,
신문을 우중을 현혹시키는 협잡으로 치부함으로써 해방에
서 '말'을 앗아갔다고 지적한다. 소설은 모든 것이 이루어질
것 같았던 '도취'의 해방은 없었으며, 따라서 청년 또한 없었
다는 입장을 노출한다.[7] 김동리는 좌우익 청년단체 모두를
민족국가를 훼손하는 세력으로 그리고 있다. 새로운 국가를
건설할 주체로서 호명된 청년단체들은 테러를 통해 적대세
력의 지도자를 암살하거나 그 복수에 골몰한다. 이들의 열
정과 헌신은 '형제들'의 동맹으로 이뤄진 청년단체 안에서만
유효한 것으로, 정치는 편 가르기로 이어진다.

청년단체라는 또 하나의 가족

김동리는 정치를 가족의 영역으로 끌어온다. 형제들의 공동체인 대한청년단은 사실상 우성근과 상철의 가족관계로 설명된다. 대한청년회의 부재하는 아버지인 우성근은 3·1운동에 참여했던 민족지사 아버지를 둔 훌륭한 혈통을 가진 인물이다. 의붓어머니가 데리고 온 상철을 친동생처럼 아끼는 면모는 우성근의 인품을 뒷받침한다. 상철에게 우성근은 부끄러운 어머니와 부재하는 아버지를 대신하는 인물인 셈이다. "해방이 되어 우성근이 청년회를 만들고, 우리는 우리 민족의 독립을 위하여 목숨이라도 바치자"고 하자 민족과 독립이 무엇인지 모르는 상철마저 그것이 "크게 옳고 바른 것"이라고 생각하게 된다.[8] 즉 상철에게 정치란 이상적 아버지인 형의 의견을 따르는 것이다.

이 우성근의 자리를 대신하게 되는 것이 이장우이다. 강인한 정신을 가진 남성상을 대표하는 이장우는 김동리가 가장 이상적인 남성 주체로 그리는 인물이다. 이장우는 동아여자대학관의 교수로, 대한청년회의 정신적 지도자 역할을 수행하고 있지만, 전면에 나서서 활동하지는 않는다. 우성근이 피살된 후 그를 회장으로 추대할 때에도 모든 책임은 자신이 질 테니 자기 대신 활동할 사람을 한 명만 정해달라고 한다. 청년단체의 지도자에 어울리지 않는 이러한 소극적인 자세는 학교에서도 이어진다. 그는 여학생들로부터 '천정보기' '바람벽' 등의 별명으로 불린다. 이성의 관심에 "너무 초연할 수 없고, 그렇다고 해서 그와 같이 자신 없는 눈으로 학생들을 보기가 미안"한 나머지 천정이나 벽을 바라보곤 해서 붙여진 별명이다. 결국 이장우는 결과적으로 자신에게 호의를 갖고 있는 여성들을 의심하거나 오해함으로써 연애를 지연시킨다.

이장우의 첫사랑은 중학교 동창이자 은인인 하윤철의 여동생 하미경이다. 이장우는 친구인 하윤철의 집에서 기거하며 그의 도움으로 대학에 진학한다. 하윤철의 어머니는 가부장적 모성을 형상화한 인물로서, 부재하는 아버지를 대신하는 인물이다. 그녀는 사소한 잘못에도 성화를 부리며 온 식구를 못살게 군다. 그럴 때마다 어머니에게 사죄를 하는 인물은 이장우이다. 소설은 이를 "유한부인의 신경질"이라고 칭하지만, 실상 이 신경질은 이장우를 거세하려는 목적을 띤다. 이장우가 길에서 다른 남학생과 대화를 나누는 미경을 보고 격분하여 뺨을 때리는 사건이 발생하자, 어머니는 격노한다.

가끔 부리는 신경질이라고 해도, 이날의 부인의 목소리같이 온통 분노에 차 있은 적은 없었다. 그 목소리가 어지간만 해도 장우는 스스로 먼저 나가서 부인에게 사죄를 했을 것인데, 이날의 그 목소리를 듣고는 도저히 그러한 용기가 나지 않았다. 그는 산 넘어 온 새처럼 가슴을 떨며 자기의 책상 앞에 고개를 수그린 채 우두커니 앉아 있었다. (87)

대학생인 이장우는 어머니의 분노 앞에서 "산 넘어 온 새"처럼 수그러든다. "너는 미경에게 손 못 댄다"거나 "앞으로는 그렇게 못한다!"라는 그녀의 외침은 미경에 대한 폭력만이 아니라 사랑 또한 금지하는 것이다.[9] 이 상황에서 이장우는 윤철의 어머니에게 직접 사죄를 하거나 미경에게 자신의 입장을 설명하지 않는다. 청년 이장우는 근친상간의 금기에 저항하거나 극복하는 대신 가부장적 어머니를 피해 혼자 일본으로 떠나 편지를 보낼 뿐이다.

그 한순간의 나의 저주받은 행동으로 말미암아 내 일생은 쓰잘데없는 것이 되고 말았습니다. 얼마든지 헐값으로 얼마든지 헌신짝 같이 나는 내 일생을 소비해버리려고 했습니다…… 만약 전쟁의 시련이 없었던들, 일인들의 그 참혹한 발악과 무고한 채찍이 없었던들 나는 내 생명이 그렇게도 모질고 귀한 것이라는 걸 모를 뻔했습니다……일체의 희망과 미련을 다 버리더라도 다만 생명 하나만은 기어이 이어가고 싶던 그 악착한 발버둥과 몸부림이 없었던들 나는 해방과 함께 이렇게 다시 살아날 수는 없었을 겁니다. (106)

이장우는 자신이 하윤철과 미경의 집을 떠났던 것을 운명으로 귀속시킨다. 이후 그는 자신의 주체성을 방기한 채 살아간다. 일본에서 일하는 조선인 여급 하나코와의 관계도 별반 다르지 않다. 그러나 이러한 상태는 해방이 되고, '신생'이 시작되면서 변화를 맞는다. 전쟁을 통해 생명의 소중함을 깨달았다는 그는 해방이 되자 교수로서, 청년단체의 일원으로서 활동을 시작한다. 해방은 거세된 남성을 회복시켜주는 계기로 작동한다. 해방과 더불어 이장우는 "갇혀서 썩어가던 피가 이제는 활발히 흐르고 있고, 매일 만족하게 일을 하고 있"다고 느낀다. 그렇게 "신생의 기초"를 닦고 있는 와중에 하미경과 재회하고 심재영을 조우하며 식민지의 기억이 되살아난다.

이장우는 심재영으로 대표되는 친일파 아버지 세력과 화해하는 청년의 역할을 맡는다. 우성근의 암살 사건과 병치되는 것은 친일파인 심재영과 이장우의 가족 되기이다. 우성근의 장인 심재영은 3·1운동으로 3년간의 징역을 치른 민족주의자에 우국강개지사로, 마찬가지로 독립운동가였던 우성근 아버지의 친구였다. 징역을 마치고 나온 후에도 민족주의자로서 활발한 활동을 펼쳤지만, 나이 사십에 임시정부의 군자금을 조달했다는 명목으로 일본 경찰에 체포되어 10년간의 징역을 구형받고 전향한다. "일본 경찰의 잔인무도한 고문"에 시달린 뒤 전향성명서를 대대적으로 공표하고, '산송장'처럼 1~2년 칩거하다 '내지황도선양모범농촌시찰단' 단장이 되어 총독부 관리들을 따라 일본에 가고, 총력연맹의 이사이자 문필보국회의 총재가 되어 일장기를 손에 들고 출정군인 환송에 나서는 등 친일파로 변모한다. 그렇다고 해서 약삭빠른 사람은 아니다. 김동리는 심재영이 눈치 빠른 기회주의자가 아니라 총독부의 고관들이 조선을 떠날 차비를 할 때까지도 "국방복에 전투모를 쓰고 한쪽 손에 조그만 일장기를 말아쥔 채 총독부 앞거리를" 다니는 사람임을 강조한다. 그의 이런 아둔함은 해방의 순간에 두드러진다.

얼른 집으로 가서, 양애더러 자리나 보아달래서, 우선 드러누우리라, 그는 생각하였다. 몹시 고단하였다. 선잠을 깨인 듯이 머리가 무거웠다. 이렇게 고단하고 머리가 무거울 때에, 이날 따라, 양애의 얼굴이 자꾸 눈앞에 떠오르는 것이 이상하였다. 무슨 일이 어떻게 돌아간 셈인지 똑똑히는 알 수 없으나, 설령 일본이 항복을 했다손 치더라도 어쩌면 양

애의 얼굴만은 마음놓고 바라볼 수 있으리라—막연하나마 이런 생각이 들었다. (38~39)

1945년 8월 15일에 방송된 일왕의 방송을 들은 청송준웅 심재영은 알 수 없는 고단함을 느끼면서 전투모를 도로 쓴 채 집으로 온다. "악마의 주문인지 천사의 축복인지 분간할 수 없던 정오의 방송" "정체 모를 주문"이 '해방의 종소리'가 되고, 심재영은 이 종소리와 함께 자기의 죄과가 다 사라졌다고 생각한다. 소설은 심재영을 피로감을 느끼는 한 명의 인간으로 묘사함으로써 친일파에게 서사를 부여한다. 이런 맥락에서 『해방』이 표면상으로는 우성근의 죽음과 그 복수를 다루고 있지만 실질적으로는 친일파의 명예회복을 서사의 중심에 둔다는 이철호의 지적은 유효하다. 심재영의 친일은 점차 희석되지만, 좌익 청년단체는 일종의 스캔들에 불과하다.[10] 이는 친일파인 심재영과 청년단 사이를 중개하는 이장우가 이데올로기적 대립을 상징하는 인물이 아님을 의미한다. 이장우는 이데올로기보다 '인간'이 중요하다는 김동리의 페르소나이다.[11] 아버지 세대는 친일파이기도 했지만 동시에 청년세대는 가져보지 못한 민족을 경험한 사람들이기도 했다. 따라서 아버지는 무조건 부정되는 존재라기보다 양가 감정의 대상에 가깝다.

심재영은 소설에 등장하는 유일한 아버지로 이장우를 자신의 딸 심양애와 결혼시켜 사위로 삼고 싶어 한다. 좌우파의 공격으로부터 자신을 보호할 든든한 아들이 필요하기 때문이다. 이러한 심재영의 요청은 이장우에게 내적 갈등을 일으킨다. 애초에 우성근이 이장우를 초대한 것도 이장우와 처제를 맺어주고 이를 통해 친족이 되기 위함이었다. 즉 민족지사/친일파였던 아버지 세대와의 화해를 청년 세대의 결혼을 통해 완수하는 것이다. 서로 동등한 형제들의 연합으로 이루어지는 청년단체는 결혼과 가족제도를 바탕으로 상상된다. 이로 인해 청년단의 개혁과 혁명은 타락한 아버지를 어떻게 처리할 것이냐는 문제와 다시 직면하게 된다.

> 그러나 일방, 또, 그가 과거의 독립운동가가 아니었던들, 그것도 그와 같이 열렬하고 과감한 투사가 아니었던들 그러한 고문을 받게 되지는 않았을 것이며, 그것도 그렇게 〈잔인무도〉한 고문만 받지 않았던들 그렇게 변절을 하지는 않았을 것이라는 것을 생각할 때, 그에게 동정을 했으면 했지 그를 미워하고 욕설할 까닭은 없지 않은가 하는 생각이 들었다. 더구나 오랫동안의 철창생활과 건강파괴로 인하여 정신마저 성할 수 없었다는 것을 생각할 때, 그의 상식에 벗어난, 돌변적인 비굴성과 아부성도, 그것을 반드시 그

의 어떤 인격이나 의지의 표시라기보다, 어느 의미의 성격 파산자나 정신 이상에 걸렸던 사람의 행동이라고 해석할 수밖에 없는 것이 아닐까 하는 생각도 들었다. (230)

김동리는 이장우와 심재영의 대화를 통해 친일파들의 변명과 그 변명에 대한 청년세대의 비판을 나란히 기술한다. 친일협력을 하면서도 "마음속에는 역시 민족을 생각하고 나라를 사랑하고 있었다"는 심재영의 '진심'을 어떻게 해석해야 할지 고민하던 이장우는 결국 "악한 인간, 가엾은 인간"이라는 결론을 내린다. 악하고 가엾은, 추한 인간의 운명이 친일파를 만들고, 자신을 만들었다는 결론이다. 김동리가 국가법을 뛰어넘는 초법적 차원의 정의로 호소하는 것은 민족국가의 건설이라는 이상이 아니라 아버지를 죽인 자에게 복수한다는 '인간적인' 명목에서다. 이 소설이 부재하는 아버지를 복원하는 가부장의 등장을 준비하고 있음을 짐작할 수 있다.

우성근의 죽음 이후로 이장우는 거세된 청년에서 단체의 지도자로 거듭난다. 소설의 마지막 장에서 펼쳐지는 하윤철과의 논쟁은 이러한 변화를 보여준다.

"정치는 언제나 현실을 떠날 순 없는 걸세. …… 왜 학병동맹을 습격하여 희생자를 내었느냐, 〈전평〉 간부에 고문을

했느냐 하는 것도 모두 자네의 한 개 이상이요 인도적 감성
일는지 모르나 현실은 아니야. 현실은 독립과 자유를 부르
짖는 애국청년 남녀들이 얼마나 많이 서백리아로 실려가
고 있는가 하면, 학병동맹이 습격을 당하고 〈전평〉 간부가
고문을 당하고 있는가 하는 거야." (289)

"…… 현실은 이와 같이 〈두 개의 세계〉의 싸움이란 것을 알
아야 돼. 우리가 정치를 한다는 것은 이 〈두 개의 세계〉의
싸움에 뛰어드는 것뿐이야. 그 어느 〈한 개의 세계〉에 가담
하여 다른 〈한 개의 세계〉와 싸우는 것이야." (290)

이장우는 38선을 기준으로 하는 '두 개의 세계'를 정치
의 '현실'로 제시한다. 그에게 현실이란 하윤철이 제안하는
'제3의 세계'가 아닌 "어느 한 개의 세계가 다른 한 개의 세계
를 극복하는" 이항대립이다. 이런 인식은 "이 단계에 있어 우
리가 아직 민족국가를 건설하지 않을 수 없"다며 자신이 '극
우' 청년단체에서 일하는 이유에 대해 설명할 때 분명히 드
러난다. 그는 세계사의 정치적, 지리적 현실로 인해 소련에
가까운 사회주의로는 '독립된 민족국가'를 건설할 수 없기
때문에, 민족국가 건설이라는 당위를 위해서는 극우를 선택
할 수밖에 없다고 말한다. 이장우가 해방기 이범석 등의 족
청계 인사들이 제창했던 '국가지상 민족지상'의 슬로건을 체

현하고 있음을 알 수 있다.[12] 강한 어머니에 의해 거세된 아들은 우성근의 죽음과 심재영과의 만남 등을 통해 부계 혈통을 이어나갈 가부장으로 거듭난다. 아버지를 죽이고, 아버지의 권력을 나눠 갖는 아들이 탄생하는 것이 아니라, 아버지를 인정하고 포용하고 계승하는 아들이 주체로 호명되는 것이다.

해방과 더불어 새롭게 호명된 청년들은 학병과 전쟁을 경험한 남성들이다. 이들은 아버지 세대와 무언가 다를 것이라는 기대를 받았지만, 파시즘적 국가폭력 체제에서 폭력을 경험했다는 공통점을 갖고 있기도 했다. 차이가 있다면, 해방기의 청년들은 거세된 남성성을 회복할 수 있는 총이나 테러, 즉 물리적 폭력을 손에 쥐고 있었다. 청년들은 폭력을 통해 공동체를 결성하고 전선을 그렸으며, 자신들을 주체로 입론시켰다. 이 과정에서 형성된 청년단체는 가부장을 타도하고 시민사회를 형성하는 대신, 저마다의 가부장을 내세우고 물리적 폭력을 휘두르는 데 집중한다. 따라서 단정을 통해 이승만 중심의 남한이 수립되었을 때, 이들 청년들로부터 폭력을 회수하는 것이 민족국가 형성을 위한 가장 중요한 과제로 부상하게 된다. 총을 드는 자격을 제한하는 것은 국가가 안전을 보장하는 주체로 거듭나는 과정이자, 총을 드는 행위 자체를 살인이나 강도, 약탈과 같은 범죄로 만드는 과정이다. 국민국가가 정상화되었기에 청년이 총을 드는 것은 제도를 초월하는 소영웅주의나 사적 이익의 도구로 비난받게 된다.[13]

『해방』의 이장우 역시 국민국가의 정상성이라는 궤도에 올라탄 인물이다. 청년단의 활동 전면에 나서지 않은 채 지도자 역할을 하던 그는 공동체가 위기에 닥치자 자신이 책임을 지겠다며 나선다. 소설은 이장우가 대한청년회가 일으킨 폭력 사건에 책임을 지고 방첩대CIC[14]와 수도경찰청 요원들을 맞아들이는 장면에서 끝난다. 하기철의 시신과 감금된 기자 신철수, 권총 등이 있는 상황에서 국가권력이 들이닥치자 그는 대한청년회의 모든 위법행위에 대한 책임을 자신이 떠맡으려 한다. 소설의 해당 장에 붙은 '십자가의 윤리'라는 제목은 이장우의 이런 태도와 연관되는 것으로, 김동리가 이장우의 책임의식에 내포된 가부장의 귀환, 즉 남성 주체의 성장을 일종의 '윤리'로 해석하고 있음을 시사한다. 이는 폭력적 청년의 시대가 가고 다시금 가부장의 시대가 올 것이라는, 청년시대의 종말을 알리는 전언과도 같다.

1 김동리, 「피와 눈물에 어린 민족 고난 4년사: 장편소설 해방」,
   『동아일보』 1949. 7. 12.

2 송효정, 「해방기 감성 정치와 폭력 재현」, 『한국문학이론과 비평』 57,
   2012, 321~343쪽.

3 이혜령은 이 소설의 시간적 배경을 1946년 정월의
   학병동맹사건, 같은 해 5월의 조선정판사위폐사건, 9월의
   조선노동조합전국평의회가 주도한 철도를 위시한 총파업에 대한
   우익 테러를 동원한 무력진압 등이 야기된 시기로 추정한다. 이혜령,
   「해방(기): 총 든 청년의 나날들」, 『상허학보』 27, 2009, 9~50쪽.

4 김동리, 『해방』, 계간문예, 2013, 21쪽. 이하 인용시 본문에 쪽수만
   표기.

5 상철은 대한청년단의 감찰부에서 활동하며 행동대원 역할을
   수행한다. 우익 청년단의 백색테러를 대표하는 인물인 셈이다.
   김동리의 단편 「상철이」(1947)에서도 이와 비슷한 인물이 이미
   등장한 바 있다. 「상철이」의 상철 역시 대한독립을 촉성하는 청년회,
   즉 대한청년회의 별동대원으로 활동한다.

6 근대 민족의 탄생과 남성성이 연관되는 양식을 연구한 조지 모스는
   이상적인 남성의 이미지가 국민이나 숭고함, 전쟁 등 민족주의
   안에서 중요하게 다루어지고 있음을 밝힌다. 역사적 개념으로서의
   남성성이 현대사회의 규범으로서 스테레오타입화되었다는 것이다.
   모스는 민족주의자들이 공격적인 남성성을 지지하고 나섰음을
   밝히며, 조국을 위한 죽음과 희생이라는 전사 이미지를 통해
   민족주의가 완성되고 있다고 지적한다. 전사는 남성성의 고양된
   이미지를 투영하고, 남성과 여성의 구분이 절대적인 기준이 되었다.
   이때 고귀한 인간성의 표현인 아름다움은 건강한 남성의 육체로
   표상되고, 용기와 냉철함, 자부심과 정의감 등은 남성의 자질로서

도덕적, 육체적 원칙과 결부되어 남성의 이미지를 형성하게 된다.
조지 모스, 『남자의 이미지』, 184~228쪽.

7　이혜령, 「해방(기): 총 든 청년의 나날들」, 39~40쪽.

8　김동리는 정치의 일선에 나선 인물들의 어리석음을 자주 부각한다.
이를 잘 보여주는 인물이 해방주보사의 사장인 오금례이다.
오금례는 "내 목숨 하나 바쳐서 우리 민족이 독립할 수 있다면
나는 지금 이 자리에서 죽어도 좋다"는 말을 입버릇처럼 내뱉으며
이승만 박사와 김구 선생을 존경하는 중년 여성이다. 일제강점기
하숙집을 하며 생계를 유지하던 오 여사가 갑작스레 신문 사업에
뛰어든 것은 길에서 우연히 신철수를 만났기 때문이다. 이승만
박사를 숭배하고 좌익을 배타시하는 그녀는 자신이 신문사를 통해
문화사업을 하고 있다는 데 무한한 자부심을 느낀다. 자신의 딸
정혜를 선뜻 신문기자로 내보내기도 한다. 정혜 역시 기자 행세를
하는 신철수에게 사랑을 느끼고 그에게 '정조'를 바친다. 신철수는
"어머니와 같은 봉건적이요 보수적인 사상"을 종용하며 정혜를
압박한다.

9　박용재는 이장우와 하미경의 관계를 근친상간 금기로 설명한다.
하윤철과 이장우가 사실상 형제에 가깝기 때문에 하미경에 대한
애정 역시 근친상간으로 볼 수 있다는 지적이다. 그는 이장우가 이
근친상간적 애정으로 인해 가족의 바깥으로 나아간다고 분석한다.
하미경에 대한 애정을 금지당하자, 그동안 체감하지 못했던 가족의
경계를 확인하게 되었다는 것이다. 하미경과 이장우가 근친상간적
관계에 있다는 박용재의 지적은 적확하며, 하윤철 역시 이 관계에
암묵적으로 동의하고 있다. 하미경과 이장우의 결합이 하윤철과
이장우를 '진짜 형제'로 만들기 때문이다. 박용재, 「해방기 세대론의
양의성과 청년상의 함의」, 『비교문학』 53, 2011, 81~108쪽.

10　이철호, 「사실, 휴머니즘, 운명」, 『현대문학의 연구』 49, 2013,
113~145쪽.

11   이러한 문제는 김동리가 1959년 발표한 장편소설 『자유의
      역사』에서도 등장한다. 한국전쟁기를 배경으로 한 이 소설에서
      김동리는 "자유 세계냐 공산주의냐의 문제가 아니고 그동안
      사귀어온 인간관계가 주체(그녀)로 하여금 그러한 모험적인 행동을
      감행하게 만들었"다는 주장을 펼친다. 월북하는 사람들의 대열을
      뛰쳐나와 서울로 돌아온 영옥의 행동이 이데올로기의 문제가 아니라
      자신의 친구와 연인이 있는 남쪽으로 가고 싶은 마음, '인간관계'
      그 자체에서 기인했다는 설명이다. 즉 전향은 인간관계에 이끌려
      이루어지는 것이다.

12   민족청년단에 대한 본격적인 연구를 시도한 후지이 다케시는
      족청과 이승만 체제가 파시즘과 제3세계주의의 착종을 보여주고
      있다고 지적한다. 특히 그는 중국국민당 중앙훈련단 생활에서
      얻어진 1930년대 중국의 민족주의적 파시즘이 이범석에게 미친
      영향을 꼽는다. 그에 따르면, 민족주의적 파시스트 저우위잉은
      "식민지국가에서는 파시스트가 하나의 활로가 될 수 있다"는
      관점에서 강력한 국가권력을 통해 사회주의를 실현하여 일제를
      타도하려고 했다. 저우위잉은 "파시즘이란 원래 고정적인 내용이
      있는 것이 아니라 사회적인 내용을 그 내용으로 하는 것으로 사회가
      국가주의를 필요로 하면 파시스트는 가장 앞선 사회주의자가
      된다"면서, 결국 파시즘의 사상적 내용은 무조건 삼민주의여야
      하며, 삼민주의와 파시즘이 만나 혁명을 이루어야 한다고 주장했다.
      이런 주장은 이후 장제스에 의해서도 수용되었으며, 1960년대
      제3세계 국가들에서 나타난 "민족주의적 사회주의"의 뿌리가 된다.
      한국에서도 널리 퍼졌던 '국가지상, 민족지상'의 표어가 제3세계
      국가들에서 널리 발견되는 것은 이 때문이다. 후지이 다케시,
      『파시즘과 제3세계주의 사이에서』, 역사비평사, 2012, 147쪽.

13   이혜령, 「해방(기): 총 든 청년의 나날들」, 9~50쪽.

14   군 안전을 위협하는 활동을 미리 탐지·방지하고 적에 대한

정보·첩보를 수집하여 궁극적으로는 군의 안전을 보장하는 데 목적을 둔 부대이다. 해방과 함께 미국 CIC(Counter Intelligence Corps)가 한국에 들어왔으며, 한국군에도 같은 이름을 쓰며 CIC와 연계된 육군특무대가 활동했다. 특무대는 1960년 4·19가 일어난 뒤 육군방첩부대로 개칭되었고, 그 뒤에도 몇 차례의 개칭을 거쳐 현재의 국군 기무사령부가 되었다. 김득중, 「한국전쟁 전후 육군 방첩대CIC의 조직과 활동」, 『사림』 36, 2010, 21~62쪽.

4장

가족 재건 프로젝트

한국전쟁이 만든 전선의 젠더

전선 위의 작가들

일제 말 총력전 체제하에서 조선 문단은 전시戰時에 문학인이 해야 할 일에 대해 활발히 논의했다. 문학을 통해 전쟁의 이데올로기를 선전하고 전선의 상황을 전함으로써 다른 곳에서 벌어지고 있는 전쟁을 국민들이 직접 느낄 수 있도록 했다. 일제 말기 제국 일본은 국가와 국민을 전선과 후방으로 나누어 조직하고, 각각의 영역에서 전쟁을 위해 노력할 것을 강조했다. 이때 후방을 담당하는 여성들은 남성들의 전쟁 참여를 독려하고 물자 절약을 강조하는 등 선전, 선동을 담당하게 된다. 김동인, 임학수, 박영희 세 명 등의 남성 작가가 '황군위문사절단'이라는 이름으로 직접 전쟁터를 방문한 것과 달리, 최정희, 모윤숙 등의 여성 작가들은 총후부인부대를 위해 연설하고 학병 지원을 강조하는 등의 역할을 담당하게 되었다. 이 성별화된 구도는 한국전쟁기에 다소간 달라진다. 이때도 전선의 남성과 후방의 여성이 주요 구도를 이루지만, 한국전쟁은 한반도에서 벌어진 전쟁이었기에, 여성의 역할 역시 단순히 전쟁 참여를 독려하고 전쟁의 이데올로기를 선전하는 데 그치지 않게 된다. 여성들은 후방을 책임지는 가장이자 간호사로 직접 전쟁에 참여한다.[1] 최정희, 손소희, 장덕조 등의 작가들이 직접 종군작가단의 일원으로 기지를 방문했으며, 『전선문학』 등의 잡지에 소설을 기고하여 선전, 선동에 나섰다.

육군종군작가단이 만든 기관지 『전선문학』은 1952년 4월 창간호를 시작으로 약 1년 반 동안 전 7권을 약 3000부씩 발행했다. 육군종군작가단은 실질적으로 종군이 불가능했던 해군이나 공군과 달리 전쟁터에 직접 다녀올 수 있었으며, 일선 종군 횟수 220회, 보고 강연회 8회, 문학·음악의 밤 14회, 문인극 공연 8회 등 가장 활발한 활동을 펼쳤다. 창간사에서부터 전쟁 시국에서 문인의 역할에 대해 "이제 우리들이 가지고 싸우려는 「펜」은 그야말로 수류탄이며 야포며 화염방사기며 원자수소의 신무기가 되어야 할 것"[2]이라고 당부하는 『전선문학』은 전쟁 프로파간다로서의 역할을 수행한다. 이때 쏟아진 작가들의 발화는 일제 말 총력전 담론이

제기되던 방식과 유사하다. 남성 문인들이 전쟁을 독려하는 글을 작성할 때, 여성들은 수필과 논설 등을 통해 후방에서 여성이 담당해야 할 역할에 대해 이야기한다. 이를테면, 전쟁으로 인해 다리를 잃은 남편을 데리고 시내에 나온 여성의 모습과 전사한 아들의 영결식 앞에서 눈물 한 방울 흘리지 않고 굳세게 서 있는 시골 어머니의 모습 등을 묘사하며 전시를 살아가는 여성들의 자세에 대해 강조하는 식이다.

우리 한국식으로 목청을 높여 슬피 울고가는 젊은 여인들 틈에 섞이어 조곰도 울지않고 걸어가는 노부인이 꼭 한사람 있었다. 옷도 무명배가 수수하고 얼굴도 볕에 걸어 거멓게 주름이 잡히고한것이 분명 시골 마누라였다. 그러나 고개를 똑 바로하고 타올로 된 세수수건을 접어 머리에 얹은 채 묵묵히 걸어가는 그의 모양에는 확실히 어떤 거룩한 체념諦念의 빛이 보였다. …… 눈물조차 마른게지—들으면서 나는 얼마나 높고 아름다운 말인가 시펐다.[3]

이때였다. 내눈은 문득 어떤사람에게 끌리었다. 한편다리를 절단한 젊은 장교가 조고만 교자차에 앉아 거리를 지나가고 있던것이었다. 은업아! 너는 상상할수 있느냐. 그것은 요즘 흔히 길에서 볼수있는 광경이다. 그러나 내 주의를 끈 것은 그 교자위에 앉아있는 젊은 중사가 아니었다. 그 교자차를 밀고가는 여인의 표정이었다. 내 관심은 오로지 그 여인 한사람에게만 집중되었다. …… 여인은 연해 병자가 두르고 있는 담뇨깃을 염여주었다. 웃는얼굴로 설명을 해준다. 그 황홀 하도록 인자해 보이는 표정. 명랑한 동작.[4]

장덕조가 강조하는 '아들을 기꺼이 국가에 바칠 수 있는 어머니'라는 이데올로기는 총력전 체제의 모성 담론과 일치한다.[5] 아들을 국가에 바칠 수 있는 어머니, 연인을 전쟁터에 보낼 수 있는 여성이 되어야 한다고 주장하는 「선물」의 박부장은 더욱 이상적인 인물로 형상화된다. 『전선문학』에 실린 정비석의 「간호장교」(1952)와 거의 동일한 내용을 담고 있는 이 소설은 연인을 따라 종군하기 위해 간호부대를 결성하는 간호사의 이야기를 담아낸다. 수필이나 논설 등이 어머니와 아내들을 단상을 통해 상상적 형태로 제시한다면, 소설에 등장하는 여성 인물들은 훨씬 더 구체적이고 적극적이다. 사랑하는 연인과 아들을 따라 종군 간호사가 될 것을 결심하는 두 여성과 이들을 주축으로 결정된 종군 간호부대라는 결말은 전쟁에 대한 낭만적 이미지를 투사한다.[6] 즉 여성들에게는 전쟁에 나갈 아들이 무엇보다 중요하다.

정비석의 「남아출생」(1953)은 아들을 낳는 것이 곧 국력

남성성의 각본들

이라는 메시지를 전달한다. 아내의 임신과 출산을 우울증의 원인으로 여길 만큼 싫어하던 소설가 현이 전선에 나가 있는 조카가 전사했다는 편지를 받고 "조카가 전사했다는 기별을 들은 지금에 자기에게 아들이 하나 생겼다는 것은, 소모된 국가의 국력을 그만치 보충한 것 같아서, 무한히 기뻤던 것"을 고백하는 것이다.[7] 아들을 낳아 군인으로 만드는 것이 국가를 위한 일이라는 현의 생각은 남성 청년이 국가의 기본 단위이자 국력이라는 믿음을 보여준다.

장덕조는 『전선문학』 2집이 마련한 '전쟁과 교양'이라는 특집란에 유일한 여성으로 참여한다. 다른 주제들이 군인과 사회 제반 구조와의 관계를 통해 전쟁에 관한 교양을 풀어놓는다면, '군인과 여성'이라는 주제는 전선에 있는 군인과 후방에 있는 여성이라는 구도를 보여준다.[8] 『전선문학』에서 여성들이 맡고 있는 분야를 통해서도 전쟁을 젠더화하는 사고를 엿볼 수 있다. 여성들이 수필이나 소설 등 독자들의 감수성을 자극하는 장르의 글을 전담한다면, 남성들은 권두언이나 특집 등을 전담하는 구조이다.[9] 장덕조는 「군인과 여성」에서 후방 여성들에게 새로운 미덕을 부여한다. 나라를 위해 싸운 상이군인과 결혼하는 것이 여성들에게는 전쟁에 참여하는 것과 동일한 의미를 갖는 행위가 된다는 것이다.[10] 이글에서 장덕조는 정신적 쾌락과 육체적 쾌락 사이에서 "정신적 유열"을 강조하며 상이군인과의 결혼이 "인생의 의의를 깨다른 여인들"만이 할 수 있는 "수난의 길"이라고 묘사하고 있다. 장덕조의 수사가 설득력을 지니는 것은 장덕조가 여성의 희생에 대해 무조건적으로 찬양하지 않기 때문이다. 젊은 여성이 상이군인과 결혼하는 것이 "수난의 길"이고 "희생"이기는 하지만, 그 자체로 인생의 참다운 맛을 깨닫게 해줄 것이라며 젊은 여성들의 결혼을 권장한다.

대중매체를 통해 만들어진 전선의 젠더[11]

『전선문학』이 전쟁 프로파간다로 등장한 기관지라면,『희망』은 1951년 7월 임시수도 부산에서 창간된 이래 1962년 3월까지 발행된 대중종합지로, 한국전쟁 발발 이후 처음 출현한 정기 간행 잡지이다.[12] "당신의 인생에 감격과 미소를!"이라는 창간호의 카피처럼 『희망』은 대중잡지를 표방한다. 표지에는 풍성한 검은 머리와 눈썹, 발그레한 뺨과 붉은 입술을 가진 젊은 여성을 등장시켰고, 시와 소설 등 문예면을 강화했다. 10회 이상 연재된 장편소설만 해도 김말봉의『파도에 부치는 노래』, 곽하신의『여인의 노래』, 박연희의『청색회관』, 윤백남의『천추의 한』, 이무영의『사랑의 화첩』등

남성성의 각본들

5편이고, 단편소설로는 김송, 오영수, 염상섭, 김동리, 윤금숙, 손소희, 김광주, 유주현 등 신진과 중견작가를 망라한다. 한 호에만 연재 장편 2편, 단편 3~4편 정도의 소설이 게재된 것이다. 동시에 문화나 국제 정세, 정치에 관한 기사들도 놓치지 않았다. 이러한 종합지적 성격은 전시 상황으로 인해 종합지 발간이 지연되어 정치와 경제, 국제 정세 등의 문제도 두루 아울러야 했다는 편집 후기를 통해서도 확인할 수 있다.[13] 즉 『희망』은 계몽성과 오락성이 결합된 잡지였던 셈이다.[14] 1950년대의 잡지저널리즘을 연구한 이봉범은 『희망』 『신태양』 『여성계』 등이 한국전쟁기에 창간되어 대중적 성공을 거두면서 잡지계의 흐름을 주도했다고 지적한다. 희망사, 신태양사, 학원사, 삼중당 등의 출판사는 연쇄 전략을 통해 미디어 공간을 주도했다.[15]

전쟁기 창간된 『희망』은 전선의 남성과 후방의 여성이라는 전시의 젠더 구도와 더불어 한국전쟁이 소환한 남성성의 질서를 엿보기에 적합한 매체다. 『희망』 창간호는 이승만과 맥아더, 트루만의 웃는 얼굴을 권두에 싣는다. 이 「개전 1주년 기념화보」는 "UN군의 빛나는 전과戰果"를 통해 전선이 이미 안정되어 있고, 남한이 전쟁에서 승리할 것이라는 자신감을 보여준다. 뒤이어 문을 여는 것은 『희망』의 문예부장 공중인의 시 「동방 시의 나라 민국이여!」다. "나는 언제나 너의 것이었다"며 애국심을 호소하는 이 시는 전시라는 특수 상황에서 (청년이) 후방의 질서를 바로세우는 작업이 중요하다고 강조한다. 창간호의 특집은 '통일독립전쟁이 끝난 후의 나의 희망하는 일'이라는 주제로 꾸려진다. 『희망』은 한국전쟁을 통일독립전쟁으로 명명하고, 북한까지 통일해야만 완전한 해방과 독립을 달성할 수 있다고 지적한다. 국군과 UN군의 작전으로 북진이 성공을 거두고 있기 때문에 "완전통일 독립쟁취"의 그날이 멀지 않았다는 것이다. 소설가 박종화는 민족 정서를 회복하는 사상 정화를 강조하기도 했다.[16] 이는 전쟁 피해로부터의 회복을 선언하는 목소리이다. 1951년 11월호에 실린 김종완의 글 「후방 청년들의 분발을 호소함」 역시 마찬가지다.

8·15가 우리에게 지나치게 큰 꿈만을 주었기에 신은 또다시 우리에게 독립국가로서의 청년의 역량을 시험하고 있는 것입니다.

청년은 국가의 원동력임으로 청년을 제외하고는 아무것도 논할 수 없기 때문입니다.

보라! 조국애에 불타는 국군의 위대한 힘이 없었고 다행히 UN군의 절대적인 원조가 없었다면 우리는 벌써 "스타-린"의 독재정치 밑에서 조국도 민족도 논할 수 없는 한갓 "노

예"의 신세를 면치 못하였을 것입니다.[17]

김종완은 8·15 광복은 독립국가로서의 '꿈'만을 주었을 뿐이므로 한국전쟁을 기해 통일독립전쟁을 완수하는 것이 청년의 역할이라고 주장한다. 진정한 독립은 반공주의로부터의 독립을 의미하기에, 한국전쟁을 통해 좌익을 척결할 때 비로소 완전한 독립국가, 즉 민족국가를 이룰 수 있다는 믿음이다. 이런 믿음은 창간 2주년 기념호의 권두언에서도 이어진다. 이때 『희망』은 정전협상을 반대하는 강경한 목소리를 낸다. 정전협상은 "내일의 삶을 위협하는" "어처구니 없는 협상"이다.[18] 이 과정에서 전쟁을 이끌고 나가야 할 청년 남성은 역사의 주체로 요청된다. 이것은 특히 헬싱키 올림픽 특집에서 잘 드러난다. 『희망』은 헬싱키 올림픽 참가를 특집으로 다루며 전선의 확장을 이야기한다. 1952년 남한은 전쟁 중임에도 헬싱키 올림픽에 참가하여 핀란드 대통령으로부터 최고체육문화상을 받았다. 육상·역도·복싱·사이클·레슬링·승마 6개 종목에 출전하여 복싱 밴텀급의 강준호 선수와 역도 미들급의 김성집 선수가 각각 동메달을 획득했다. 『희망』은 이들의 화보와 프로필을 전면적으로 내보내면서 코치들의 좌담회를 중계한다. "지금 우리나라는 전쟁하는 나라다. 분란에 가서 우리가 이겨야하겠다. 이기므로 말미암아서 우리나라의 전쟁을 승리로 인도하겠다는 것이 젊은 사람의 공통한 정신일 것입니다"[19]라는 발언은 전쟁 승리에 대한 욕망을 선명히 드러낸다. 이 때문에 예산이 넉넉지 않음에도 단체경기에 출전해 '단체력'을 과시해야 했다.[20] 이는 남성 청년들의 단체 경기를 통해 보여주는 집단 결속력이 전쟁 중인 국가의 상황과 맞아떨어진다는 판단에 기인한다. 이처럼 올림픽 출전은 호전성과 승리욕을 내보일 수 있는 전쟁의 연장선에서 논의된다.

> 소련사람이라는 것이 우리가 말로만 듣고 신문지상으로 보기만해서 코가 있는지 눈이 있는지 몰랐지만 거기가보니까 우리와 똑같은 사람이에요. 그러나 승부에 있어서 그러한 야비한 것을 하는 것을 볼 때에 대단히 관격慣激을 금할 수 없었습니다."[21]

소련과의 알력은 스포츠 경기에서도 빚어진다. 소비에트연방 역시 헬싱키 올림픽에 출전한 탓에 이데올로기 대립 구도가 극명해졌다. 자유진영과 공산진영은 숙소에서부터 분리되었으며, 미국과 소련은 1위를 놓고 경쟁했다. 『희망』은 승부에서 '야비한 짓'을 하는 소련 복싱팀에 대한 분노를 통해 이데올로기를 선전했다. 이처럼 올림픽은 이데올로기의 대리전이기도 했다. 『희망』은 올림픽 특집을 통해 남한을 대표하는 이미지로 건강한 청년의 남성성을 선택한다. 이는 『희망』이 '청년의 건강함'을 핵심으로 하는 젠더 전략을 취했다는 사실과 연결된다.

『희망』은 건강한 남성성의 모델로 초대 국무총리이자 국방부장관이었던 이범석을 내세운다. 한국의 창조자 중 한 명으로 이범석을 꼽기까지 한다.[22] 독립군 장군 이범석은 해방이 되자 광복군 대원 500여 명과 함께 귀환했다. 그러나 광복군이 해방된 조선에서 할 수 있는 일은 제한적이었다. 독립군 장군인 지청천은 "지금 돌이켜 생각하건대 해방과 동시에 우리 광복군이 군으로서 입국할 수만 있었든들 6·25 동란이라는 민족의 유혈도 없이할 수가 있지 않았을까 하는 바"[23]라며 미군정이 광복군이 전면에 나서는 것을 반대했기 때문에 한국전쟁이 발생했다고 토로한다. 분단의 원인이 미소군정 체제에 있다는 입장이다.

『희망』은 이범석 단독 회견기에서부터 부인 김마리아의 광복군 시절 일기, 이범석의 일문일답, 이범석의 취미인 수렵기[24]까지 전쟁기 3년간 빈번하게 이범석을 지면에 등장시킨다. 이범석은 1966년 희망사가 출간한 『사실의 전부를 기술한다: 역대 주역들이 실토한 미공개 정치이면비사』(희망사, 1966)에도 등장한다. 1951년 11월호에서 희망사 사장 김종완은 이범석을 인터뷰하면서 "하야한 오늘까지 이범석 장군이 겪어온 '형로의 길'과 그 간에 지내온 심경을 들은 그대로 본지를 통해 공개"하겠다며, 이범석의 '청춘 시대'에 대한 질문으로 대담을 시작한다.

이범석: 내 자신 직접 청운의 뜻을 품고 청년으로서의 견고한 신념을 지녀 일할 수 있었다는 하나의 체험을 이 나라 젊은이들의 핏속에 새겨 조국의 완전과업을 이들 위정자들보다 청년들의 힘과 땀과 피로서 쟁취하려고 하였던 것입니다.

김종완: 예를 들 것도 없이 저 '무솔리니'나 '히틀러'들이 그들의 쓰러진 조국을 건진 것은 오직 청년들의 힘을 입었다는 사실을 뼈 깊게 느낍니다. 장군이 그 당시 '국가지상 민족지상'의 모토를 내세운 선견과 뜻을 말해주었으면 합니다.

이범석: 나는 시종일관 내 스스로 그 '지상'에 신심을 바쳐 갈 것이며 새삼스레 말할 바는 아니지만 이에 연결시켜 민족의 완전해방이 없는 한 적색들이 허무맹랑 짓꺼리는 계급의 해방은 있을 수 없다는 것을 나는 굳은 신념으로서 강조하고 싶습니다.[25]

이범석은 자신은 "청년으로서의 견고한 신념"을 바탕으로 일하고 있으며, "민족의 완전해방"을 위해 노력할 것이라고 주장한다. 이때 이범석이 말하는 "민족의 완전해방"은 '본토 광복' 즉 북한 인민까지 해방시키는 것으로, 통일을 의미한다. 이범석은 통일전쟁을 위해서는 '국가지상 민족지상'이라는 기조 아래 청년들의 힘이 필요하다고 강조한다. 이는 중국 국민당 중앙훈련단 생활에서 얻어진 구호로, 1930년대 중국의 민족주의적 파시즘이 이범석에게 미친 영향을 짐작케 한다. 민족주의적 파시스트 저우위잉은 "식민지 국가에서는 파시스트가 하나의 활로가 될 수 있다"는 관점에서 강력한 국가권력을 통해 사회주의를 실현하여 일제를 타도하려고 했다. 이는 장제스를 비롯하여 1960년대 제3세계 국가들에서 나타난 "민족주의적 사회주의"의 뿌리가 된다.[26] 김종완은 이범석과의 대화에서 무솔리니나 히틀러가 청년들을 통해 조국을 재건했다고 강조한다. 조국을 구하기 위해서는 파시즘도 상관없다는 태도에 가깝다. 이범석은 김종완의 말에 대해 긍정도 부정도 하지 않는다. 다만 반공의 완성을 위해서는 "청년들의 힘과 땀과 피"가 중요하다고 강조할 뿐이다. 같은 맥락에서 제1공화국은 청년들을 군사화된 남성의 이미지로 제시한다.

'청년들의 땀과 피'로 민족국가를 재건해야 한다는 주장은 이범석이 여러 차례 반복해온 언설이다. 그는 "우리의 참다운 자유와 독립과 번영은 오직 우리들 청년의 태도에 달렸다"며 "청년을 중심으로 한 민족주의"를 구상한다.[27] '통일독립전쟁'을 주장하는 『희망』의 목소리 역시 이범석의 주장과 닮아 있다. 1952년 3월호에 실린 「군사적으로 본 정전회담」에서 이범석은 정전협정에 반대 의사를 표하면서, 소련과 북한을 징벌하여 국제정의를 회복해야 하며, 정전협정이 체결될 경우 전선에서 싸우는 군사들의 사기가 와해될 것을 걱정한다.[28] 이어서 수록되는 김광섭의 「정전회담과 문화공작」 역시 "공산주의와 민주주의의 싸움에 정전은 있을 수 없다"는 뜻을 표명하고 있다. 정전협정을 거부하면서 북진을 계속할 것을 요청하는 『희망』은 반공을 위해서는 파시즘도 얼마든지 차용할 수 있다는 자세를 취하고, 자연스레 전쟁에 참여할 남성 청년의 목소리를 요청한다.

1952년 6월호는 「이범석 부인 김마리아의 나의 반생기: 영설에 묻쳐진 북풍의 정열」을 통해 김마리아가 독립군 시절 쓴 일기를 독점 공개한다.[29] 형식상으로는 김마리아가 시베리아에서의 생활을 회고하고 있지만, 주요 내용은 독립군 김마리아의 행적보다 김마리아와 이범석의 만남과 아들 '부흥復興'의 출산, 해방과 귀환을 중심으로 정리되어 있다. 독립군의 일원으로 투쟁하고, "대공전에 대비하는 젊은 지나 군인에게 러시아어와 러시아 사정을 가르치며 젊은 군인들과 같이 교련도 하고 전투훈련도 받으며 왜놈과 다시 한 번 싸울 날이 오기를 기다"렸으며 일본군에 붙잡혀 고문당한 독립투사로서의 체험보다 이범석과의 만남, 결혼, 출산 등 가족사가 주를 이룬다. 일기에서 제시되는 핵심 사건은 김마리아의 출산이다. 이범석은 "이번 전쟁으로 우리나라가 부흥하느냐 그렇지 않으면 영원한 멸망이냐가 결정될 것"이라며 아이의 이름을 "부흥"이라고 짓는다. 이처럼 아들을 중심으로 한 세대의 재생산은 국가 서사와 일치되면서 영웅성을 강조하는 방식으로 술회된다. 정비석의 「남아탄생」이나 염상섭의 「해방의 아들」과 마찬가지로, 아들은 국가의 미래를 이야기하는 표상이 된다.

『희망』이 김마리아의 일기를 수록한 것은 1952년 6월로, 정부통령 선거가 실시되기 직전이다. 1952년 5월 이범석은 내무장관이 되어 이승만을 뒷받침했다. 1952년 7월 15일 정부통령 선거법이 통과되고 8월 5일 선거 실시가 발표되었을 때, 자유당의 대통령 후보는 이승만, 부통령 후보는 이범석이었다.[30] 『희망』은 이범석이 181만 표로 차점자가 되어 낙선한 후에도 그의 인터뷰를 싣고, 「이범석 장군 일문일답」을 통해 부통령으로 입후보했다가 낙선한 이범석의 심회와 앞으로의 포부, 진로 등을 물으며 이범석의 정치관과 자유당

여당화 등에 대한 비판을 담는다. 이에 이범석은 "유령화된 청년단체가 아니라 진정한 청년단체가 필요로 한다면 나서겠다. 민족청년단은 해독을 끼치지 않았다"[31]고 주장함으로써 정치권에서 밀려났어도 여전히 청년단체를 통해 재기를 노리고 있다는 것을 보여주었다.

이승만은 1953년 청년단체와 독립군의 상징이었던 이범석을 자유당에서 축출한다.[32] 이범석은 한국군을 창설하고 국가보안법을 제정하여 국가 이외의 무장조직을 일절 금하는 등 이승만 정권의 토대를 닦는 데 기여한 인물이었다. 그런 그가 정치적으로 제거되는 과정은 해방기 한국전쟁을 거쳐 국가 수립으로 가는 과정과 겹쳐진다. 이 시기 한국사회의 과잉 남성성은 군대의 창설과 확립을 통해 국가로 귀속된다. 국가를 재건하기 위해 파시즘도 불사하겠다던 남성 청년의 목소리는 '할아버지 이승만'에게 그 자리를 빼앗기고 만다.

가족의 재건과 가장의 부/재

이대통령 제83회 탄신경축문예작품 공모에서 초등학교 작문부에 당선된 서울시 마포 초등학교 제4학년 이혜자 양에게 이대통령은 그의 사진을 증정하였다 한다. 이대통령은 이양의 작문 "고마우신 대통령 할아버지"를 읽고 그 가운데 "할아버지 정말 할아버지 사진 한 장 주실 수 없을까요?"라고 한 구절에 감동하여 몸소 '사인'까지 하고 이것을 보내준 것인데 이 사진은 3일 오공보실장에 의하여 이양에게 전달되었다 한다.[33]

이승만은 1950년대 후반 '대통령 할아버지'라는 애칭으로 지면에 등장한다. 해마다 이승만 생일 기념 문예전이 치러졌으며, '대통령 할아버지'에게 사진을 요청한 어린이도 많았다. 이승만의 베트남 방문 여정에 대한 기사에서도 "할아버지 안녕히 다녀오세요"라며 환송하는 학생들의 모습이 기록된다.[34] 즉 이승만은 독재자인 동시에 친근한 할아버지기도 했던 셈이다. 흥미로운 것은 이러한 경향이 4·19 이후 이승만이 대통령직에서 물러난 이후에도 계속된다는 점이다.

대통령 자리를 내어놓으신 이승만 박사께서는 지난 28일 경무대를 떠나시어 낙산 밑 이화장으로 이사하시었다. 이승만 박사는 1948년 8월 15일 대한민국 초대 대통령으로 취임하신 이래 11년 8개월 동안 경무대관저에서 전국민의 어버이로서 노고를 아끼지 않으시다가 지금은 오직 국민의 한 사람으로 이박사님의 본래 집으로 돌아가시게 되어 전국민의 섭섭한 마음을 금할 길이 없었다. 이박사님이 지나시는 길머리마다 많은 사람들이 모여서서 "우리 할아버지 만세"를 불렀으며 차에 타신 할아버지께서도 웃음을 띠우셨다.[35]

경무대를 떠나는 이승만을 향한 기사의 온정적인 태도는 가족화된 국가를 상상하는 방식과 연결된다. '독재자는 물러가라'는 외침에도 불구하고 '대통령 할아버지'에 대한 관심과 지지는 여전했는데, 대통령을 가부장으로 형상화하는 방식의 정동이 여전히 작동하고 있었기 때문이다. 가족은 민족국가의 재건에서 핵심적인 상상력이기에 가족을 이루는 것은 국가를 건설하는 것과 동일시되었다. 이는 한국전쟁기 『희망』을 통해서도 확인된다. 당시 『희망』의 화보에는 정치인, 예술가 등 사회 지도층의 가족이 자녀와 함께 등장했다.

어머니와 딸, 아버지와 아들, 남편과 아내 등의 가족 화보는 회복되어야 할 가족의 모습을 미래의 '희망'으로 제시한다. 특히 자녀들은 재건을 주도할 젊은 세대로 적극적으로 의미화된다.[36] 이 가족 재건의 흐름은 납북된 문화인들의 가족을 포괄하는 데까지 나아간다.

『희망』 1951년 12월호는 권두시로 이광수의 「지구」「향

<표> 한국전쟁기 『희망』 소재 가족 화보 일람

호수	코너명	모델
1951. 9.	어머니와 딸	임송본, 민규식, 장택상의 아내와 딸 박순천과 그 딸
1951. 11.	산호초 시리즈	임송본, 민규식, 장택상, 박순천, 오위영
1951. 12.		이광수
1952. 12	우리부자의 희망	서항석, 김법린
1953. 1.		이기붕, 이헌구, 윤효중, 전용순
1953. 2.		최규남, 변영로, 송인근, 박영출
1953. 5~6.	대군이 그리는 아내	변희용, 손원일, 구용서, 엄상섭, 김성업, 김용택, 한창우, 맹주천 등과 그 아내
1953. 10.	대망인待望人의 표정	박열, 방응모, 김동환, 현상윤의 가족

피고」를 수록한 것을 시작으로, 납치명사 부인 좌담회를 지면에 중계한다. 참석자는 김함라(남궁혁), 김영애(박승길), 허영숙(이광수), 홍전자(박용선), 양메리언(양주삼), 연영화(손진태) 등이며, 사장 김종완과 문예부장 공중인, 사회를 맡은 장기범이 주축이 되어 진행했다. 김종완은 개전 1년이 지나는 현 시점에서 우리 국민들이 저마다 이기주의에 빠져 있기에, 이를 각성하기 위해 납치명사 '미망인'들의 이야기를 듣는 자리를 마련했다고 좌담회의 목적을 밝힌다. 말하자면 후방의 질서를 위해 '미망인'을 공론장으로 불러낸 것이라 볼 수 있다. 그러나 그 자리에서 '미망인'들은 남편의 마지막 모습이나 부부 사이 등에 관한 질문만을 받을 뿐이었다. '미망인'들은 저

마다 남편의 인품을 증언하면서, 납치문화인의 가족을 돌보지 않는 정부에 대해 아쉬움을 토로한다.[37] '미망인' 좌담회는 한국전쟁기에도 한 번 더 진행된다. 이처럼 납치명사들의 가족 로망스를 통해 가부장의 권위를 회복하고 전쟁의 명분을 강화하려는 시도는 틈틈이 이어졌다.

1952년 5월호에서 진행된 '동란미망인' 좌담회에서는 "조국의 수호신이 된 남편을 모신 여러분"으로 칭해지는 '미망인'들이 경제적인 어려움과 자녀교육 문제 등을 호소한다. 이중 눈에 띄는 것은 육군 제1군단장이었던 김백일의 부인 김영화이다. 김영화는 남편이 고위급 군인이었음에도 불구하고 남겨진 유가족이 가난으로 고생하고 있다는 것을 고백한다.[38] 이중 눈에 띄는 것은 납치문인을 조망하는 특집이다. 1952년 6월호에서는 납치문인 작품선을 소개한다.[39] 김진섭의 수필 「한루송」, 김안서의 「민요선」, 김기림의 「기상도」, 김동환의 「해당화와 불노초」와 「단장」, 홍구범의 소설 「어떤 부자」 등이 그것이다. 여기에는 참여자들 사이의 차이는 기록되지 않는다. 친일 혐의로 공민권 박탈형을 받았던 김동환과 해방 이후 등단하여 민족문학을 강조한 『문예』를 편집하던 홍구범의 차이는 납치문인이라는 공통 조건 속에서 소거된다. 이들은 납치된 가부장으로 공산주의의 잔혹함을 보여주는 증거로 기능할 뿐이다.

남성성의 각본들

이들 납치명사 중 이광수나 양주삼 등은 일제 말기의 친일 행각으로 인해 해방기 공론장에서 비판의 대상이었다. 그러나 이들은 전쟁기 가족 담론 안에서 '전쟁미망인'의 회상과 더불어 '납북된 문학가'라는 호명을 통해 복권된다. 북한이라는 (친일파보다) 더 큰 적이 있어 가능한 일이었다. 적을 정의하는 것은 '우리' 집단을 정의하는 것이자 집단을 출현시키는 행위이기도 하다. 전쟁기 『희망』이 정의한 적은 공산주의, 괴뢰정권의 수하에 놓인 북한군이다. 이승만 정권이 생산하는 스펙터클 속에서 반공은 논리가 아니라 정치적 상상이며, 정치적 행위자들이 위치해 있는 구체적이고 시각적인 분야이다. 역설적으로 적이 소멸하게 되면, 통치기관의 정당성이 위협받고 집단 자체가 해체될 수 있는 위험이 있다. 이를 위해 이승만 정권은 계속해서 적대를 생산해낸다. 납북된 인사들이 적의 폭력을 드러내는 가장 효과적인 수단으로 동원된 것은 이 때문이다. "서북의 원한"이 앞선 것이다.[40] 특히 '납치미망인'의 눈물은 적의 존재를 구체화했다. 무엇보다 가족의 재건을 곧 국가의 재건으로 형상화하는 소설이 이런 경향을 강화했다.

가족의 재건과 아버지의 배치[41]

1950년대 한국소설에서 자주 등장하는 소재는 가족이다. 전후 소설의 가족 서사를 연구한 권명아는 가족이 전체주의적 전쟁에 의한 '무사회적 상황'에서 '전체'를 상상하는 표상으로 기능하며, 가족주의를 통한 관계 복원의 열망이 존재한다는 것을 지적한다.[42] 한국전쟁 중 발표된 염상섭의 단편 「감격의 개가」(1953)는 전쟁으로 인해 훼손된 남성성이 가족 만들기를 통해 회복되는 과정을 그린다.[43] 육군 중위 출신의 상이용사 준구와 그의 약혼녀이자 아이의 어머니인 정원은 전쟁으로 인해 헤어졌다가 피난지인 부산에서 어렵사리 재회한다. 소설은 광복동이나 중앙동과 같이 부산의 화려한 후방 지역이 아니라 쓸쓸한 영주동 거리와 군인병원, 정양원을 배경으로 한다. 전선에서 한쪽 다리를 잃은 준구는 "쌍지팽이를 내짚고 군복에 파아카"를 입은 초라한 행색이다. 이들의 재회는 장애인인 자신은 제대로 가족을 건사할 수 없고, 정원 역시 후회하게 될 것이라며 결혼을 거부하는 준구로 인해 원활히 성사되지 않는다. 정원은 준구의 이런 태도를 "살아가는 데도 용사"라면서 "깨끗하고 애정에 찬 마음"으로 평가한다.[44] 결혼을 둘러싼 이들의 갈등은 아들 때문에 생겨난다. 아들은 거세된 아버지를 가족으로 위치시키는 역할을 한다.

둘의 성대한 결혼식은 친지, 동료, 그리고 정양원의 상이군인들의 축복 속에서 이루어진다. 염상섭은 '건강한' 상이용사가 결혼식을 통해 다시 태어나는 것을 국가의 재건에 빗대보여준다.

건강한 남성성에 대한 염상섭의 관심은 장편소설 『미망인』(1954)으로도 이어진다. 염상섭은 소설 연재를 앞둔 사고에서 "전쟁미망인이 조국 부흥의 건설적 정신에 발맞추어" 나아가는 모습을 그리고자 한다고 작품의 의도를 밝힌다. '전쟁미망인'이 남성 청년과 결혼하는 서사를 통해 "아름다운 동시에 도덕적 가치를 지닌 참된 것"을 그리고자 했다는 설명이다.[45] 신흥식은 서울대 공대 출신의 엔지니어로, 대화재의 전재민들로 혼란스러운 부산역에서 죽은 형의 친구 가족과 마주친다. 한국전쟁에서 사망한 김택희 대위의 아내인이명신은 대화재로 집을 잃고 서울로 돌아가려던 참이었다. 신흥식은 죽은 형과 형의 친구에 대한 책임감으로 그들을 도와주다 사랑에 빠진다. 소설의 핵심적인 갈등은 전쟁에서 죽은 장남 대신 집안을 이을 장남이 된 신흥식의 결혼을 둘러싸고 벌어진다. 피복공장을 운영하는 자본가인 그의 아버지는 아들이 딸까지 있는 '전쟁미망인'과 결혼하는 것에 찬성할 수 없다. 소설은 미성숙한 신흥식이 연애와 결혼을 계기로 아버지로부터 독립하고 오롯한 청년으로 거듭나는 과정을 그린다. 신흥식은 자신의 동반자로 '전쟁미망인'인 명신을 택함으로써 아버지로부터의 독립과 단절을 선언한다. 소설은 이 과정에서 "깨끗한 처녀"인 '미망인'과 아버지로부터 자유로운 청년의 결합이라는 새로운 시대의 젠더규범을 획득한다. 이로써 가부장 질서가 해체되며 새로운 가족이 건설된다.

김태진은 『미망인』을 남성의 입장에서 정조론을 서사화한 최초의 소설로 꼽으며 이 소설이 양가적으로 남성에게도 정조가 요구된다는 진보적 목소리와 여성의 정조를 관리하는 남성에 의한 가부장적 정조론을 동시에 노출한다고 지적한다.[46] 실제로 1950년대 전후 한국사회에서는 정조에 대한 새로운 이해가 생겨나고 있었다. "나도 총각이 아닙니다. 부산 가서 술김에 친구에게 껄려서 놀러두 다녀 봤습니다. 나두 헌 놈입니다"라는 말이나 『화관』에서 이진호가 다방 마담 봉순과의 관계에 대해 약혼녀인 영숙에게 사과하는 등의 행동은 남성에게도 정조가 요구된다는 남녀동권의 목소리를 분명히 드러낸다. 또한 "몸을 더럽히지 않은 깨끗한 과부"라는 표현은 남편을 잃은 뒤 '정조를 지켜온 미망인'의 경우, 재혼이 허락된다는 것을 의미한다. 첩으로 삼아 집안에 들이지 말라는 아버지의 권유를 거절하는 것도 이러한 의지의 표명이다.

한국전쟁은 청년의 남성성을 강조했지만, 실제로 후방의 남성성은 그야말로 '아프레게르_{après-guerre}'했다. 전쟁으로 인해 남성성은 훼손되었다. 상이용사나 제대군인은 생활고와 질병에 시달렸고, 군경 유가족을 위한 지원 프로그램 역시 실질적인 효과가 없었다. 기술교육이나 재활이 실패할 경우, 상이군인은 영웅이 아니라 사회적 보호의 대상이 된다. 「감격의 개가」는 사회적 보호의 대상이 된 남성을 결혼이라는 제도를 통해 봉합하려는 전쟁 질서를 보여준다. 후방의 '현명한' 여인들은 상이군인과 결혼하고, 상이군인은 가족 만들기를 통해 국민의 일원으로 거듭날 수 있었다는 각본인 셈이다. 『미망인』 역시 '전쟁 미망인'의 재혼을 지지함으로써 가족을 재건하는 과정을 다룬다. '미망인'과 결혼하는 '총각'이라는 다소 파격적인 설정은 가족 만들기가 국가 재건의 토대라는 각본 안에서만 가능했다.

1   강신재, 정연희 등의 작가들은 지병이나 가정 문제 등의 개인
    사정으로 종군작가단에는 참여하지 않았으나 후방에서 선전에
    일조한 것으로 알려져 있다.

2   최독견, 「창간사」, 『전선문학』 1, 1952, 9쪽.

3   장덕조, 「군인과 여성」, 『전선문학』 2, 1953, 26쪽.

4   장덕조, 「후방에서 전선으로」, 『전선문학』 1, 40~41쪽.

5   이러한 서사는 1940년 최정희가 후방의 여성들을 향해 한 연설과 그
    맥을 같이한다.
    "5월 9일. 이날 우리 반도에도 징병제도가 실시되었습니다.
    다시 말씀한다면 우리 반도 청년들도 병정이 되어 어깨에 총을
    메고 나라를 위하여 싸울 수 있게 되었다는 말씀입니다. 얼른
    생각한다기보다 잘못 생각한다면 전쟁에 나갔다는 일이 무서울지
    모르지만 두 손을 가슴에 얹고 생각한다면 이에서 더 기쁜 일이
    없고 이에서 더 영광스런 일이 없습니다. 정말 이로부터서야 우리도
    사람값을 하게 되었고 이제로부터서야 세상에 나온 보람이 있다고
    할 수 있게 되었습니다. 우리가 언제 남을 위해서 나라를 위해서
    살아본다는 귀하고 착하고 높은 정신을 가져본 일이 있습니까."
    최정희, 「5월 9일」(『반도의 빛』, 1942년 7월), 「발굴: 최정희
    친일문학작품」, 『실천문학』, 2004년 봄, 194쪽.
    (아들들이 모두 전사한 일본 어머니들의 사례를 들면서) "이분들은
    내지에서 나서 내지에서 사십니다. 우리들과 눈, 코, 입이
    똑같이 생겼는데 어쩌면 그처럼 훌륭한 생각을 가지고 사는지
    모르겠습니다. 그러기에 이분들을 '일본의 어머니'라 부르는
    것입니다. 이분들의 난 곳, 사는 곳은 대도시도 아닙니다. 산을 넘고
    물을 건너고 골을 지나야 하는 벽촌과 작은 섬에서 사는 분들입니다.
    그렇지만 훌륭한 마음씨를 가지고 사는 탓으로 오늘에 있어서

'일본의 모'라는 이름으로 만인에게 불리게 되지 않았습니까." 최정희,
「군국의 어머님들」(『반도의 빛』, 1944년 2월~4월), 같은 책, 196쪽.

6   "전선에서는 간호원이 더 필요해. 따뜻한 어머니 손길이 더
필요할꺼야." "자식을 죽이는 부모의 마음, 그러나 자식은 내놔야
한다." 장덕조, 「선물」, 『전선문학』 4, 1953, 88~89쪽.

7   정비석, 「남아출생」, 같은 책, 1953, 70~80쪽.

8   이 특집에서는 김팔봉, 박영준, 홍영의 등 여러 인사들이 「군인과
종교」 「군인과 정치」 「군인과 문화」 등의 주제로 글을 쓴다. 여성이
참여한 유일한 논설이기도 하다.

9   여기서 한 가지 흥미로운 지점은 육군이나 공군작가단의 문집
속에서 '시'를 발표한 여성을 찾아볼 수 없다는 것이다. 『창궁』과 같은
공군 시집에서도 마찬가지이다.

10   "많은 어머니나 아내나 누이가 그 사랑하는 청년의 죽엄을 앞에
놓고 부득이 사념에 이르는 것과는 달리 최초부터 희생과 불행을
결정하고 들어가는 일군의 젊은 여인들이 있다. 곳 상이군인과의
결혼을 자원하는 여성들이다. 순수한 인간성과 그렇게 하는 것이
진실로 나라를 위하는 길이라는 신념이 있는 사람이었다. 진정한
애국자만이 즐겨 그 몸을 산화散華시킬 수 있듯이 참으로 인생의
의의를 깨다른 여인들만이 또한 스스로 이 수난의 길에 나갈 수 있다.
그들은 육체상의 쾌, 불쾌, 호, 불호를 찾는 것이 아니라 솟아나는
인생의 우물에서 그 황홀한 진미만을 담담히 길흘려고 하는 것이다.
정신적유열愉悅을 희구하는 것이다." 장덕조, 「군인과 여성」, 28쪽.

11   이 절은 허윤, 「전쟁기 『희망』과 남성성의 젠더 전략」,
『이화어문논집』 43, 2017, 143~169쪽을 토대로 수정했다.

12   1950년대 『희망』의 소장처는 신혜수, 「1950년대 여성 관련 잡지
목록」, 『근대서지』 7, 소명출판, 2013, 654~682쪽을 보라.

13   「편집후기」, 『희망』, 1951년 11월, 70쪽.

14   "순종합잡지나 순문예지가 순조롭게 경영되어 나가자면 불리한

조건이 한두 가지가 아닌 데에 비하여 대중지면 첫째 어느 정도 수지를 맞출 수 있다는 점이 오늘의 발전을 가져온 것이라고 하겠지마는 그러나 말과 같이 용이한 일은 아니다. …… 희망지는 소위 대중지와 종합지의 중간을 타고 나가는 듯싶이 보이거니와 이것은 시의時宜에 적절한 방침이 아닌가 생각하는 바요 금후로도 어느 기간 이러한 노선으로 나가는 것이 옳지 않을까 생각한다." 염상섭, 「양득兩得의 특색이 있다」, 『희망』, 1953년 7월, 17쪽.

15 이봉범, 「1950년대 잡지저널리즘과 문학: 대중잡지를 중심으로」, 『상허학보』 30, 2010, 397~454쪽; 이봉범, 「1950년대 종합지 신태양과 문학: 전반기의 매체전략과 문학의 관련을 중심으로」, 『현대문학의 연구』 51, 2013, 511~570쪽.

16 「통일독립전쟁이 끝난 후의 나의 희망하는 일」, 『희망』, 1951년 7월, 18~23쪽.

17 김종완, 「후방 청년들의 분발을 호소함」, 『희망』, 1951년 11월, 12쪽.

18 "민족존망의 운명이 결정되려는 어처구니 없는 협상이 무르익어가고 있고 내일의 삶을 위협하는 전운은 개일 줄을 모르고 있거니와 오늘날 우리에게 절실한 요청이 있다면 그것은 우리의 운명을 우리가 스스로 결정지을 수 있는 역량과 이념의 확립인 것이다." 김종완, 「『희망』 창간 2주년 기념호 권두언, 본지 두돐맞이에 지음하여」, 『희망』, 1953년 7월.

19 「헬싱키 올림픽 출전 코치 좌담회」, 『희망』, 1952년 6월, 27쪽.

20 "단체경기가 우리국민의 단체력을 상징하는데 큰 역할을 할 수 있는 것이다. 우리 한국의 축구 역사가 길고 청년들이 가장 용감성을 발휘하고 힘껏 달릴 수도 있고 힘과 힘을 합쳐서 몸과 몸이 부디칠 수 있는 이러한 독특한 운동이니만큼……" 같은 책, 27쪽.

21 「헬싱키출전보고록」, 『희망』, 1952년 9월, 15쪽.

22 신상우, 「한국의 창조자 백인2: 이범석」, 『희망』, 1952년 3월, 3쪽.

23 지청천, 「인생회고록: 광복군과 나의 투쟁」, 『희망』, 1953년 5월, 35쪽.

24 이범석, 「수렵과 나」, 『희망』, 1952년 12월, 48~50쪽.

25 김종완, 「이범석 장군 단독회견기」, 『희망』, 1951년 11월, 18~19쪽.

26 후지이 다케시, 『파시즘과 제3세계주의 사이에서』, 147쪽.

27 이범석, 「청년론」, 79쪽.

28 이범석, 「군사적으로 본 정전회담」, 『희망』, 1952년 3월, 16~19쪽.

29 김마리아, 「이범석 부인 김마리아의 나의 반생기: 영설에 묻쳐진 북풍의 정열」, 『희망』, 1952년 6월, 16쪽. 17세의 소녀 김마리아는 독립군이 되기로 결심하여 학교를 그만두고 북로군정서에 참여한다. 이범석을 만난 것도 그곳이다. 이후 전투에서 머리에 부상을 입고 만주로 돌아온 이범석과 김마리아는 북만주 해림에서 결혼식을 올리고, 함께 독립군 생활을 한다.

30 이강로는 이승만이 경찰, 군대, 행정 관료와 같은 국가기구를 통제했지만, 초기 국회와의 갈등이 깊어지자 이를 '민주적'으로 해결하기 위해 직접 정당정치를 주창한 뒤 자유당을 건설했다고 지적한다. 그에 따르면, 이를 구체적으로 실행한 인물은 이범석이다. 그러나 이범석의 세력 확장은 이승만이 이범석과 족청계를 제거하는 계기가 되었다. 이강로, 「초기 자유당과 기간사회단체의 관계 고찰」, 『대한정치학회보』 16(3), 2009, 251~272쪽.

31 「이범석장군일문일답」, 『희망』, 1952년 9월, 16~17쪽.

32 이승만은 1953년 6월 5일 이범석을 해외시찰 보내고, 양우정을 구속시켰다. 이뿐만 아니라 1953년 9월 12일 특별담화를 통해 국민회 선거에서 족청계를 선출하지 못하도록 하고, 1954년 1월 이범석을 위시한 양우정, 안호상, 진헌식, 이재형 등 8명을 민족분열자로 규정한 뒤 출당·제명했다.

33 「이혜자양 당선, 이대통령탄신경축」, 『조선일보』, 1958. 4. 5.

34 「안개 속에 환송의 도열」, 『조선일보』, 1958. 11. 6.

35 「이승만 박사 이화장에 이사」, 『조선일보』, 1960. 5. 1.

36 최배은은 『희망』이 엘리트 아동, 청소년을 미래의 희망으로 호명하고

있다고 지적한다. 고아나 혼혈아, 고학생, 직업소년, 소년범 등은 사회적 결손을 초래할 존재이지만, 엘리트 청소년은 '희망'의 표상으로 명명되고 있다는 것이다. 최배은, 「전쟁기에 발간된 잡지 『희망』의 '희망' 표상 연구: 아동 청소년 담론을 중심으로」, 『대중서사연구』 23(3), 131~159쪽.

37 「납치되어간 명사의 부인 좌담회」, 『희망』, 1951년 12월, 54~57쪽.

38 「동란미망인좌담회」, 『희망』, 1952년 5월, 28~30쪽.

39 「납치문인작품선」, 『희망』, 1952년 6월, 38~45쪽.

40 「돌아온 반공애국자청년들 어떻게 어디로 가는가」, 『희망』, 1954년 3월, 63~69쪽. "우리는 이 자유의 투사의 부모와 자매가 되어 반공의식을 꽃피게 하자"며 반공포로의 편지를 소개하면서, '서북의 원한'을 갚기 위해 싸울 것을 맹세한다.

41 이 장에서 등장하는 소설에 대한 분석의 일부는 허윤, 「1950년대 한국소설의 남성 젠더 수행성 연구」, 이화여자대학교 국어국문학과 박사학위논문, 2015를 수정한 것이다.

42 권명아, 『가족 이야기는 어떻게 만들어지는가』, 책세상, 2000.

43 염상섭, 「감격의 개가凱歌」, 『희망』, 1953년 5월, 60~65쪽.

44 같은 책, 65쪽.

45 "이 미망인은 종래의 미망인형의 심리작용이나 생리현상을 붙들어 쓰자는 흥미에 그 주제를 둔 것은 아니다. 이번에 겪은 전란은 여러 각도로 보아야 하겠지마는 그 제작용의 하나로서 나타난 전쟁미망인의 생활과 그 사회적 위치라든지 의미를 시할 수는 없다. 전후장병은 대개가 30 전후의 아까운 청년들이니 그 미망인도 젊은 청상들이다. 그 청춘과 닥쳐오는 생활고를 어떻게 처리하고 취사할 것인가? 거기에 어린 자녀를 품에 안고 헤매는 경우, 그 가엾고 딱한 사정은 과연 어떠한 것인가? ⋯⋯ 문학이 설교가 아녀요, 작품이 지침서가 아닌 이상 그녀들의 갈 길은 어디며 그녀들의 생활은 반드시 이러저러하여야 할 것이라는 것을 가르치려거나 어떠한

규정을 내리려는 것은 작자의 할 바 임무가 아니로되, 작가가 한 대변자일 수도 있고 또한 그들의 걷는 길과 생각하는바가 자기 자신의 새로운 운명을 개척하고 사회의 질서와 새 윤리를 세우는 데 도움이 되도록 어떠한 희망을 가지고 암시를 주는 것은 긴요한 일이요, 작가의 한 임무일 수 있다고 믿는다." 염상섭, 「소설과 현실: 미망인을 쓰면서」, 『한국일보』, 1954. 6. 14.

46   김태진, 「전후의 풍속과 전쟁미망인의 서사 재현 양상」, 『현대소설연구』 27, 2005, 83~105쪽.

5장

무
대
위
의
남
성
성

남 장 여 자 가 만 든 세 계

스캔들로만 상상되는 퀴어

퀴어한 사람들은 종종 공론장에 스캔들의 주인공으로 나타
난다. 신문이나 잡지에 남아 있는 기록들은 퀴어를 가십으로
다루거나 사건화, 범죄화한다. 현재 우리가 접할 수 있는 기
록의 상당수는 법 위반과 관련된 사건이나 스캔들에 관한 것
이다. 따라서 이를 그대로 인용할 경우, 편견이나 조롱에 찬
기록을 목격할 수도 있다. 이런 이유로 퀴어에 역사적으로
접근하기란 쉽지 않다. 그러나 때로는 그 사건 '덕택'에 공식
역사에 기입되지 않은 퀴어의 흔적을 발견하게 되기도 한다.
위반과 일탈의 흔적을 통해 역사를 재구성할 수 있기 때문이
다. 결국 중요한 것은 사건화된 기록을 어떻게 담론화하는가
의 문제이다.

퀴어에 역사적으로 접근할 때 발생하는 또 하나의 문제는 현재 담론장의 언어를 과거에 그대로 적용시키기 어렵다는 점이다. 1954년 대중잡지 『희망』은 의학적 처치 없이 성이 전환된 소년의 사례를 전한다. 박정숙이라는 여학생이 초등학교 6학년 때 42도가 넘는 고열에 시달리다 깨어나보니 남성이 되었다는 보도였다. 그/녀는 이후 호적을 정정하고 박원길로 이름을 바꿔 남자고등학교에 진학한다.[1] 『희망』이 보도한 이 사건이 얼마만큼 정확한 사실에 근거한 것인지는 확인하기 어렵다. 주민등록제도가 시행되기 전이기에 성별 정정도 어렵지 않게 가능했을 것이다. 이 밖에도 양성으로 태어났으나 이후 남자의 성기가 약화되어 여성이 된 사례[2]나 군대에서 생리적인 변화를 겪으며 여성으로 판정받고 제대한 사례[3] 등이 보도되는 방식에서 성전환을 불가사의한 일이나 스캔들로 취급하는 당대의 분위기를 짐작할 수 있다. 성전환이 성 정체성이나 성 일치감을 바탕으로 설명되는 지금의 경향과는 사뭇 다른 방식이다.

때로는 성전환과 동성애가 구분 없이 사용되기도 한다. 자신은 준수한 남성에게만 매력을 느낀다며 한국에서도 성전환이 가능하냐는 남자의 물음에 일단 남자 같은 외모의 여자를 만나보라고 추천한 전문가도 있었다. 그 전문가는 만약 그럼에도 불구하고 여전히 남자에게 끌린다면, 동성애는

"변태성"이기에 심리 치료를 받을 수밖에 없다고 설명했다.[4] '전문가' 역시 동성애와 성전환을 구분하지 않고 사용했음을 알 수 있다. 여기서 성 정체성과 성적 행위로서의 섹슈얼리티 개념은 정교한 구분 없이 사용된다. 이처럼 현재의 언어로 역사를 이해하는 데는 한계가 따르기 마련이다. 이성애중심적인 사회에서 사회문화적으로 주변화되거나 비체화되어 있는 동성애자나 트랜스젠더와 같은 성적 주체들을 통칭하는 '퀴어'가 그나마 좀 더 적합한 언어라고 할 수 있다.[5]

경계를 넘는 여자들

경계를 넘는 여성들은 언제나 이상하다는queer 의심을 받았다. 여행이 하나의 예술행위로 인식되던 과거에 여행은 여성의 영역이 될 수 없었다. 길을 나선 여성은 여행을 하기 위해 남성의 옷을 입었고 여행을 하면서 남성의 언어를 전유했다. 여행에는 말을 타는 것이 필수적이었기에 여성들 역시 바지를 입어야 했다. 여성 작가들은 이런 과정을 거쳐 상대적으로 진입 장벽이 낮았던 여행기 장르로 점차 진출하기 시작한다. 여행을 통해 여성들은 아버지, 형제 등 남성들의 지배질서로부터 거리를 둘 수 있었고, 젠더규범을 벗어날 수 있는 용기를 얻었다. 여행기를 쓴 여성들은 정치적, 사회적, 문화적 특권을 가진 '신사들'의 배제를 뚫고 작업을 진행했다.[6]

여행을 통해 여성들은 아버지나 남편 등의 간섭에서 벗어나 직접 자신의 일을 조직하고 실천할 수 있게 된다. 많은 여성들이 남성의 에스코트나 가이드 없이 여행하는 것을 선호했으며, 독립적으로 자신의 일을 꾸릴 수 있다는 데 환호했다. 그러나 여성 여행객들의 글쓰기는 여성들이 나서서 남성적인 목소리를 내고, 나아가 남성 담론의 영역으로 진출하는 행위라는 점에서 위험을 안고 있었다.[7] 이들은 글을 쓰면서 자신을 제국의 지배자라는 남성적 위치에 놓고 식민지나 여행지를 타자화했다. 동시에 여성으로서 여성다움, 즉 진정한 여성성을 드러내야 한다는 강박에 사로잡혀 극적인 여성다움을 포즈로 취하기도 한다. 남성성과 여성성을 모두 과잉 수행한 것이다. 남성성과 여성성 사이의 길항 작용은 근대 초 유럽 여성들의 여행기를 통해 확인된다.

흥미로운 점은 이들 중 상당수가 아시아를 여행지로 택했다는 사실이다. 바버라 호지슨은 『동방을 꿈꾸며』에서 메리 워틀리 몬테규 부인Lady Mary Wortley Montagu을 자유를 아시아와 결부시킨 최초의 여성으로 기록한다. 그는 터키 여성들이 누리는 복장과 외출의 자유 등을 이야기하며 동양에 대한 판타지를 제공했다. 여성 여행객들은 자신을 동양 여성들과 비교하면서 자기 지식이 대단하다고 여기게 되었고, 자신이 남성들과 동등한 대우를 받아야 한다고 믿게 되었다. 이사벨 버튼은 동양에 가본 여자는 다시는 이전의 삶으로 돌아가지 못할 것이라고 말하기도 했다.[8] 이처럼 여행은 여성들이 인습에서 벗어나고, 교육 수준의 차이를 극복할 수 있는 계기가 되었다.[9]

근대 초기 여성들의 남복 선호는 복장을 바꾸는 것만으로도 자유로워질 수 있다는 인식에서 기인했다. 특히 1920년대에는 여성들 사이에서 크로스드레싱이 유행했다. 남복을 하고 남성의 보호와 도움 없이 사막을 모험하는 소설이 베스트셀러가 될 만큼, 여성들은 자유와 독립을 찾아 떠나는 것을 희망했다.[10] 이런 경향은 조선에서도 나타났다. 19세기 말 창작된 것으로 보이는 『방한림전』은 성별 정체성과 동성결혼 등의 파격적인 소재를 다룬 여성영웅소설이다. 여성이 남장을 하고 공적 공간에 나가서 공을 세우는 과정을 다룬 여성영웅소설은 내외법이 엄격하게 지켜졌던 조선 사회의 젠더 체계에 대한 문제제기로 읽을 수 있다. 하지만 이들 소설 대부분은 현숙한 여인이 되어 남자와 결혼하는 식으로 가부장제 질서를 승인하는 여성을 그린다는 점에서 결정적인 한계가 있었다. 반면 『방한림전』은 주인공 방관주/방한림이 끝까지 남성으로 살기를 고집한다는 점과 영혜빙과의 동성결혼이 화목하게 유지된다는 점 등에서 이성애 가족제도로 회귀하는 기존 소설을 뛰어넘는 새로운 가능성을 보여준다.[11] 방관주의 경계 넘기는 남장을 일회적인 것이 아니라 반복적인 삶의 방식, 스타일로 만든다. 어릴 적부터 재주가 빼어나 남자로 자란 방관주가 '신여성' 영혜빙과 결혼하여 살아가는 모습은 독자들의 호기심을 자극했으며, 가부장제 결혼제도에 대한 비판적 입장을 가진 등장인물을 통해 독서의 즐거움을 제공하기도 했다.

방관주는 어릴 적부터 여자답지 않은 비범함을 가진 인물로, 빼어난 외모에도 불구하고 여자다운 태도는 없었으며, 글을 배우고 익히는 데 뛰어났다. 그런데 방관주의 이런 우수함은 그가 남자로 태어나지 못한 것을 안타깝게 여기게 되는 지점이 되기도 한다.

> 딸이 서너 살이 되니 용모가 시원스럽게 생겼고 기상이 빼어나 **규방 여자의 행동이 없었다.** 몸은 날로 늠름해지고 흰 연꽃 같은 얼굴색이며 가을 하늘과 같이 높은 기운에 진주와 같은 눈빛이 있었다. 바야흐로 말을 하게 되자, 부모가 글자를 가르치면 하나를 듣고서 열을 알았고 열을 듣고서 천을 깨쳤다. 이러했으므로 부모가 매우 사랑하여 아들이 없는 것을 한으로 여기지 않았다.[12]

이때 방공자의 나이 열두 살이었다. 넉넉한 기질과 꽃다운 얼굴이 백옥을 새긴 듯하였고, 흰 이에 붉은 입술과 두 눈이 깨끗하고 기이하여 인간 세상의 사람 같지가 않았다. 위엄이 있고 매서워 조금도 여자의 부드러운 모습이 없었다. 조용히 앉아 있으면 겨울 하늘의 찬 달이 푸른 하늘에 걸려 있는 듯하였고 담소를 하면 한가롭고 부드러워 삼동의 눈이 녹는 듯하였다. 풍채는 버들 같고 봉황의 두 팔이 날 듯하니 진실로 **하늘에서 귀양 온 신선 같았다.**[13]

장원이 이미 반쯤 취하여 별 같은 눈이 몽롱하고 옥 같은 귀밑에 술기운이 어려 붉은 기운이 백옥을 침노하니 옥으로 만든 화분에 연꽃이 핀 듯하였다. 어화를 숙이고 궁전 계단에서 사배숙사하여 임금의 은혜에 사례하였다. **풍채가 훤칠하고 법도 있는 행동이 여유가 있어 태을진군이 옥경에서 조회하는 듯**하였다.[14]

방관주의 부모는 어릴 적부터 여자 옷을 입는 것을 원치 않았던 그에게 남성의 옷을 입히고 아들로 키운다. 부모가 돌아가신 후 방관주는 부모의 유지를 지킨다는 이유로 남복을 고집한다. 그의 아름다운 외모는 넉넉한 기질과 위엄이 있는 모습으로 묘사되며, 하늘의 신선에 비유된다. 연꽃처럼 아름다운 동시에 태을진군 같다는 설명처럼, 방관주의 양성성은 왕조차 방관주가 남성임을 의심하지 않을 정도다. 게다가 장원급제에 오를 정도인 글 실력 역시 성별을 의심할 수 없게 만든다.

장원급제한 방관주와 결혼하는 영혜빙 역시 남달리 현명한 인물이다. 자신의 형제들을 보며 "여자는 죄인이다. 온갖 일에 이미 마음대로 못하여 남의 규제를 받으니 남아가 못 된다면 인륜을 끊는 것이 옳다"[15]고 말할 만큼 진보적인 여성이며, 방관주와의 첫 만남에서 그가 여성임을 알아볼 만큼 똑똑한 인물이다.

> 내가 보니 방 씨의 얼굴이 시원스럽고 행동거지가 단엄하여 일대의 기남자다. 이런 영웅 같은 여자를 만나 일생 지기가 되어 부부의 의리와 형제의 정을 맺어 한평생 마치는 것이 나의 소원이다.
>
> 내 본디 남자의 사랑하는 아내가 되어 그의 제어를 받으며 눈썹을 그려 아첨하는 것을 괴롭게 여기고 있었다. 금슬우지와 종고지락을 내가 원하지 않더니 우연히 이런 일이 있으니 어찌 우연하다 하리오? 반드시 하늘이 생각해주신 것이다. 수건과 빗을 맡는 구구한 일보다 이것이 낫지 않으리오?[16]

영혜빙은 결혼을 '평생 지기'를 만나 의리와 정을 나누는 것으로 규정하며, 방관주와의 대등한 관계를 소원한다. 결혼 후 외모를 꾸미면서 남성에게 아첨하면서 살고 싶지 않다는 것이다. 이후 방관주가 가부장적 면모를 보일 때, 그를 질책하기도 한다. 이처럼 영혜빙은 방관주의 남성-되기를 실질적으로 담보하는 인물이라 할 수 있다. 방관주와 영혜빙은 부부 사이가 좋아서 첩도 들이지 않을 만큼 이상적인 관계로 묘사된다. 가장 화목한 이성애중심적 관계가 여성 두 명에 의해 완성되는 셈이다. 물론 음이 양으로 변하면 불길하다는 사상은 『방한림전』을 포함한 여화위남女化爲男 텍스트에 공통적으로 나타난다. 여성이 남성 행세를 하는 것은 음양의 질서와 조화를 어기는 일이기 때문이다. 결과적으로 젠더규범을 전유하는 것은 하늘에서 벌을 받을 일로 취급된다.[17] 방관주 역시 남성 행세를 한 탓에 서른아홉의 나이로 일찍 사망한다. 그러나 방관주와 영혜빙의 관계는 방관주가 죽는 그 순간까지 굳건하다.

『방한림전』은 조선시대 여성 독자들이 바라는 남성상을 투사한 결과로 보인다. 방관주는 높은 관직에 오른 영웅인 동시에 아내를 존중하고 가정에 충실한 인물이다. 방관주와 영혜빙 사이에는 하늘에서 점지해준 낙성이라는 아들이 있으며, 그를 통해 집안의 계보도 이어나갈 수 있게 된다. 부

부 간의 우정과 자식의 효 등 조선시대의 가치관을 충실히
재현한 것이다.

『리본의 기사』가 보여준 통쾌한 위반

『방한림전』과 같이 남장한 여성 영웅은 순정만화에서도 자
주 발견된다. 1950년대 일본에서는 장편 소녀만화[18]의 원조
로 일컬어지는 데즈카 오사무의 『리본의 기사』(1953~1955)
가 발표되었다. 다카라즈카 가극단의 팬이었던 데즈카는 소
녀만화를 만들어달라는 의뢰를 받고 다카라즈카 배우들을
떠올렸다. 여성만으로 이루어진 뮤지컬 공연을 상연하는 다
카라즈카 가극단은 1914년 일본의 한큐전철이 오사카 외곽
에 위치한 다카라즈카 시의 온천에 관광객을 모으기 위해 결
성한 극단이다. 지금도 도쿄와 다카라즈카 시의 대극장에서
는 연일 공연이 계속되고 있으며, 열광적인 팬덤이 존재한
다. 다카라즈카 가극단의 대표 레퍼토리는 〈베르사유의 장
미〉로, 이케다 리에코의 동명 만화를 원작으로 한다. 여자로
태어난 주인공 오스칼은 귀족 집안의 대를 잇기 위해 아들을
연기한다. 남자됨을 입증하기 위해서 남자보다 더 남자다워
진 오스칼을 다카라즈카 가극단의 남역 배우가 연기하는 것

은 무척이나 자연스럽다. 남장여자 역할을 남장여자 배우가 수행하는 것이다. 〈베르사유의 장미〉는 1970년대 다카라즈카의 인기를 부활시키는 신호탄이 되었다. 이러한 남장여자 설정은 『리본의 기사』에도 등장한다.

　『리본의 기사』는 주인공의 내면에 서사의 초점을 맞추고, 이야기의 주제가 소년 취향에서 벗어나 있으며, 로맨스가 중요한 요소로 작용한다는 점에서 소녀만화의 시초로 불린다.[19] 만화는 왕위를 계승하기 위해 남자아이가 태어나길 원하던 실버왕국에 남자아이와 여자아이의 마음을 모두 가진 사파이어가 태어나는 장면으로 시작한다. 신이 남자에게는 남자다움과 용기를, 여자에게는 여자다움과 매력적인 상냥함을 넣어주는데, 악동인 천사 칭이 신보다 먼저 사파이어에게 남자다움을 주입한 탓이다. 왕위계승권을 지키기 위해 사파이어는 사람들이 보는 앞에서는 왕자로 살아간다. 낮에는 분홍색 손수건을 쓸 수 없고, 여자의 말투도 할 수 없다. 말을 타고 칼싸움을 하는 사파이어 왕자와 여자로 살고 싶어하는 사파이어 공주의 내적 갈등은 『리본의 기사』 초반부의 가장 핵심적인 갈등을 이룬다. 사파이어는 정적政敵의 의심에도 불구하고 칼싸움에 능숙하고 말을 잘 타며 어른스럽고 현명한 모습을 보여 자신이 남자임을 납득시킨다. 이후 어머니의 실수로 여자라는 사실이 발각되어 감옥에 갇혀 죽을 위험에 처하지만, 탈출하여 폭정에 시달리는 사람들을 돕기 위해 스스로 리본의 기사가 된다. 자신의 남자다움을 부정하던 사파이어가 타인을 구하기 위해 남자로 나서는 것이다. 사파이어는 늘 여자로 살고자 하지만, 결정적인 순간 싸움에서 이기기 위해서는 남자여야 한다.

『리본의 기사』는 사파이어의 내면 갈등을 강화하기 위해 로맨스를 부여한다. 이웃나라 왕자와의 사랑을 이루기 위해 사파이어는 여성이 되어야 한다. 그러나 여성인 자신을 긍정하면 왕국을 잃게 된다. 여기서 연적으로 등장하는 인물이 악마 헬 부인의 딸 헤케트다. 자신의 딸이 말괄량이에 사고뭉치인 것이 불만인 헬 부인은 사파이어에게 존재하는 여자 마음을 빼앗아 헤케트에게 넣어주려고 한다. 그러나 여자다워질 생각이 없는 헤케트는 사파이어의 여성성을 되돌려준다. 헤케트는 자신의 성별 정체성(여성)에 위화감을 느끼지 않고 자신을 남자라고 생각하지도 않지만, 여자다워야 한다는 어머니의 요구에는 적극적으로 저항한다. 그러면서도 때로는 어머니를 속이기 위해 그럴싸하게 여자다움을 연기한다. 이런 과정들을 거쳐 『리본의 기사』는 진정한 여자다움, 남자다움에 대한 의문을 제기한다. 사파이어와 헤케트는 젠더규범을 어떻게 교란할 수 있는지를 보여주는 캐릭터들이다.

사파이어의 모험은 개인의 성공으로 끝나지 않는다. 사파이어 대신 왕이 되었던 플라스틱 왕자는 남성성을 획득한 후, 여자에게 왕위를 물려주지 않는다는 규칙에 문제를 제기한다.[20] 용기를 내 자신이 생각하는 바를 전달할 수 있게 된 것이다. 헤케트 역시 자신의 개성을 살려 살아가고, 사파이어는 자신이 여성임을 밝힌 뒤 왕의 자리에 오름으로써 여자는 왕위를 상속할 수 없다는 규칙을 바꾼다.

남장여자 이야기가 여성 독자들에게 인기를 끌었던 이유는 무엇일까? 오스칼이나 사파이어 왕자는 여성이지만 활발한 모험의 주인공이 된다. 영웅 서사의 보조자가 아니라 직접 영웅-되기를 실천하는 인물들이라 할 수 있다. 독자들은 여성임에도 남자들과 대결하며 멋지게 활약하는 사파이어 왕자와 드레스 차림의 미소녀 사파이어 공주를 통해 양가적인 욕망을 만족시키고, 소년들의 전유물이었던 모험을 경험할 수 있었다. 적들과 싸울 만큼 강한 동시에 이웃 나라의 왕자가 반할 만큼 아름답고 매력적인 인물들 때문이다.[21] 남성성과 여성성을 겸비한 이상적인 왕자 캐릭터는 관객들이 다카라즈카를 찾는 이유가 된다.

학교 밖에서 남자친구를 사귈 수는 있지만 제가 원하는 진정한 남성을 보기는 힘들어요. 아버지도 오빠도 그 모델이

될 수는 없어요. 그래서 저는 다카라즈카를 보러 와요. 이곳에는 제가 꿈꾸는 사랑이 들어 있어요.[22]

여성국극단이 보여준 '여자 남성성'

1955년 동아일보사는 광복 10주년과 동아일보 지령 1만호를 기념하여 '독자위안국악대제전'을 개최한다. 국악원 산하 7개 단체가 총출연한다는 대대적인 홍보 기사에 소개된 출연자 10명 중 김연수를 제외한 9명(박녹주, 임유앵, 임춘앵, 김경애, 조금앵, 박옥진, 김진진, 김경수, 백도화)은 모두 여성국극단 소속이었다.[23]

1950년대 전성기를 맞았던 여성국극단은 여성 배우들만으로 이루어진 여성동성사회로서 젠더 교란이 대중문화장에서 지지를 받은 거의 유일한 사례였다. 1948년 결성된 여성국극단은 창극단 내 젠더 위계와 성폭력 문제를 계기로 출발했다.

해방이 돼서 처음 한 일이 여성국악 동호회의 결성이다. 그때 서울에는 국극사, 조선창극단 등 남자들이 이끄는 예술 단체가 있었다. 그런데 이들은 모든 게 남성 위주였고 여성들은 퍽 푸대접받는 편이었다. 이에 항시 불만을 품고 있다가 내가 주동이 돼서 순전한 여성단체를 만든 것이다. 회원으로는 박귀희, 김소희, 임춘앵, 정규색, 임유앵, 김정희 등 30여 명이었다. 이 단체가 결성된 것은 1948년 봄께였다. 내가 첫 회장으로 뽑혔다. 우리는 첫 공연으로 김아부 씨가 각색한 〈옥중화〉를 그해 10월 말에 시공관서 선보였다.[24]

첫 공연이었던 〈옥중화〉는 판소리 각색 수준에 머물러 별다른 인기를 끌지 못했다고 한다. 새로운 무대 장치는 각광을 받았지만, 관객들의 호응이 높지 않아 적자로 끝났다. 박녹주는 이에 굴하지 않고 새로운 공연을 준비한다. '민족 오페라'로 재명명된 여성국극은 1949년 푸치니 오페라 〈투란도트〉를 번역한 〈햇님과 달님〉의 성공으로 대중적 명성을 확보한다.[25] 〈햇님과 달님〉은 한국의 전통예술로서 UN 사절단에게 소개되었으며, 동양적 아름다움을 보여준다는 찬사를 받았다.[26] 이후 여성국악동호회를 탈퇴한 임춘앵은 김주전이 만든 여성국극동지사에 합류했다. 〈햇님과 달님〉의 후속편인 〈황금 돼지〉(1949)에서 왕자 역인 햇님을 맡은 임춘앵은 대화체 연기를 통해 주목을 끌었다. 이후 한 해에 50여 편의 작품이 공연될 만큼 많은 수의 작품이 무대에 올랐고, 여성국극은 1950년대를 대표하는 대중문화로 자리 잡

1948년 10월 26일
『동아일보』에 실린
여성국악동호회의
〈옥중화〉 공연 광고.

았다. 〈공주궁의 비밀〉(1952), 〈바우와 진주 목걸이〉〈청실홍
실〉〈산호팔찌〉〈여의주〉(1953), 〈백호와 여장부〉〈청사초롱〉
〈목동과 공주〉(1954), 〈무영탑〉(1955), 〈백년초〉〈구슬과 공주〉
(1956), 〈연정칠백리〉〈춘소몽〉〈귀향가〉(1957), 〈열화주〉(1958)
등 한국의 민담과 전설 등을 응용해 만들어진 레파토리들은
남녀 간의 사랑을 주로 다루며 다양한 관객을 사로잡았다.

여성국극은 『춘향전』『로미오와 줄리엣』등 한국 고전
소설에서부터 셰익스피어 번안극, 창작극까지 다양하게 넘
나들었다.[27] 백현미는 여성국극을 정치사회적 변화와 유리

남성성의 각본들

된 세계에 존재하는 대중물로 평하며, 당시 사회에 대한 부정 혹은 회피가 대중의 망탈리테를 직조하고 있었다는 것을 보여주는 사례로 거론한다.[28] 그러나 이런 식의 논의는 여성국극이 보여주는 남성성의 탈구축이 띠는 저항성을 간과한다. 여성국극은 전쟁의 젠더규범을 이탈해 여성성으로부터의 자유를, 성별이분법의 탈구축에 대한 대중의 지지와 매혹을 보여준다. 여성국극 배우들은 1950년대 여성들에게 이상적인 남성 모델을 제공했다. 낭만적 사랑에 충실하고, 기사도적으로 용감하며, 남성보다 더 남성적인 남성성을 재현한 것이다. 이는 현실의 남성성/들이 가질 수 없는 이데아의 영역이기도 하다. 이들이 수행으로서 획득한 남성성은 역으로 헤게모니적 남성성이 부재한 시대를 조명한다.

여성국극의 인기를 견인한 것은 남자 역할을 하는 배우들이었다.[29] '왕자 임춘앵'은 설화와 전설을 바탕으로 재창작된 여성국극의 무대에서 대사, 제스처 등의 연기와 리얼한 애정표현, 여역 배우와의 포옹이나 키스신으로 남역 배우의 대명사로 떠올랐다. 무대 위 왕자님 역할을 위해 그/녀는 걸음걸이나 포옹하는 방법 등 남성의 코드를 익혔고, 칼싸움 연습에 매진하기도 했다. 그/녀들이 연기하는 이몽룡이나 마의태자는 남자보다 더 용맹하고 더 남자다웠다. 남성성 혹은 여성성이 신체 그 자체가 아니라 수행performance에서 비롯된다는 점을 드러내는 젠더 수행성은 여성국극을 통해 비로소 그 몸피를 입게 된다. 이들은 전쟁으로 훼손된 현실의 남성과 달리, 무대 위에서 상상되는 남성을 과잉 수행하여 연출함으로써 젠더규범을 의문시했다. 남역 배우들의 인기가 올라갈수록 남성 주인공을 영웅화하는 플롯과 어트랙션(칼싸움이나 춤 장면)이 강화되고, 남역 배우 중심의 커플링이 이루어짐으로써 과감한 애정 연기가 상연되었다.[30] 동성 배우들과 관객 모두가 철저한 이성애 각본을 연기하고 즐겼다.

　　김지혜는 여성국극의 성별 정치학을 분석하면서 1950년대를 전통과 서구적 근대화의 욕망이 혼종, 경합하고 있었으며 가부장적 규범이 해체됨에 따라 성별 지형이 재구성되던 시기로 본다. 그 관점에 따르면, 여성국극의 남장 연기는 여성의 사회적 지위 향상이라는 배경 덕택에 등장할 수 있었고, 성별 교란에 대한 불안과 유희가 공존할 수 있는 분위기 속에서 대중적으로 수용될 수 있었다. 이때 핵심적으로 거론되는 것은 성별 경계 넘기와 동성애적 매혹을 통한 저항적 가능성이다.[31] 여성국극 배우들은 과장된 남성성과 여성성을 연기함으로써 젠더의 수행성을 노출한다. "남자는 실제 남자보다 더 남자 같아야 하고, 여자는 실제 여자보다 더 여자 같아야 한다"는 기조로 짜인 여성국극의 훈련 과정은 젠더규범을 과잉 수행함으로써 '연기'로 만든다.

이승희는 한국전쟁 후 여성국극의 인기가 신파의 쇠퇴와 맞닿아 있다며 무대 재현 예술인 여성국극이 대중적 역사극의 영역을 차지했다고 진단한다. 복장전환, 젠더규범의 교란과 같은 스펙터클이 관객의 역사적 상상력을 자극하고 확장하는 급진적 젠더정치였다는 것이다.[32] 즉 현실의 남성을 뛰어넘는 이상적인 모델을 보여준 것은 다름 아닌 로맨스의 세계였다.

그러기 위해서는 나 아닌 세계를 알아야 하는데 그런 심정을 충족시켜줄 수 있는 것은 그리 많지 않았다. 스스로 해보려고 하면 우선 남편이 윽박질러서 오금을 펼 수 없었다. 살림이나 할 것이지, 여자가 무얼 안다고, 얻어맞지 않으면 다행이었다. 그러면서 대책 없이 애들은 늘어나고 시름은 더해갔으며, 속앓이는 체념으로 이어졌다. 그런데 임춘앵이라는 여인이 그런 심정을 밑바닥부터 뒤집어엎어 다시 본래의 나를 느끼도록 해주었다. 여자라는데 여자 같지가 않았다. 그 여자가 남성이 되어 하는 연기를 보면 왠지 힘이 솟구치고, 공연히 눈물이 났다. 마구 소리를 지르고 싶고 뭔가 새로운 것을 찾아낼 수 있을 것만 같아 어디론가 뛰쳐나가고 싶은 충동을 느끼기도 했다.[33]

관객들은 여성국극을 통해 여성도 남자처럼 살 수 있다는 가능성을 보았다. 현실의 모순이나 문제를 극복할 수 있는 힘이 되어주었다. 이로써 임춘앵은 전통적인 가족 구조 내에서 비가시화되던 여성들의 실존을 일깨운 존재가 되었다. 임춘앵의 남성성은 이상향에 그치지 않고 여성성을 벗어나는 것으로 이어졌다. 이는 남성성으로 명명된 가치들을 재배치하는 경험이기도 하다. 잭 할버스탬은 남성의 생물학과 남성성 사이의 자연화된 연계에 균열을 내고 여성 육체에 체현되는 남성성/들을 분석하기 위해 '여성의 남성성'을 제안한다. 이 개념은 여성성은 인위적인 것으로 간주하는 반면, 남성성은 생물학적 남성만이 발현할 수 있는 '진짜 자연스러운 속성'으로 이해하는 젠더규범을 해체하며, 여성 육체와 남성성을 연결함으로써 남성성의 구성적 성격을 노출한다.[34] 여성국극에서 배우들이 수행하고 있는 남성성은 바로 이 '여자 남성성'에 해당한다. 그로 인해 관객들은 남자와 남성성은 무엇이고 여성다움은 무엇인가라는 근본적 질문을 던질 수 있게 되었다.

젠더 교란의 시대

1950년대 여성국극이 구가한 인기는 젠더 교란의 혼란상과 맞닿아 있다. 전쟁은 젠더규범을 강화했지만, 동시에 젠더규범을 수행할 수 없도록 만들었다. 태평양전쟁과 한국전쟁이라는 두 차례의 총력전은 성별이분법을 강화했다. 전쟁은 남성 전투원과 여성 민간인의 역할 구분을 통해 행위를 젠더화한다. 군사화의 결과이기도 한 성별이분법은 모든 사람의 젠더를 이데올로기적, 정치적, 경제적 용어로 유표화한다.[35] 전선에서 전쟁을 수행하는 남성 주체를 재건하고, 후방에서 가족을 담당하는 여성에게 자기희생을 강요하는 이분화된 구도는 한국사회의 이데올로기적 기틀이 되었다. 이는 일선에 나설 수 없었던 여성들이 비국민이 되지 않는 유일한 길이기도 했다.

이때 훼손된 육체를 가지고 돌아온 남성들을 희생과 사랑으로 감싸안는 부덕婦德의 여성들은 공적 영역에 활발히 진출해 경제, 정치 등의 영역에 참여했다. 한국전쟁기에는 여자 배속장교들이 등장했으며, 여자의용군교육대를 통해 1000여 명의 여군이 전방 및 정훈대대·예술대 등에서 행정, 대민선무공작, 정훈교육, 대적 방송, 첩보 수집, 위문공연, 경리, 통신, 보급 등의 업무를 수행했다.[36] 여성 작가들 역시 종군작가단의 일원으로 참여했다. 여성들에게도 전선에 설 수 있는 기회가 주어진 셈이다. 공적 영역에 진출해 돈을 벌고, 정치적 활동에 참여하는 남성적 활동이 여성들에게도 가능해졌다.

일례로 한국전쟁과 베트남전쟁을 종군한 작가 최정희는 군복이 가진 힘을 체험했다. 그는 한국전쟁 당시 군복을 입고 도강한 경험에 대해 이렇게 이야기한다.

> 나도 입은 일이 있다. 공군복이 아니고 육군복이었다. 서울에 왔다 가야할 일이 있었는데 군복을 입지 않고선 기차를 탈 수도 없었으며, 도강은 더욱이 어려웠던 때다. 군복 덕에 도강은 무사히 하게 되었다. 피난지 대구나 부산에서 그 어려운 고비를 겪으며 영등포까지 왔다가 한강을 넘지 못해서 영등포에 하차하는 사람들을 목격하곤 군복의 힘이 대단하다는 것을 깨달았다.[37]

공군 종군작가였던 최정희는 대구에서 피난생활을 하던 중 서울에 있는 가족을 만나러 가기 위해 군복을 입고 기차를 탄다. 군복을 입어야만 서울 출입이 가능했기 때문이다. 군복을 입은 종군 여성 작가들은 남성 군인으로 패싱 passing할 수 있었고,[38] 빨갱이, 부역자라는 혐의로부터도 자유로울 수 있었다. 말하자면 군복으로 대표되는 남성성은 수행을 통해 획득될 수 있었다. 한국전쟁으로 인해 인구의 절대적 이동이 발생하던 시기, 자신의 이름, 신분을 입증할 수 있는 도구가 사라졌을 때 남는 것은 복장과 행세, 수행이었다.

해방 이후의 인구 이동과 재배치는 퀴어한 사람들에게 영향을 미쳤다. 자신이 살던 공동체를 떠나 새로운 지역으로 이동하게 된 이들은 이름이나 나이는 물론 성별까지 속일 수 있었다. 1950~1960년대 신문에는 성별을 바꾼 복장을 하고 다니는 사람들에 관한 기사, 특히 남장을 하는 사람들의 기사가 종종 보도되곤 했다. 이들 중 다수는 범죄 행각과 결부될 때만 지면에 등장한다.

경산군 산면 임당동 최종수 씨의 처 이만금은 군복으로 남장하고 8일 새벽 4시경 동동포목상 신태분 씨 집에 침입하여 현금 2만 환을 내라고 협박강요하다 집안사람이 도둑이야 하고 고함을 치므로 목적을 달치 못하고 도주하였는데 9일 밤 경산 경찰서 형사에게 탐지되어 자택에서 체포되었다. 여자로서 군복을 착용 남장으로 강도를 행각한 것은 처음 보는 일이다.[39]

10대의 소녀 50명으로 조직된 깡패백골단이 신흥동 소재

세계극장을 비롯하여 각 극장 변두리를 배회하면서 여자
들을 구타 혹은 금품 강취 등을 자행하고 있어 경찰은 이들
의 취체에 나서고 있다.[40]

이 두 건의 기사는 남장을 한 여성들이 강도나 깡패가
되어 금품을 갈취하는 사건을 다루고 있다. 기사에 등장하는
이들은 번화가에서 여성들을 괴롭히며 금품을 갈취하는 범
죄자로 보도되고 있는데, 남장한 여성들의 범죄 행위는 그
자체로 젠더규범 수행과 맞닿아 있다. 여성인 차림새로는 무
력으로 타인을 위협하거나 협박하기가 쉽지 않다. 군복을 입
고 남장을 했을 때, 별다른 조치 없이도 여성도 충분히 타인
을 위협할 수 있기 때문이다. 남장은 외판원과 같은 직업을
가진 이들에게도 편의를 제공한다.

남장한 여인 2명이 24일 하오 중부산 경찰서에 도로취체
규칙 위반으로 붙잡혀 즉결재판에 회부되었다. 본적 주소
를 경기도 화성군 오산면에 둔 강순임(19)이란 여인과 시내
아미동 2가 95번지에 주소를 둔 김분순(26)양은 이날 대교
동 2가 골목길에서 국산 크림 판매 선전을 하다가 파출소
순경의 취체에 항거하다 두들겨 맞았다고 고성을 높이어
파출소에서 울어댔다. 그들은 약 3개월 전부터 여자로서

행세하는 것보다는 남장이라야 행동이 자유스럽다는 이유로 남장을 하여 크림 선전원에 동원되었다는 것이다. 경찰에서는 이날 도로 취체령 위반과 공무집행 방해 등 죄목으로 즉결 재판에 회부하였다.[41]

강순임과 김분순은 남장을 하고 크림 선전원 일을 하다 체포된다. 이들은 길에서 화장품을 팔다 도로취체령 위반으로 즉결재판에 회부되었으나, 기사는 이들이 남장을 했다는 점에 주목한다. 이 기사에 등장하는 강순임은 1960년 가을 서울에서 다시 한 번 체포된다.

14일밤 서대문경찰서에서는 도로취체 규칙 위반 혐의로 화장품 행상하는 청년을 연행문초 중에 이쁘장한 이 젊은이가 남장여인임이 드러나 담당형사들을 놀라게 했다. 4년 전인 고향 오산에서 애인에게 배반을 당한 후 방랑길로 나섰다는 강순임(24)이란 남장여인은 부산에서 동서생활을 해오던 부인(물론 같은 여자임)까지 있다고…… 화장품을 팔러 서울까지 와서는 하루 버는 천환 돈을 꼬박꼬박 부산 있는 부인에게 부쳤다는 강군 아닌 강양은 치재에 들려졌다.[42]

나이는 다르지만, 이름과 고향, 부산에 있다는 애인 등이 일치하는 것으로 보아 강순임을 앞 기사와 동일 인물로 추정할 수 있다. 부산에서 화장품 장사를 하다 취체령에 걸린 강순임이 서울로 와서 장사를 하다 또다시 적발된 것이다. 이 기사는 강순임의 남장이 일시적인 것이 아님을 확인시켜준다. 그는 서울에서 돈을 벌어 부산에 있는 자신의 '부인'에게 송금하는 생활을 이어가고 있었다. 강순임이 스스로를 어떻게 정체화하고 있었는지는 알 수 없으나 그가 여성 공동체를 꾸려 살고 있었다는 것은 분명하다. 당시 이런 식의 비이성애중심적 공동체는 곳곳에 존재하고 있었다.

미군 '위안부' 생활을 하던 여성이 남장을 하고 남성 역할을 수행하는 일도 심심치 않게 보도된다. 이들은 남자에게 배신당한 후 독신으로 살 마음으로 남장을 선택했으며, 같은 '양부인'인 다른 여성과 함께 살기 시작했다고 이야기한다. "늙거나 남자에 절망한 양부인들 사이에 남장 '붐'"이 일고 있고, "수 명의 남장 여인이 각기 처를 데리고 살고 있다"는 것이다. 남장을 하면 "몸치장에 돈이 덜 들고, 사내들의 속이 들여다보이는 유혹이 없고 몸을 팔지 않고 돈 버는 데 편리하"다는 설명은 '여자가 살기 더 좋은 세상'이라는 남자들의 외침이 무색하게 여성성을 수행하는 것이 어렵고 고단한 일임을 보여준다.[43] 여성됨을 표현하기 위한 꾸밈 비용이 들지 않고, 성희롱이 없으며, 섹슈얼리티를 팔지 않아도 된다는 남장의 장점은 여자들이 사치스럽고, 유혹에 약하며, 섹슈얼리티를 팔아 쉽게 이득을 얻는다고 비난하는 여성혐오 담론을 미러링한 것처럼 보일 정도다. 여성국극의 남성성이 널리 사랑받을 수 있었던 것은, 이와 같은 젠더 교란의 시대가 열렸기 때문이었으리라.

1 본사독점탐방, 「여자가 남자로 바뀐 진상과 그 후 소식, 경이 한국판
   성의 전환」, 『희망』, 1954. 3. 126~129쪽.

2 "남녀의 성기를 갖고 여장을 한 최길모는 약 5년 전부터 남자의 성기
   기능이 약해지고 여자의 성기는 제대로 활동하게 되므로 남장을
   하고 무당 노릇을 하며 생활해왔다. 가을에 동리 남자와 결혼할
   준비를 하고 있었으며 현재도 남자와 동거 생활을 하고 있는 것으로
   알려지고 있다." 「양성 갖추어 화제」, 『동아일보』, 1960. 10. 22.

3 "1년 전부터 생리적인 변화를 일으켜 여자로 변해, 진상 조사 끝
   군이 제대시켰다. 유방이 생기고 엉덩이도 커지고 성격도 여자같이
   변하여 놀림감이 되다시피 하다 월경도 있게 되어 여자로 판정,
   제대하게 되었다." 「군인이 여자로 변화」, 『동아일보』, 1959. 8. 3.

4 「한국서 성전환은 가능?」, 『동아일보』, 1955. 1. 23.

5 박이은실, 「퀴어」, 『페미니즘의 개념들』, 동녘, 2015, 388~423쪽.

6 Elizabeth A. Bohls, *Women Travel Writers and the Language of
   Aesthetics, 1716-1818*, Cambridge University Press, 1995, pp.1~22.
   엘리자베스 A. 볼은 여성이 예술의 주체로 말하기 시작하면 어떻게
   되는지, 즉 남성들을 중심으로 짜여 있던 예술 분야에서 대상으로
   존재하던 여성들이 주체로 등장했을 때 여성들이 취할 수 있는
   태도에 대해 이야기한다. 이때 볼이 꼽은 것이 여성의 여행기이다.
   볼은 여성들이 여행이라는 남성의 영역에 진출한 점, 규율에 의해
   제약받는 국가로부터 벗어난다는 점에서 '여행'의 창조성을 높이
   산다.

7 Shirley Foster, *Across New Worlds: nineteenth-century women
   travellers and their writing*, Harvester Wheatsheaf, 1990, pp.1~26.

8 바바라 호지슨, 『동방을 꿈꾸며』, 조혜진 옮김, 말글빛냄, 2006.

9 이상 여행에 관한 정리는 허윤, 「여자들의 여행」, 『페미니즘의

개념들』, 동녘, 2015, 245~262쪽을 참조하라.

10 임옥희, 『메트로폴리스의 불온한 신여성들』, 여이연, 2020, 61~68쪽.

11 김경미, 「젠더 위반에 대한 조선사회의 새로운 상상: 방한림전」,
    『한국고전연구』 17, 2008, 189~216쪽.

12 『방한림전』, 장시광 옮김, 이담, 2010, 16쪽.

13 같은 책, 19쪽.

14 같은 책, 23쪽.

15 같은 책, 26쪽.

16 같은 책, 30쪽.

17 『옥주호연』『이학사전』『방한림전』과 같은 여화위남 고소설을
    연구한 장시광은 이들 출중한 인물들에게 여성으로의 복귀하라는
    주변의 요구가 계속되는 상황을 두고 음이 양으로 변화하는 것이
    불길하다는 생각이 소설 곳곳에서 등장인물의 입을 통해 발화되고
    있다고 지적한다. 장시광, 「여성영웅소설에 나타난 여화위남의
    의미」, 『한국고전여성문학연구』 2, 2001, 301~338쪽.

18 소녀만화는 소녀 혹은 여성을 주된 독자층으로 하며 작가 역시
    여성이 높은 비율을 차지하는 만화로, 인물의 표현, 칸 나누기
    구성, 배경의 묘사 등에 특유의 스타일을 가진 만화를 지칭한다.
    한국에서는 순정만화와 유사한 장르로 여겨진다. 김소원, 『시대가
    그려낸 소녀』, 소명출판, 2021, 67쪽.

19 같은 책, 148쪽.

20 플라스틱 왕자는 남자답지 못하고 용기가 없어 늘 사파이어
    왕자에게 지는 인물이었다. 이 만화는 악역을 맡은 캐릭터들에게
    나일론, 두랄루민, 플라스틱 등 신소재의 이름을 붙인다. 반면
    사파이어, 실버 등 원석은 선한 자들의 이름이다.

21 김소원, 『시대가 그려낸 소녀』, 152~165쪽.

22 메구치 에미(17세, 학생) 인터뷰(2001년 7월 8일), 이성재,
    『일본여성가극 다카라즈카』, 충북대학교 출판부, 2018, 119쪽.

23　「출연자 푸로필」, 『동아일보』, 1955. 8. 19.

24　박녹주, 「나의 이력서 26」, 『한국일보』 1974. 2. 12(정은영, 「틀린 색인」, 『원본 없는 판타지』, 후마니타스, 2020, 106쪽에서 재인용).

25　〈햇님과 달님〉을 제작한 김아부와 김주전은 도쿄 유학파로, 다카라즈카 가극단을 상당 부분 참고하여 극을 제작한 것으로 알려졌다. 남역 배우 중심의 스타 시스템과 노래, 춤, 연극이 섞인 가무극, 화려한 무대장치와 미장센 등을 벤치마킹한 것이다. 김성희, 「여성국극의 장르적 성격과 이미지로서의 역사」, 『한국연극학』 40, 2010, 65쪽.

26　"한국의 오랜 역사의 전설을 극화한 것으로 그 내용과 가사는 우리로서 잘 깨닫지 못하였으나 그 창의 리듬이라든가 동양적인 정서를 표현한 극치의 예술에는 감탄을 금키 어려웠다. 더구나 고전적인 화려한 의상이라든가 연기는 구미 각국에서 찾아볼 수 없는 독특한 예술이었다. 더구나 여자들만으로서 표현하는 우아하고도 고상함을 느끼었는데 이는 한국의 높은 문화 수준의 일단을 엿볼 수 있는 것으로서 감명이 깊었다." 『동아일보』 1949. 2. 20.

27　서양 고전을 번안한 것으로는 오페라 〈투란도트〉를 번안한 〈햇님과 달님〉(1949), 『로미오와 줄리엣』을 번안한 〈청실홍실〉(1954), 『몬테크리스토 백작』을 번안한 〈초야에 잃은 님〉(1960), 『오셀로』를 번안한 〈흑진주〉(1961) 등이 있다.

28　백현미, 「1950년대 여성국극의 성정치성」, 『한국극예술연구』 12, 2000, 175~176쪽.

29　이화진, 「여성국극의 오리엔탈 로맨스와 (비)역사적 상상력」, 『한국극예술연구』 43, 2014, 167~200쪽. 이화진은 여성국극의 인기 비결 중 한 가지로 여성 소리꾼이 남성을 연기하는 여창남 역에 대한 주목을 들며, 여창남 역이 식민지 시기부터 있어왔지만, 1940년대 후반의 문화적 상황에서 남역이 해방과 건국에 부응하는 '새로운 풍조'로 읽혔다는 점을 지적한다.

30 이화진, 「여성국극의 오리엔탈 로맨스와 (비)역사적 상상력」, 190쪽.

31 여성국극에 관한 연구로는 김지혜의 「1950년대 여성국극의 공연과 수용의 성별 정치학」(『한국극예술연구』 30, 2009, 247~280쪽)과 「1950년대 여성국극공동체의 동성친밀성에 관한 연구」(『한국여성학』 26(1), 2010, 97~126쪽), 그리고 정은영 외 5인의 『전환 극장』(포럼에이, 2016)과 정은영의 「틀린 색인」(『원본 없는 판타지』, 99~131쪽)을 보라.

32 이승희, 「'신파-연극'의 소멸로 본 문화변동: 탈식민 냉전문화로의 이행」, 『상허학보』 56, 2019, 223~265쪽.

33 반재식·김은신, 『임춘앵 전기』, 백중당, 2002, 295~296쪽.

34 잭 핼버스탬, 『여성의 남성성』, 유강은 옮김, 이매진, 2015.

35 Kate Darian-Smith, "Remembrance, Romance, and Nation", *Gender and Memory*, Oxford University Press, 1996, pp.151~164.

36 국방부 군사편찬연구소, 『6·25 전쟁 여군 참전사』, 2012, 66~193쪽.

37 최정희, 「피난대구문단」, 『해방문학 20년』, 정음사, 1966, 103~104쪽.

38 패싱은 넬라 라슨의 소설 『패싱』에서 유래한 말로, 본래 흑인과 백인의 혼혈이 백인으로 통용되는 것을 지칭했으나, 이후 동성애자가 이성애자로, 트랜스젠더가 남성이나 여성으로 인지되는 것처럼 특정한 성별이나 성적 지향으로 여겨지는 것을 일컫는 표현으로 자리 잡았다. J. 잭 핼버스탬, 『가가 페미니즘』, 이화여대 여성학과 퀴어·LGBT 번역모임 옮김, 이매진, 2014, 130쪽.

39 「남장한 여강도」, 『조선일보』, 1955. 1. 14.

40 「십대의 소녀 깡패 '백골단' 일당 50명 밤엔 남장」, 『경향신문』, 1960. 11. 11.

41 「남장한 두 여인, 도로취체령에 걸려」, 『동아일보』, 1960. 2. 25.

42 「색연필」, 『조선일보』, 1960. 6. 15.

43 「쇠고랑 찬 남장여인」, 『조선일보』, 1964. 3. 3.

6장

전후 문학의 「퀴어」한 육체들

해 체 되 는 남 성 성 신 화

'남성=군인=국민'의 공식 너머에서

한국전쟁은 남성 군인을 중심으로 시민권의 위계를 설정한
다. 국민개병제를 바탕으로 하는 징병제도는 군인이 될 수
있는 사람만이 국민으로 인정받을 수 있다는 공식을 설정했
다. 훈련된 몸은 애국의 상징이었다. 군인증이나 군복은 특
권을 의미하기도 했다. 남성 전투원과 여성 민간인의 구분은
전선과 후방을 나누는 기준이 되었으며, 공사公私의 분리로
이어지기도 했다.

> 제일 영광스러운 죽음은 나라에 일이 있을 때에 군인이 되
> 어 전쟁에 나아가 순국하는 죽음일 것이다. …… 다음으로
> 가장 영광스러운 사람은 비록 그 몸이 죽기까지는 이르지

못했으나 죽을 자리에서 …… 겨우 생명을 보존한 상이군인
들이니 그들은 우리나라 사람들 중에서 제일 영광스러운
생명을 가진 사람들이다.[1]

그러나 이 위계화를 따를수록 남성은 죽거나 장애를
입고, 자신의 남성성을 훼손당하게 되는 모순이 생겨난다.
1957년의 『경향신문』 보도에 따르면, 70만 명의 제대장병 중
직업보도를 알선받은 사람은 5800명, 약 0.83퍼센트로 나타
난다.[2] 이는 대다수의 제대군인이 경제적 곤란에 처해 있음
을 의미한다. 이승만 정부는 제대군인에 대한 지원을 약속
했지만, 실효를 거두지는 못했다. 장애를 얻은 상이군인들
은 기술교육을 받는 데 한계가 있었고, 빈곤과 질병에 시달
렸다. 이러한 어려움으로 인해 군인의 자살은 1950년대 중후
반 심각한 사회문제로 등장한다. 이뿐만 아니라 제대군인이
가담한 강도, 살인 등의 강력범죄가 증가하여 1958년 상반기
에만 551명이 입건되는 등 제대군인 문제가 치안의 핵심으
로 떠오르게 된다.[3] 이는 전쟁이 '육체적 불구자'보다 더 많은
'정신적 불구자'를 초래했다는 진단으로 이어진다.[4] 즉 '남자
다운 남자'이자 1등 국민은 신체적·정신적 '불구자'로 명명될
수밖에 없었다. 이러한 모순은 전쟁이 젠더규범을 강화하는
동시에 불가능하게 만드는 지점을 보여준다. 젠더규범의 균

열은 여성국극, 여장남자와 같은 다양한 남성성/들의 수행에서도 확인된다.

1950년대 남한은 젠더 교란이 사회 전반에서 벌어지는 시공간이었다. 생계를 위해 여장을 하는 남자들과 연기를 위해 남장을 하는 여자들의 트랜스-남성성은 젠더가 수행을 통해 이루어지는 것임을 보여준다. 이는 성별이분법을 탈구축하며 헤게모니적 남성성으로부터 '남성성/들'로의 전환을 가능하게 한다. 여성국극이 보여주는 젠더 교란은 성성性性으로부터의 자유를, 성별이분법의 탈구축에 대한 대중의 지지와 매혹을 보여주기 때문이다.[5] 문학장 역시 이러한 경향의 텍스트들을 생산해냈다. 가족의 건설을 통해 민족의 재건을 도모하려는 1950년대 담론장에서 결혼은 가부장이 되기 위한 입사식의 관문 중 하나이지만, 염상섭과 손창섭의 소설에서는 결혼이 미완의 과제로 남겨지곤 한다. 결혼을 지연시키거나 거부하는 멜랑콜리적 남성 주체들은 헤게모니적 남성성의 이면을 보여준다.

결혼하지 못하는 "해방의 아들": 염상섭의 경우

아들을 통해 민족국가의 재건을 시도하는 해방기 소설 「해방의 아들」과 달리 1950년대 염상섭 소설은 가족을 만들지 않는 남자들을 다룬다. 그의 소설의 기본 설정인 여자 두 명과 남자 한 명의 삼각구도는 누구와 결혼할 것인가를 두고 탐색을 계속하는 식으로 형성되지만, 결국 가족을 만드는 데는 실패한다. 1950년대 염상섭의 장편 『취우』(1952), 『미망인』(1954), 『대를 물려서』(1958)의 인물군은 정치가, 기업인 등인 기성세대와 대학생인 청년세대로 이분화된다. 대개의 가족 로망스에서 구습에 젖은 아버지 세대와 새로운 질서에 맞는 가족을 꾸리고 싶어 하는 아들 세대의 갈등은 새로운 가치를 상징하는 아들의 승리로 끝나기 마련이다. 그러나 1950년대 염상섭의 소설에서 이러한 세대 교체는 성공하지 못한다. 민족국가 건설의 책임과 의무를 지고 있는 청년 남성들은 자신이 원하는 사람과의 결혼을 적극적으로 추진하지 못하고, 삼각관계에서도 우유부단한 태도를 취한다. 주도적으로 나서는 것은 경제력과 생활력을 갖춘 여성들이다. 기존의 관습화된 남녀구도가 역전된 형국이다.

　『취우』의 남성주인공 신영식은 사장의 비서이자 정부情婦인 강순제와 자신의 약혼자인 정명신 사이에서 고민한다. 성적 매력과 경제력, 빠른 판단력까지 갖춘 강순제는 "빨갱이"로 불리는 전 남편이나 자신의 후원자인 김상호 사장을 "생활의 방편"[6]으로 여겨왔다. 전쟁이 터지기 전 통역가이자 타이피스트, 비서로서 풍족한 생활을 할 때의 강순제에게 고지식한 회사원 신영식은 여동생 친구의 애인이었을 뿐이었다. 그러나 전쟁이 터지고 피난에 실패하면서 늙은 김상호 대신 젊은 신영식에게로 관심이 옮겨가게 된다. 특히 신영식의 젊은 육체는 이때 중요한 역할을 한다.

> 순제는 머리와 어깨에 남자의 몸 기운을 느끼자, 그것이 한 방패가 되는 듯이 반갑기도 하고, 오그라든 마음이 조금은 진정이 되는 듯싶어 몸을 바스락 돌리면서 영식이의 팔을 꼭 껴안고 힘껏 매달렸다. 전신이 잠간 바르르 떨리면서 이제야 피가 도는 듯싶었다. (21)

피난길에 나선 자동차에서 피격을 당하자 강순제는 신영식을 '남자'이자 '방패'로 인식한다. 신영식의 존재가 각인되는 순간이다. 그때부터 강순제는 신영식에게 의지하며 그를 자신의 보호자이자 연인으로 만들기 위한 계획을 구상한다. 전쟁이라는 예외상태로 인해 신영식의 남성성에 눈을 뜬 것이다.

두 사람은 공산당을 피해 적치敵治 서울에 숨어 살면서 급속도로 가까워진다. 신영식과 강순제는 공산당으로부터의 징집과 차출을 피하기 위해 부부로 행세한다. 처음에는 이웃의 눈을 피하기 위한 거짓말이었지만, 이를 계기로 두 사람은 연인관계로까지 진전한다. 강순제는 신영식이 징집되어 나간 후에도 신영식의 가족과 함께 그의 집을 지키며 기다린다. 자신이 가진 돈이나 금붙이를 팔아 영식의 집을 건사하는 강순제를 보며 신영식의 어머니 역시 그녀를 자신의 며느리처럼 여기며 의지한다. 그러나 이 (유사)가족은 '적이 지배하는 상황'이라는 예외상태에서만 유지된다. 국군과 함께 '정당한' 약혼녀인 정명신이 돌아오는 순간, 강순제의 가족 만들기는 중단되고 만다.

한미무역 회장의 딸인 정명신은 아버지의 반대에도 불구하고 가난한 신영식과의 결혼을 추진하는 신세대 여성이다. 그러나 이들의 결혼은 한국전쟁 발발로 인해 연기된다. 서둘러 피난을 떠난 정명신의 가족과 달리 그 뒤를 따르려던 신영식은 발이 묶였기 때문이다. 그사이 신영식은 강순제를 만나고 정명신과 강순제 사이에서 고민한다. 적치를 함께 보낸 강순제와 오랜 기간 교제해온 정명신 중 누구를 선택해야 할지 결정하지 못하고 판단을 차일피일 미룬다. 남성 주체가 고민하는 사이 전선은 다시 한 번 후퇴를 거듭하고, 소설은 두 여자 사이에 낀 신영식이 어떠한 결단도 내리지 않은 상태에서 끝을 맺는다. 이러한 망설임은 『취우』의 후속작인 「지평선」에서도 이어진다.

「지평선」은 부산으로 피난을 간 한미양행 관계자들의 일화와 신영식-정명신 커플의 결혼을 중심으로 전개된다.[7] 신영식은 UN한국재건단UNKRA에 드나들며 미국대사관 직원 윌슨과 친구가 되는 등 안정된 생활을 하고 있다. 그러나 신영식과 정명신의 결혼은 여전히 요원하다. 강순제가 부산에서 새로운 사람들을 만나 로비 활동을 펼치느라 신영식을 떠나고, 정명신의 아버지마저 결혼을 재촉하는 상황임에도 그들의 결혼은 계속 유예된다. 살림을 차릴 만한 돈이 없으니 "좀 더 공부를 해야 하겠다" "혹 미국이래두 가게 되면 갔다 와서나 어떻게 해볼까" 한다는 영식의 미적지근한 태도는 「해방의 아들」의 가족 재건 서사와 확연히 달라진 지점을 보여준다.

이와 같은 구도는 또 다른 장편소설 『대를 물려서』[8]에서도 나타난다. 소설은 태동호텔 여사장인 박옥주가 자신의 딸 신성을 민족지사 안도의 아들 안익수와 결혼시키려는 데서 시작한다. 안도는 박옥주가 사랑했던 남자다. 박옥주는 전후 등장한 여성 자본가를 모델로 한 캐릭터이다. 수완이 좋고 애인도 여럿인 '유한마담' 박옥주는 자신의 욕망을 위해 노력하는 인물이다. 이런 박옥주이기에 딸의 결혼 문제에도 열심이다. 안익수를 딸의 생일파티에 초대하거나, 영어·독일어 과외 지도를 부탁하는 등 둘의 관계를 진전시키기 위해 노력한다. 이는 실상 자신이 못다 이룬 사랑을 딸의 세대에서 이루고자 하는 욕망이다. 그녀는 독립운동가이자 이상적인 지식인이었던 안도의 아들이라면 자신의 딸에게 좋은 배필이 될 것이라고 확신한다. 그러나 안익수에게는 혼담이 오가는 여자가 있다. 아버지의 친구이자 국회의원인 한동국의 딸 삼열이다. 안익수는 활발한 부잣집 딸 신성에게 유혹을 느끼면서도 '조신한' 삼열을 놓지 못하며 양쪽을 저울질한다. 이들의 삼각관계는 우유부단한 남성 주인공을 중심에 두고 두 여성이 팽팽하게 경쟁하는 양상으로 나타나며, 소설은 마지막까지 안익수가 두 여성 중 누구와 결혼할 것인지 명확하게 제시하지 않은 상태에서 끝난다.

이처럼 두 명의 여성과 한 명의 남성을 기본으로 하는 전도된 삼각관계는 서사의 행위자agent가 누구인지에 대한 질문을 불러일으킨다. 영문학자 이브 코소프스키 세즈윅은 한 명의 여성과 두 명의 남성으로 이루어진 (본래의) 삼각관계가 남성의 동성사회적 욕망homosocial desire을 반영한다고 지적하면서, 이 구조가 남성성 및 남성적 권력의 작동 방식과 직결된다는 사실을 밝힌다. 연대를 도모하는 남성들은 여성의 성적 개체화를 서로 확인하고 인정함으로써 주체화된다.[9] 그러나 1950년대 염상섭의 장편소설은 이 관계를 전도시키고 있다. 남성 인물은 두 여성을 저울질하며 주도권을 쥐고 있는 것처럼 보인다. 하지만 실제로 욕망의 주체이자 행위자는 두 여성이고, 남성은 욕망의 대상으로 존재할 뿐이다. "빨갱이"인 남편 때문에 형무소에까지 갔다 왔으며, 김상호 사장의 첩 역할을 했던 강순제는 신영식을 통해 가족구도 안으로 편입될 수 있는 기회를 얻는다. 정명신은 신영식을 통해 가부장의 반대에도 불구하고 사랑하는 사람과 결혼한다는 낭만을 성취할 수 있게 된다. 이로써 새로운 세대를 중심으로 한 가족이 탄생한다. 그러나 두 여성이 신영식과의 사랑과 결혼을 통해 주체성을 확보하려는 것과 달리, 신영식은 판단을 유보함으로써 '선택하지 않음을 선택'한다.

　　염상섭은 『대를 물려서』의 끝에 붙인 짧은 글에서 이중 부정을 사용한다. "이것으로 완결된 것이 아닌 것은 아니나, 미흡한 생각이 없지 않아서 후일 건강이 허락하고 새 기회가 있으면 보족補足할지도 모른다." "완결된 것이 아닌 것은 아니나" "미흡한 생각이 없지 않아서"와 같은 이중부정은 "아직 상실되지 않은 상실"이라는 멜랑콜리아melancholia의 명제와 통한다. 조르조 아감벤은 멜랑콜리가 "대상의 상실이 일어나기도 전에 그것을 미리 내다보고 한 발 앞서 애도하고자 하는" 역설적 성격을 가지고 있다고 지적한다.[10] 잃어버렸다고 생각하는 대상은 실존하지 않는 왜상적歪像的 실체에 불과하고, 이로 인해 자신을 무조건적으로 상실한 대상에 고착시켜

집착한다는 것이다. 그 때문에 멜랑콜리아는 아직 '상실되지 않은 대상의 상실'이라는 '부정의 부정'을 수행하는, 욕망이 제거된 대상 그 자체의 현존이다.[11] 그렇다면 염상섭이 이중 부정을 통해 (무)의식적으로 드러낸 잃어버린 대상은 무엇인 가. 이는 김상호, 한동국 등과 같은 인물형으로 설명되는 헤게모니적 남성성이다.

『취우』의 김상호와 『대를 물려서』의 한동국은 재력과 정치적 권력을 가진 지배적 주체이다. 이들은 경제적, 정치적 욕망을 가지고 있고, 이를 위해 적극적으로 움직이는 행위자들이다. 그러나 소설은 이들 헤게모니적 남성(성)이 민족국가의 주체, 즉 '시민'이 되지는 못한다는 점을 우회적으로 제시한다. 김상호는 애인 강순제를 잃고 전쟁통에 납북된다. 국회의원인 한동국은 돈이 없어서 선거에 출마하는 것이 어려운 상황이다. 이들의 자본이나 욕망은 민족국가를 위한 것이 아니라 철저하게 개인적 차원에 머물러 있으며, 따라서 '대한민국 재건'이라는 국가적 소명에 이르지 못한다. 즉 이들에게 헤게모니적 남성성은 결여되어 있다. 기성세대를 대신해야 할 청년인 아들들 역시 연애나 결혼조차 결정하지 못한다. 신영식은 전쟁에 끌려가지 않기 위해 숨어 있었지만 두 여자 사이에서 갈등하는 상황이 되자 전쟁에 나가겠다고 자포자기하듯 선언한다. 이런 면모는 그가 당대 남성성의 자

남성성의 각본들

격 조건이자 표지였던 군인이 되기에 부족한 사람임을 시사한다. 아직 가져본 적 없는 '남성성'이라는 대상을 상실한, 즉 이중부정을 체현한 멜랑콜리아적 주체들로 인해 남성에게 부여된 결혼을 통해 가족을 건설하고 건강한 국가를 재건한다는 성 역할과 젠더규범은 굴절된다.

결혼을 거부하는 "국적國賊": 손창섭의 경우

염상섭의 아들이 (결혼 상대를) '선택하지 않음'을 선택한다면, 손창섭은 아예 이성애 관계를 거부한다. 손창섭은 염상섭과 마찬가지로 결혼을 중심으로 소설의 갈등을 배치하지만, 그의 소설에서 결혼이나 연애는 이루어지지 않는다. 남성 청년인 주인공 주변에 결혼을 재촉하거나 부탁하는 사람이 있음에도 좀처럼 성사되지 않는데, 손창섭의 남성 주체들은 이성애 관계를 거부하거나 여성에 대한 공포를 문면에 드러낸다.

「공휴일」(1952)은 은행원인 도일에게 과거 교제했던 여성의 청첩장이 도착하는 장면으로 시작한다. 청첩장을 "청춘을 묻어버리는 한 구절의 장송문"이자 "청춘의 비문"[12]이라고 생각하는 도일에게는 약혼녀 금순이 있고, 도일의 어머니를 비롯한 주변 사람들은 성혼을 재촉하고 있다. 그러나 도일은 데이트를 해야 할 공휴일에 좁은 방에서 글을 쓰거나 잡지, 신문을 뒤적이며 혼자 보낸다. "아들로서, 친구로서, 은행원으로서, 국민으로서의 의무"만을 감당하는 그는 타인에 대한 관심이나 관계에 대한 욕망이 없는 거세된 남성 주체이다. 게다가 그는 여성을 포식성을 가진 유혹자로 상상한다. 도일에게 말도 제대로 못 붙이던 금순이 약혼을 계기로 인기척 없이 방문을 열고 들어올 만큼 친밀감을 드러내자 이내 금순을 "살찐 돼지"로 연상하는 것도 그 때문이다.

> 양말을 신은 듯 만 듯, 발가락을 하나하나 헤일 수 있도록 환히 들여다보이는 금순의 발이, 도일에게는 징그럽기만 했다. 금세라도 저놈의 발이 발동을 개시하여 자기의 턱밑에 추켜들고 혀끝으로 쭐쭐 핥아달라고 조르지나 않을까 싶어 도일은 은근히 맘이 쓰일 정도였다. (38)

> 앞으로 한 이불 속에서 밤을 지내야 될 때가 오면 이 여인은 아마도 솔가지 꺾어 때듯 우적우적 자기의 신경을 분질러버릴지도 모른다고 도일은 생각하는 것이었다. (41)

도일은 여성이 보이는 친밀함을 자신에 대한 공격으로 해석한다. 섹슈얼리티에 대한 공포와 혐오를 가지고 있는 그는 여성의 육체를 거부한다. 바바라 크리드는 여성의 육체에 대한 거부는 '이빨 달린 질vagina dentata'을 가진 여성의 섹슈얼리티가 남성을 유혹하고 거세할지 모른다는 공포에서 비롯됨을 지적한다.[13] 손창섭 소설의 남성 주체들 역시 마찬가지이다. 도일은 자신의 공휴일을 위협하는 금순에 대해 공포와 혐오를 느끼고 그녀와의 약혼을 파기하기로 결심한다. 결국 「공휴일」에서 두 커플의 결혼은 모두 무산된다. 전 애인의 결혼식에는 신랑의 아이를 업은 여인이 찾아오고, 도일은 새 출발을 다짐하며 금순과의 약혼을 파기하러 떠난다. 이렇듯 남성 주체는 이성애를 기반으로 한 가족의 형성이라는 규범적 젠더 수행을 거부한다.

규범적 남성성은 남성에게서 동성애적 요소를 제거해 남성성을 고결한 것으로 만드는 것을 목표로 삼는다. 민족주의와 고결함은 인간의 삶에 '정상적' 위치를 부여한다. 특히 중요한 것은 여성과 남성에게 부여된 변별적 역할이다. 남성성은 깊이와 진지함을, 여성성은 얄음과 경솔함을 통해 성 역할을 구성한다. 남성과 여성은 자신에게 주어진 역할을 제대로 수행함으로써 민족의 일원으로 인정받을 수 있다.[14] 젠더규범에 대한 해석에 주요하게 동원되는 것은 신체적 감각이다. 남성적 젠더는 섹스와 관련된다. 진정한 남성성은 남성의 몸에 내재하는 것 혹은 그 몸에 관한 것을 표현하는 것이 된다. 공격성, 성욕, 충동 등 남성의 몸은 행동을 추동하거나 유도하며 양육이나 동성애를 거부하는 토대로 상정된다. 육체적 수행으로 남성성이 구축된다는 것은 수행이 계속될 수 없을 때 젠더가 취약해진다는 의미이기도 하다.[15] 이때 남성다움을 수행하는 대표적 행위는 이성애다.

손창섭 소설은 이성애를 거부함으로써 젠더를 비非수행한다undoing gender. 손창섭 소설의 남성 주체들이 생각하는 '살 만한 삶'은 여성의 섹슈얼리티로부터도, 결혼이라는 이성애 제도로부터 자유롭다. 그들은 주변의 강요에도 불구하고 결혼을 거부하고 성행위를 하지 않는다. 「사연기死緣記」(1953)의 정숙과 동식, 성규는 통학을 함께한 고향 친구이다. 동식과 정숙은 서로 좋아하던 사이였지만, 한국전쟁 당시 공산당이 들어오는 바람에 지주인 동식의 아버지는 처형당하고 동식마저 잡혀 들어가게 된다. 이때 공산당원으로 활동하던 성규가 자신이 정숙과 결혼한다는 조건을 걸고 동식의 아버지를 구해준다. 협박과 계략을 통해 정숙과 결혼한 성규는 병으로 움직일 수 없는 몸이 된 상태에서도 정숙을 학대하며 생을 지탱한다. 동식에 대한 질투에 시달리는 성규는 늘 동식과 아내 정숙의 사이를 의심하면서도 동식에게 자신이 죽으면 정숙과 결혼하라는 당부를 한다. 그러나 동식에게 정숙은 과거의 추억일 뿐이다. 동식에게 삶은 "향락할 요소가 없는 구속"[16]이기 때문이다.

> 8·15 해방 이래 한결같이 계속되는 초조, 불안, 울분, 공포,
> 그리고 권태 속에서 물심 어느 편으로나 잠시도 안정감을
> 경험해 본 적 없는 동식은, 결혼에 대한 특별한 관심도 느
> 껴보지 못한 채, 앞으로 살아가노라면 어떻게든 자기의 '생
> 활'이라는 것이 빚어지려니 싶어 어물어물 지내오다보니,
> 오늘날까지 남들같이 출세도 못하고 돈도 못 모으고, 따라
> 서 궁상스런 홀아비의 신세를 면하지 못하고 있는 것이다.
> (64)

전쟁 후 동식은 욕망을 거세당한 존재로서 그저 생존을
위해 살아간다. 그는 성규가 보내는 의심의 눈길에 시달리면
서도, 한때 친구와 애인이었던 그들에 대한 알 수 없는 애정
때문에 그들의 집을 지속적으로 방문한다. 물론 이런 행동
또한 분명한 목표 없이 "어물어물" 살아가는 것의 일환이다.
결국 이들의 도착적 관계는 성규의 죽음과 정숙의 자살로 파
국을 맞이한다.

그러나 이 소설이 제기하는 근본적 질문은 그 죽음 후
의 마지막 순간에 놓여 있다. 동식은 자살한 정숙이 남긴 편
지를 통해 성규와 정숙의 아들인 줄 알았던 명호가 실은 자

신의 아들임을 알게 된다. 이 사실은 "놀랍고 저주스러운 것"
으로 다가온다. 이전부터 동식은 정숙과 두 아이의 보호자를
자임해왔지만, 막상 그 아이가 자신의 아들인 것으로 밝혀지
자 오히려 저주를 느낀다. '정상적' 이성애 관계를 통한 가족
의 건설과 인구의 생산이 "저주"로 변모하는 순간이다. "어머
니가 정말 저를 낳으셨수?"라는 「공휴일」 속 도일의 질문 역
시 이러한 "저주"와 연결된다.

　　근대소설은 자신의 기원을 의심하고 부정하는 가족 로
맨스와 함께 출발한다. 염상섭의 소설 「해방의 아들」이 마쓰
노/조준식이 일본인 아버지 대신 조선인 아버지를 찾는 것
을 새로운 문학의 "첫걸음"이자 민족국가의 "첫걸음"으로 제
시하는 것처럼 말이다. 하지만 손창섭 소설에서 기원에 대한
의심은 출생에 대한 저주로 이어진다. 손창섭의 소설은 사랑
이나 연애와 같은 이성애 프로세스를 부정한다. 친밀한 신체
적 접촉은 동성 사이에서만 일어난다. 「공휴일」의 도일은 남
자인 친구에게 자신의 배를 만지도록 허락한다.

　　그 친구는 친절하게도 여자의 뱃가죽의 신비스러움을 구
　　체적으로 설명해주기 위해서, 술을 먹다 말고 자꾸 도일의
　　배를 좀 내놔보라고 졸랐다. 그걸 거절하자면, 한참이나 아
　　웅당해야 될 일이 귀찮아, 무탈한 남자들끼리만의 석상이

라 그러면 어디 실험해보라고 하며, 도일은 허리띠를 끄르고 양복바지 괴춤을 풀어놓아주었던 것이다. 친구는 만족한 듯이 뻣뻣한 그 손바닥으로 도일의 배꼽 아래께를 두어 번 벅벅 쓸어보고 나서, 손가락 끝을 집게처럼 해가지고, 이걸 좀 보라고 하며 뱃가죽을 집어보이는 것이다. (39)

이 장면은 타인과의 관계 맺기를 거부하는 도일이 타인과 피부를 맞대는 유일한 장면이다. 도일과 그의 친구는 도일의 몸을 두고 실랑이를 벌인다. 보통이라면 이성애 관계에서 펼쳐질 법한 장면이다. 감옥 안 풍경을 그린 「인간동물원초抄」(1955)에서는 남성들 사이의 섹스와 권력관계가 묘사된다. '주사장-양담배' '방장-핑핑이' 커플의 섹스는 감방 내에서 합의된 권력관계에 의해 이루어진다. 최장기수인 '방장'의 배치에 따라 감방의 구성원들은 '남색男色'을 즐길 수 있기 때문이다. 미군부대에서 담배 한 보루를 몰래 빼돌리다 걸린 '양담배'는 '주사장'의 파트너가 되어 "밑구멍에 고름이 들"[17] 만큼 밤마다 괴롭힘을 당한다. 강간범인 '핑핑이'는 방장을 상대해주다 어지럼증을 느끼게 될 정도이다. 여학생들을 강간한 '핑핑이'나 너무 많은 섹스로 인해 임질균을 가지고 있는 '임질병' 등은 섹슈얼리티를 과잉 수행하는 남성들이다. 그러나 이들은 감옥의 질서에 타협한다는 점에서 '삽입당하는 자'들이기도 하다.

감방공동체는 기실 남성'동성homo social'사회가 남성'동성애homo sexual'사회임을 보여준다. 세즈윅은 여성의 교환에 기초한 동성사회적 연속체에서 여성에 의해 매개되는 남성들의 관계가 사실상 남성들 사이의 성애적erotic 거래를 은폐하는 기능을 한다고 지적한다. 에로틱한 라이벌과 두 라이벌을 연결시키는 유대감은 사랑하는 사람에 대한 유대만큼이나 강렬하고 강력하다.[18] 그런데 이 "남성동성사회적 욕망"은 "동성애적"이라는 말과 분명히 분리되어야 한다. 남성지배적 사회에서 동성친화적 욕망과 가부장적 권력의 유지 및 이양을 위한 구조는 서로 연결되어 있지만, 이 연결고리는 교묘히 감춰진다. 즉 여성 거래는 남성들 간의 동성애적 관계를 금지하기 위한 도구로 활용된다. 이성애는 동성사회적 관계를 탈성화하기 위해 강제적으로 동원되는 제도이며, 이때 동성애혐오homophobia는 가부장제 사회를 형성하는 필수 요소가 된다. 정리하자면, 동성사회적 남성 유대는 남성들 사이의 동성애적 욕망에 대한 공포와 금기를 통해 이성애적 욕망을 제도화하고 동성애를 억압한다고 할 수 있다.[19]

「인간동물원 초」에서 그려지는 주사장과 방장 사이의 다툼은 누가 신입 수감자를 성적으로 차지하느냐가 아니라, 누가 공동체 내 남성들 사이에서 발언권을 갖느냐를 두고 벌어진다. 이전까지 이들은 신입 수감자를 한 명씩 차지함으로써 '평화로운' 사회를 형성해왔으나, 새로운 수감자가 등장함으로써 이 평화는 깨진다. 누가 소매치기와 파트너가 될 것이냐를 두고 다툼을 벌이다 방장이 주사장을 죽이고 만 것이다. 남성동성사회가 곧 남성동성애사회임이 밝혀지는 순간, 공동체 질서는 파괴된다.

'미래 없는 공동체'는 손창섭 소설의 핵심 요소이다. 그의 세계에는 결혼이나 혈연으로 이어지지 않는 공동체가 등장한다. '정상가족'은 없다. 「혈서」(1955)[20]에서 시를 쓰는 '규홍'과 취직을 못하고 있는 '달수', 군대에서 한쪽 다리를 잃고 제대한 '준석'은 '창애'라는 여자와 한 집에서 생활한다. 남자 셋과 여자 하나로 구성된 이 집에는 훌륭한 군인도, 훌륭한 대학생도 되지 못한 '잉여인간'들만 가득하다. 규홍은 시를 습작하지만 제대로 완성하는 것은 한 편도 없다. 달수는 직장을 구하기 위해 매일같이 밖을 돌아다니지만 전후 남한에서 군대도 가지 않은 남자가 직업을 구하기란 쉽지 않다. 준석은 "너 같은 건 군대에 나가서 톡톡히 기합을 좀 받구 와야만 사람이 된다" "군대에 나가기가 싫으면 기피자다"라고 달수를 비난한다. 학교에 다니는 것도 병역을 기피하기 위해서라고 여긴다.

그렇지만 막상 준석도 '건강한 국민이 되어야 한다'는

국가 이데올로기를 실천하지는 않는다. 준석은 건강한 국민이 될 수 없는 훼손된 육체를 가지고 있으며, 결혼할 생각도 없이 한 여성을 임신시킨다. 결국 이 셋 중 누구도 국가가 원하는 건강한 남성이 될 생각이 없다. 그런 점에서 준석이 달수를 향해 "국적國賊"이라고 부르는 것은 정확하다. 심지어 준석은 달수의 손가락을 잘라 자원입대의 혈서를 쓰게 한다. 그러나 손가락이 잘린 달수는 훼손된 신체로 인해 군인이 될수 없다. 이들이 군인 혹은 국민이 되는 것은 불가능한 일이다. 손창섭 소설의 이 '퀴어한' 남성들은 이성애 가족관계를 폐제하고 국가 재건을 훼손하는 "국적"이 된다.

'남자다운 것'의 상실

1950년대 남한은 냉전 아시아적 질서를 실현한 국가였다. 이승만 정부는 민족국가를 구획 짓기 위해 '빨갱이'를 색출하고 군인·경찰·우익청년단 등을 이용하여 압도적 폭력을 행사했다. 공공의 안전을 위한다는 명목으로 국가의 감시와 처벌은 정당화됐다. 그러나 이 치안국가의 압도적 폭력은 사실상 재건의 주체들을 억압하는 결과를 낳았다. 한국전쟁과 대규모의 인구이동, 좌우익 이데올로기 갈등의 영향으로 한국

남성성의 각본들

사회는 환대가 불가능한 이웃들과 공존하는 세계가 됐다. 특히 징병이나 부역행위자 적발, 자본가 색출 등을 피해 숨어 있는 남성들에게 이웃은 가장 조심해야 할 상대였다. 언제든 나를 죽이거나 고발할 수 있는 존재이기 때문이다. 이 내적 불안이 외부로 확산되며 공동체 형성은 불가능해졌고, 이로 인해 '건국'의 가능성 역시 거세되었다.[21] 귀환과 전쟁 과정에서 남성 주체들은 자유롭게 움직이지 못하거나 자신의 뜻을 펼치지 못해 무기력해진다. 염상섭과 손창섭의 1950년대 소설들은 바로 그 헤게모니적 남성성을 수행하지 않는 남성성/들을 재현한다.

염상섭은 전도된 삼각관계를 통해 남성성과 여성성의 역전을 보여준다. '전쟁미망인', 자본가의 딸 등 포식자 여성은 다양한 형태로 등장하며, 자신의 외모와 자본 등을 이용하여 위기 상황에서 남성 주체의 존립과 안정을 돕는다. 그녀들은 자신의 연인에게 경제적, 정신적 증여를 제공함으로써 감정적 부채를 지우고, 구애를 계속한다. 멜랑콜리한 남성 주체는 기존의 연인과 새로운 연인(포식자 여성) 사이에서 갈등하며 쉽사리 결정을 내리지 못하는 우유부단한 모습을 보인다. 탐색형 결혼 서사는 건강한 민족국가 건설이라는 이데올로기를 비수행하는 층위로 이어지고, 이때 우애, 사랑 등에 기반한 감정적 호혜관계는 무너진다.

손창섭은 결혼에 대한 거부에서 더 나아가 이성애 제도에 대한 부정을 보여준다. 여성의 섹슈얼리티를 언제든 남성을 거세할 수 있는 것으로 보는 그의 남성 주체들은 여성에 대한 혐오와 공포를 드러낸다. 국적國賊으로 형상화되는 범죄자, 잉여인간, 동성애자 등의 남성 주체는 동성사회를 동성애적 사회로 만들며 헤게모니적 남성성의 중심축을 뒤흔든다. 이들의 소설에서 남성(성)은 가부장이 되고, 군인이 되어 적을 무찌르고 민족을 번성케 해야 한다는 헤게모니로부터 거리를 둔 비수행적 젠더이다. 남성 주체는 끊임없이 결혼을 요구받지만, 이들은 결혼을 유예하거나 거부함으로써 가부장으로서의 남성(성)을 부인한다. 이처럼 군인도, 남편도, 아버지도 되지 않는 남성(성)의 존재를 가시화하는 시도는 '대통령 할아버지'라는 수사로 완성되는 가족화된 민족국가에 균열을 낸다.

성별화된 이미지로서의 남성성은 지속적으로 소환된다. 1960~1970년대 산업역군으로서의 노동자 남성과 1980년대 민주화 투사로서의 남성, IMF 이후 등장한 '위기의 남성' 등 남성성 담론은 헤게모니적 남성성이 위기에 처할 때마다 반복적으로 등장한다. 이 '남자다운 것'에 대한 상실은 국가의 위기와 맞물린다. 이때 기지촌 여성들이나 여공들, 해고된 여성들이나 비정규직 여성들의 목소리는 비가시화된다.

주디스 버틀러는 전사자나 납북자 등에 대한 슬픔은 국가적인 차원에서 애도되고 애국심을 조장하는 데 동원되는 반면, 다른 어떤 종류의 슬픔은 무시되고 망각되고 삭제된다고 말한다.[22] 이때 반복적으로 애도의 대상이 되는 것은 남성(성)이다. 해방은 왔지만 헤게모니적 남성성은 구축되지 않은 상황에서 남성성의 토대를 이룰 결혼에 대한 서사는 강박적으로 반복된다. 그러나 그 반복에도 불구하고 남성성은 여전히 미달이자 결핍된 어떤 것이다. 한국소설은 사실상 헤게모니적 남성성을 탐색해본 적이 없다.

한국문학에서 남성(성)은 보편 주체로서 젠더 무감적인 것으로 간주되었다. 민족문학의 이름으로 정전화돼온 민중의 투박한 손, 노동자의 넓은 어깨, 고뇌하는 소시민 등의 남성성은 그 자체로 문학이자 헤게모니였다. 이 남성으로 유표화된 리얼리즘은 시대의 헤게모니와 길항하면서 '불화'하는 정신의 표상으로 사용되었다. 남성성 자체가 리얼리즘의 다른 이름이었던 것이다. 그리하여 문학적 헤게모니를 비수행하는 '비非-남성'은 문학사의 밖으로 밀려난다.

1 이승만, 「상이군인 제대식에 보내는 치사」, 『대통령 이승만 박사
   담화집』, 공보처, 1953, 169쪽(이임순, 「상이군인, 국민 만들기」,
   『중앙사론』 33, 2011, 297쪽에서 재인용).

2 「직업보도 받은 건 0.83%」, 『경향신문』, 1957. 4. 25.

3 「늘어가는 제대군인 범죄 반년간 551명을 입건 서울지검 관내」,
   『경향신문』, 1958. 7. 18. 앞서 1956년에는 상이군인의 행패가
   내무당국이 내사 발표한 민폐의 근원 17개 항목에 포함되기도 했다.
   「17개 항목보다도 1개 항목이면 충족」, 『경향신문』, 1956. 11. 29.

4 전쟁에 참가한 청소년은 물론, 후방의 사람들에게도 "전쟁에
   의한 정신적 유기상태로 인한 정신적 영양실조" 또는 "정신적
   불구"가 등장한다. "현금現今의 범죄 면에 나타난 많은 현역 또는
   제대군인들의 상식을 벗어난 잔인한 범죄행위들은 역시 이러한
   실증의 하나가 아닐까?"라며 시대를 진단하기도 했다. 김기두(서울대
   교수), 「정신적인 불구자의 공포 下」, 『동아일보』, 1957. 2. 19.

5 물론 전후 사회체제가 안정되는 1950년대 중반에 이르면, 법과
   규범의 일대 정비가 이루어진다. 이와 관련해서는 이 책의 8장을
   참조.

6 염상섭, 『취우』(『조선일보』, 1952. 7. 17~1953. 2. 20), 민음사, 1987,
   36쪽. 이하 인용시 본문에 쪽수만 표기.

7 1955년 1월부터 6월까지 『현대문학』에 연재된 「지평선」은
   미완작으로, 『취우』 등장인물들의 부산 생활을 그리고 있다.

8 염상섭, 『대를 물려서』(『자유공론』, 1958. 12~1959. 12), 민음사,
   1987(이하 인용시 본문에 쪽수만 표기).

9 Eve K. Sedgwick, *Between Men*, Columbia University Press, 1985,
   pp.1~27.

10 조르조 아감벤, 『행간』, 윤병언 옮김, 자음과모음, 2015, 56~74쪽.

11   슬라보예 지젝, 「우울증과 행동」, 『전체주의가 어쨌다구?』, 한보희
      옮김, 새물결, 2008.

12   손창섭, 「공휴일」(『문예』, 1952년 6월), 『손창섭 단편 전집』 1,
      가람기획, 2005, 35쪽.

13   바바라 크리드는 '이빨 달린 질'이 원초적 어머니가 자신을
      거세할지도 모른다는 공포가 형상화된 것이라고 설명하면서,
      '에일리언'과 같은 비체적 어머니 형상을 예로 든다. 바바라 크리드,
      『여성괴물, 억압과 위반 사이』, 손희정 옮김, 여이연, 2017 참조.

14   조지 모스, 『내셔널리즘과 섹슈얼리티』, 서강여성문학회 옮김,
      소명출판, 2004, 9~42쪽.

15   R. W. 코넬, 『남성성/들』, 80~99쪽.

16   손창섭, 「사연기」(『문예』, 1953년 6월), 『손창섭 단편 전집』 1,
      가람기획, 2005, 53쪽. 이하 인용시 본문에 쪽수만 표기.

17   손창섭, 「인간동물원 초抄」(『문학예술』, 1955년 8월), 『손창섭 단편
      전집』 1, 가람기획, 2005, 233쪽. 이하 인용시 본문에 쪽수만 표기.

18   지라르의 이 구도는 프로이트의 '동성애' 인과관계학, 즉 남자아이는
      강력한 아버지와 사랑하는 어머니 사이의 역학에서 거세 공포로
      인해 아버지와 동일시하는 것을 택한다는 분석에 기대고 있다.
      아이에게 욕망과 동일시는 아버지의 역할에 도달하기 위한 것이다.
      이처럼 라이벌 관계와 사랑은 많은 면에서 등가를 이룬다. 우선
      사랑의 대상을 선택할 때, 라이벌이 이미 선택한 대상을 선택하는
      경향이 있다. 또한 라이벌 사이의 유대는 행동이나 선택에 더
      결정적인 영향력을 행사한다. 지라르는 이 구조를 한 명의 여자를
      향한 두 남성의 경쟁관계라고 분석한다. 르네 지라르, 『낭만적
      거짓과 소설적 진실』, 김치수·송의경 옮김, 한길사, 2001.

19   Eve K. Sedgwick, *Between Men*.

20   손창섭, 「혈서」(『현대문학』, 1955년 1월), 『손창섭 단편 전집』 1,
      가람기획, 2005. 이하 인용시 본문에 쪽수만 표기.

21 불안은 위험 상태의 등장을 예고함으로써 위험 상황을 효과적으로
피하거나 방어할 수 있도록 자아가 보내는 신호이다. 하지만 불안은
주체에만 머무르는 것이 아니라 외부로 확장되는 성격을 갖는다.
미래의 시간 개념과 결합된 불안은 지연deferral과 예상의 시간적인
역학뿐만 아니라 공간적인 차원 또한 가지고 있다. 심리학적인
담론에서 불안은 예상되고 투사된 사건에 정동적으로 반응하는
것뿐만 아니라 외부로 투사되고 대체된다는 점에서 타자에게
향하게 되는 감정이다. 즉 불안은 내적인 것에서부터 내부/외부
사이의 경계 구분 자체의 문제로 관점을 변경한다. 홍준기, 「라깡과
프로이트·키에르케고르: 불안의 정신분석 I」, 홍준기·김상환 엮음,
『라깡의 재탄생』, 창비, 2002, 193쪽.

22 주디스 버틀러, 『불확실한 삶』, 양효실 옮김, 경상대학교출판부,
2008.

7장

냉전체제 속 여성혐오

너 무 많 이 말 하 거 나 , 말 하 지 않 거 나

남성 연대를 위한 여성혐오

이브 코소프스키 세즈윅은 남성들 사이의 형제애를 동성사회적 욕망의 연속체로 명명한다. 즉 남성동성사회성은 남성이 다른 남성과 맺는 관계들의 구조에 관한 일반화를 가능케하는 전략이라 할 수 있다. 이는 남성의 우정, 멘토십, 자격, 라이벌 구도, 그리고 이성애와 동성애 섹슈얼리티가 서로 친밀하고 유동적인 관계에 있다는 것을 의미한다. 그런데 이동성사회적 욕망은 차별과 모순을 동시에 드러낸다. 동성사회성의 핵심 요소인 남성 연대male bonding가 강한 호모포비아와 여성혐오를 특징으로 하기 때문이다. 스스로를 동성애와 구분짓기 위해 동성애를 부정하고, 여성을 대상화함으로써 남성들 사이의 관계를 확립하는 것이 동성사회적 욕망의 실체이다.

6장에서 논했듯, 세즈윅은 여성 거래·교환에 기초한 동성사회적 연속체에서 여성에 의해 매개되는 남성들 사이의 관계는 사실상 남성들 사이의 성애적 거래를 가리는 스크린일 뿐이라고 지적한 바 있다. 한 명의 여성을 놓고 경쟁하는 두 남성이라는 삼각관계는 여성을 이성애적 욕망 대상으로 둔 남성 간의 경쟁관계가 아니라, 남성의 동성사회적 욕망을 보여준다. 따라서 이 삼각형 구조에서 가장 중요한 것은 여성과 남성 사이의 관계가 아니라 서로에게 친밀감을 표현할 수 있는 방법이 여성을 두고 펼치는 경쟁뿐인 두 남성 사이의 교환 거래이다. 이렇듯 남성들 사이의 사회적 관계를 중심으로 하는 동성사회적 남성 유대는 남성에게 동성애적 욕망에 대한 공포와 금기를 주입함으로써 이성애적 욕망을 제도화하고 동성애를 억압한다.[1]

이러한 구조를 보다 일반화한 우에노 지즈코는 여성혐오를 여성에 대한 객체화·타자화이자 멸시라고 정의한다. 여성을 남성과 동등한 성적 주체로 인정하지 않는 것이다. 그에 따르면, 혐오가 실행되려면 세 명이 필요하다. 즉 차별을 당하는 자와 차별을 말하는 자, 그리고 차별에 동조하는 자가 있어야 한다. 차별을 말하는 자와 동조하는 자는 차별을 당하는 자를 사이에 두고 연대한다. 여성을 타자화하는 것은 사회의 남성 연대를 강화하기 위해 반드시 필요하다. 성적 주체 간의 연대는 여성의 성적 대상화를 서로 승인함으로써 성립한다.[2] 남한 사회에서 이러한 남성 연대는 애국심과 결합하여 한층 강화되었다. 국가적 위기의 상황마다 여성혐오가 '등장'하여 문제의 핵심을 가리고, 혐오할 대상을 제공해 왔다.[3]

한국 냉전체제의 기틀을 만들었다고 할 수 있을 1950년 대는 남성들 사이의 연대를 위한다는 명목 아래 여성혐오가 끈질기게 동원된 시기였다. 1950년대 한국은 냉전체제하에서 탈식민과 국가 재건을 도모한다. 해방과 군정, 한국전쟁은 한반도를 미국과 소련을 위시한 냉전의 격전지로 만들었으며, 그로 인해 한국사회는 지금껏 내부 냉전을 겪어왔다. 말하자면 1950년대 이래로 한국전쟁과 정전협정, 그리고 실지 회복이라는 전쟁 체제에 속박되어왔다고 할 수 있다. 급속하게 진행된 미국화와 북한과의 관계에서 생겨난 반공주의 등 냉전체제가 만들어내는 질서는 사회를 통치하는 '손쉬운' 방법으로 여성혐오를 선택한다. 여성혐오의 정치적 효과는 특히 공론장의 언설과 대중서사에서 선명히 드러난다.

거래되는 여성과 강화되는 남성 연대

해방 이후 남한에 주둔한 미군정은 부녀국을 설립하여, 여성의 사회, 경제, 정치 및 문화적 생활을 개선하고 복지를 향상시키기 위한 자료의 수집과 조사, 연구, 부녀노동 조건 개선, 참정권, 매소부의 취체와 그 제도의 폐지, 불량부녀와 행려부녀자 보호 등의 역할을 부여했다.⁴ 이 중 '매소부의 취체와 그 제도의 폐지, 불량부녀와 행려부녀자 보호' 등 공창제 폐지와 관련된 안건에서 가장 큰 성과를 올렸다. 공창제도는 러일전쟁 당시 일본이 조선에 군대와 함께 들여온 것으로, 식민제국이 전쟁을 위해 만든 도구였다. 식민지 시기부터 여성단체들은 공창제의 폐지를 꾸준히 요구해왔으며, 해방 후 1946년 3월 9일 조선부녀총동맹은 미군이 '일본에 있어서의 공창 폐지에 관한 건'을 공포한 것처럼 남한에서도 공창·사창제 폐지에 힘써줄 것을 건의했다. 이는 미군 상대의 공창을 단속해야 한다는 필요성을 느끼고 있던 미군정의 생각과도 연결되는 부분이었다. 이에 미군정은 1946년 5월 17일 '부녀자의 매매 또는 그 매매 계약의 금지 법령'(법령 제70호)을 제정했다. 그러나 이 법률은 인신매매를 금지하는 것이었지, 공창제 폐지는 물론 사창 규제에 힘을 발휘하지 못했다. 이후 1946년 남조선과도입법의원이 설립되자 여성단체들은

남성성의 각본들

입의에 건의서를 제출하기 시작했다.[5] 1947년 1월에는 전국 여성단체총연맹이, 1947년 3월에는 폐창연맹이 공창제 폐지에 관한 건의서를 제출했고, 이에 기초해 박현숙 의원이 법령 초안을 제출했다.[6] 그 결과 "일정 이래의 악습을 폐지한다"는 탈식민적 이상을 필두로 1947년 11월 14일 공창제도등 폐지령이 공포되고 1948년 2월 14일자로 시행되었다.

그러나 공창제 폐지와 사창 단속에 대한 목소리가 높아진 것과 달리, 다른 한편에서는 기지촌이 확장되고 있었다. 한국전쟁 후 한미상호방위조약이 체결되면서 미군의 주둔이 영속화되자 기지촌은 도리어 확장된다. 1954년 보건사회부 통계에 따르면, 접대부는 40여 만 명으로 그중 절반 이상이 UN군을 상대로 일하는 여성들이었다. UN군과 미군을 상대로 하는 '위안부' 여성들은 '보호받을 수 있는 정조'[7]와 대비되어 보호받을 가치가 없는 타락한 여성으로 여겨진다. 공론장은 '양공주'의 존재를 비난하지만, 기지촌을 국가가 합법적으로 활용하고 있다는 지적에 대해서는 침묵한다. 냉전질서에서 남한은 '양공주'가 있어야만 안보를 유지할 수 있었다. 기지촌은 남한과 미국이 맺은 계약관계에 따라 존재하며, 국가가 관리하는 산업이었다. 이러한 여성 거래를 통해남성 주체들은 자신들의 연대를 강화했다. 그리고 이 연대를가리기 위한 스크린으로서 '양공주'에 대한 혐오가 동원되었다. 국가와 사회의 책임이 아니라 개인의 잘못된 선택 문제로 환원한 것이다. 1956년 1월~1957년 3월 『희망』에 연재된 최정희의 『끝없는 낭만』은 그런 경향을 반영하고 있다.

『끝없는 낭만』은 냉전 이데올로기의 진영론이 한국사회에 자리 잡은 1950년대 중반에 발표되었다는 점에서 더욱 주목할 만한 텍스트이다. 미국이 한국의 보호자를 자임하는 상황에서 미군에 대해 비판적인 목소리를 내는 것 자체가 쉽지 않았기 때문이다. 소설은 이를 의식한 듯 한국전쟁이 진행 중인 1952년을 배경으로 삼아 여학생과 미군 장교의 사랑을 통해 한국 현대사를 관통한다.[8] 소설에서 "마음 놓고 살아보기 위해" "비운에 빠진 조국"을 떠났던 이차래의 아버지는 해방과 함께 "해방된 조국에서 활개치며 살아보자"며 가족을 이끌고 남한으로 돌아온다. 하얼빈의 서양 사람 목장에서 일하던 이차래의 가족은 새로운 조국에서도 미군부대 근처에 터를 내리고, 미군의 빨래를 맡아 생계를 유지한다. '양공주'와 미군을 욕하지만, 영어를 할 수 있다는 것을 자랑하는 이차래의 아버지는 남한의 지정학적 위치를 대변하는 인물이다. 아버지-남한은 딸-미군 '위안부'를 미국의 보호와 자본으로 교환한다. 아편에 중독된 아버지는 딸에게 미군과의 연애를 종용하고, 그 관계를 통해 일자리를 얻고 돈을 번다. 남자가 미국으로 돌아간 후에는 그에게 라디오나 돈을 보내

남성성의 각본들

달라고 요청한다. 이를 위해 제공하는 것은 여대생인 딸이다. 처음에는 미군에 거부감을 느끼고, 그의 애정을 한사코 거절하던 이차래는 교양인인 미군 장교와 사랑에 빠진다. 소설은 '양공주'가 사실상 남한과 미국의 남성 주체들 사이의 거래 대상이라는 점을 서사화한다.

그러나 건강한 국민으로 재현되는 이차래의 친구는 엘리트 여성인 차래가 미군과 교제하는 '양부인'이 되어선 안 된다며 그녀의 사랑을 한사코 반대한다. 이러한 국가의 목소리를 재현하는 것은 차래의 정혼자였던 국군 장교 배곤이다. 배곤은 이차래의 아버지와 같이 타락한 가부장이 아니다. 그는 북한에 남아 있는 가족들을 찾아 해방시키기 위해 전쟁에 출전하는 건강한 청년이다.

1) 소위 양부인이라는 건 해방의 부산물이라고 하고 나서 우리 사회가 아직 정돈되어 있지 않기 때문에 직업여성 통계란에 팔십 파센트를 그들이 차지하고 있다는 것을 말했습니다. 그리고 상매는 어른처럼 동방예의지국을 자랑하던 우리나라 여성들이 왜 이다지도 맥을 못 추고 흘러가는지 모르겠다고 한탄 했습니다.[9]

2) "그래. 차래 너 용케 아는구나. 오빠가 미워한 것이 '캐리'가 아니야. 네 말과 같이 전쟁하러 온, 그래서 몇만 명의

한국 여성을 양갈볼 만들어놓은 그 사람들이야. 그 외군들이란 말이다. 그러면서도 오빠 또 그 사람들을 나쁘다고만 생각지 않는다. 어쩔 수 없는 일이란 말을 한다. 오빠가 어제저녁 여기서 화를 낸 건 네가 곧의 약혼자라는 것, 그리구 내 친구라는 것, 좀 더 큰 의미에서 네가 한국의 '인데리' 여성이라는 데서일 꺼다."[10]

위의 인용문은 여학생과 장교 등 지식인의 입을 빌려 '양공주'에 대해 비판하는 부분이다. 이들은 여성 직업 통계란의 80퍼센트가 미군 상대의 성매매 여성이라는 현실에 분노하면서 이를 한국 여성들과 외국 군인들의 탓으로 돌린다. 이런 식의 비난에 미군 '위안부'를 동원하는 국가의 구조나 냉전체제는 존재하지 않는다. 이뿐만 아니라 외국군의 주둔을 "어쩔 수 없는 일"로 받아들이면서도 국군의 약혼자이자 인텔리 여성인 차래가 미군과 결혼해선 안 된다면서 여성들을 위계화한다. 이는 한국 여성을 제공함으로써 얻는 이익을 숨기고 정치경제적 구조를 개인의 선택과 책임으로 환원하는 방식이다. '양공주'는 "미군과 가까이 지내는" 이들이라면서 비난을 일삼고, 이로 인해 이차래는 자신이 '양공주'에 지나지 않았다는 수치심을 느낀다.

혐오와 수치심은 정동의 연속체이다. 혐오는 타자를 대

남성성의 각본들

상화하고, 수치심을 느끼게 함으로써 힘을 발휘한다.[11] 이러한 혐오와 수치심의 고리 속에서 혐오의 대상이 된 타자는 고립된다. '양공주'가 된 딸이나 여동생은 가부장의 무기력함을 드러내는 소재로 영화나 소설에 등장할 뿐, 목소리를 부여받지 못한다. 이로 인해 여성들 사이의 연대나 공감은 불가능해진다. 이러한 전략은 '가정의 천사'가 되어 자녀를 양육해야 하는 여성들을 섹슈얼리티로부터 분리시키면서 순결을 강조하고 '순수' 혈통을 유지해야 한다고 주장하는 1950년대의 현모양처론과 결합한다. 이차래의 아버지와 같은 거세된 가부장들이 여성에게 한국사회의 전통과 미덕을 사수할 것을 강요한 결과이다.

거세된 아버지 대신 새로운 길을 닦는 것은 독립투사의 아들이다. 차래의 약혼자였던 배곤은 한국의 인텔리 여성이 미군의 아이를 낳아 기르는 것을 비난한다. "백색 피부 밑을 흐르는 그 아이의 피는 저 멀리 바다 건너 미국 민족들의 피"이고, "한국에 태여난 불행한 여성"인 차래는 아이를 버리고 다시 한국 여성으로 돌아와야만 한다. 『끝없는 낭만』에서 여성이 불행하고 힘없는 식민자의 표상이라면, 그녀의 보호자로 나선 국군 장교 배곤은 불행한 여성을 구원하는 탈식민적 주체로 거듭난다. 독립투사의 아들이자 국군 장교이고 군대 내에서도 솔선수범하는 지도자인 남성이 여성 구원을 통해 거세된 남성성을 회복하는 서사인 셈이다. 수탈당한 여성의 이미지는 민족주의자들이 타국가, 식민주의, 제국주의에 저항하는 근거로 이용된다. 한 번도 민족공동체에 속해 보지 못한 더러운 '양갈보'는 이런 담론 속에서 민족의 처녀로 되살아난다.[12]

민족 이데올로기는 '순수한' 혈통을 유지하고, 집단 내부의 정체성을 강화하기 위해 끊임없이 적대적 외부를 설정해야 한다. 이들 주체 혹은 집단이 순결하기 위해서는 순결하지 못한 나머지를 적극적으로 배제해야만 한다. 이렇게 민족은 인간의 정념과 육체적 열망을 순결의 상징으로 변형시켰다. 즉 민족은 자기를 엄격히 통제하고 순결함을 유지함으로써 고결해진다.[13] 이러한 '재현의 짐'은 여성들에게 주어지고, 여성은 재생산을 통해 민족의 정체성과 명예를 전달해주는 전달자라는 상징이 구성된다. 여성은 집단 상상력을 통해 아이들과 연관되고, 그 연장선상에서 가족의 미래뿐만 아니라 민족의 미래와도 연관된다.[14] 이런 논리 속에서 혼혈아로 인해 자신에게 주어진 재현의 짐을 훼손한 여성은 민족의 미래를 더럽힌 자가 된다. 따라서 다시 민족 안으로 포함되기 위해서는 비-순결의 표지인 혼혈아를 버릴 수밖에 없다.

아들 토니를 보육원에 버린 이차래는 미군부대의 파티에서 만났던 다른 '양공주'와 함께 의문의 죽음을 맞이한다.

남성성의 각본들

이들의 죽음은 하얀 눈과 오버랩된다. '양공주'는 죽고, 민족은 다시 순결한 새 길을 닦을 수 있다. 최정희의 소설은 여성의 민족 되기가 모성의 방기와 자기처벌 안에서 작동하고 있음을 보여준다. '양공주'는 국민의 대타항으로서 처벌받아야 하는 존재다. 이처럼 1950년대 한국사회에서 '양공주'는 "눈에 보이는 사회악"으로 명명되며 미국식 자유와 소비문화를 추구하는 어리석은 여성들로 그려진다. "허사, 허영, 허욕"으로 인해 '양공주'는 재건 질서를 훼손하는 존재들인 동시에 반공 질서에 위협을 가하는 존재로 평가된다.[15] 한국사회는 '아프레걸' 'UN마담' '양공주' '전쟁미망인' 등 여성을 유표화함으로써 건강한 국가를 재건한다. 여기에는 해방기 여성들이 성차 없는 민주주의를 받아들이고, 미군정의 일상적인 개입 및 제도적 통제가 가시화되는 것에 따른 불안이 작용한다.[16]

정비석의 『여성전선』은 '양공주'를 둘러싼 교환 경제를 포착한 소설이다. 촉망받는 과학자인 남성 주체 전우현은 『끝없는 낭만』의 배곤과 같은 '건강한 아들'이다. 그는 신약을 개발하여 국가적 영웅이 될 가능성을 가진 청년으로, 여성에는 별다른 관심이 없다. 여자란 사치할 줄만 알고 공부하지 않는 존재이기 때문이다.

"양갈보는 우리 인체에 있어서 백혈구와 같은 역할을 맡은 존재야. …… 양갈보의 덕분으로 해서 우리내 가정이 평화를 유지하고 있다는 말야! 자네들은 아까 단일민족인 우리 민족의 순수한 혈통을 유지하기 위해서 양갈보의 존재를 개탄했지만, 나는 오히려 그와 반대로 생각하네. 그런 희생자가 있음으로 해서 오히려 우리 민족의 혈통을 순수하게 유지할 수 있다는 말일세. 왜냐하면 양갈보를 요양원의 폐병 환자처럼 형식적으로는 사회에서 격리시키지 않았지만, 실질적으로는 사회에서 격리된 존재나 마찬가지니까 피해를 그들에게만 국한함으로써 전반적인 피해를 미연에 방지할 수가 있기 때문일세. 그런 점으로 보면 양갈보란 전쟁의 부산물이지만 저는 저대로 사회적 공헌을 하고 있는 셈이지! 그걸 모르고 저만이 정숙한 척하고 양갈보를 무작정 경멸하는 여성이 있다면 그야말로 어리석고 철없는 여잘 걸세!"[17]

전우현은 '양공주'가 우리 사회의 '백혈구'로 기능한다는 점을 강조하면서 가부장제의 공모적 남성성을 노출한다. 게다가 1년에 "외국 사람에게서 빨아들이는 총액이 한 달에 실로 일백오십억이라는 무심 못할 방대한 숫자"이며 "8·15 이후에 일본서는 국책으로 양갈보정책을 썼고, '에코노미스'

같은 경제 잡지에서도 양갈보의 외화 획득 문제를 경제적 격지에서 진지하게 논의"하고 있다면서 '양갈보' 경제론을 주장하기도 한다. 이는 외국인 대상의 성매매를 경제적 거래로 치환한다. "실질적으로 격리된" 민족의 구성적 외부로서 '양공주'는 교환과 거래의 대상이라는 점에서 정치적 효과를 낸다. 이후 1960, 1970년대가 되면 '양공주'는 반공과 개발이라는 패러다임 속에서 애국자로 호명되고,[18] 그 교환 시스템은 관광상품으로까지 발전한다. 일본인을 대상으로 한 기생관광은 1970년대 관광산업에서 가장 중요한 요소였다. 기생관광을 바탕으로 남한은 1978년 외국인 관광객 100만 명이라는 최고 기록을 세웠으며, 당시 일했던 성매매 여성들은 "나 자신이나 우리의 가족뿐만이 아니라 우리 국가의 미래를 위해서도 열심히 일해야 했다"고 증언한다. 그러나 '양공주'에 대한 혐오와 비난은 '양공주'를 필요로 하고 적극적으로 관리하는 국가·사회적 질서를 비가시화한다. '양갈보'의 사회적 효과에 대해 높이 평가하는 듯한 남성 지식인 전우현의 목소리가 기지촌 여성들을 애국자로 치켜세운 공무원들의 목소리와 겹쳐지는 것은 그 때문이다.

여성혐오를 통한 가짜 국민 만들기

1950년대 최고의 베스트셀러인 정비석의 소설『자유부인』은 주인공 오선영을 통해 '자유부인'이라는 여성 유형을 만들어낸다. 그녀는 가게의 공금을 횡령하고, 애인과 댄스홀 파리양행에 출입한다. 직장인 파리양행으로 출근하는 것을 8·15 해방보다 "참다운 민주해방"으로 명명하기도 한다. 연애와 섹슈얼리티는 오선영이라는 인물을 통해 민주와 자유의 본뜻을 훼손시키는 시대 풍조의 표상으로 젠더화된다. 이에 대해 교훈적 목소리를 내는 화자는 "자유와 방종이 혼동되어, 사회질서가 그로 인하여 파괴될 우려가 있을 경우에는, 민주주의를 잠시 무시해도 좋으니, 여성 각자에게 지각이 생길 때까지는 아낙네들을 엄중히 단속할 필요가 있을지도 모른다"[19]며 여성 '일반'에 대해 강한 혐오를 드러낸다. 즉 잘못된 자유, 민주는 오롯이 여성의 책임이다.

> 1) 낙지나 오징어가 적을 만났을 때 먹물을 뿜어서 자신을 보호하듯이, 여자들은 무슨 부당한 요구를 하고 싶거나, 자신의 잘못을 캄플라치할 필요가 있을 때에는, 상대방의 경계를 피하기 위하여 대개 그 연막을 사용한다. 그것은 여자들의 본능인 것이다. (『자유부인』상, 14)

2) 여자에게는 과거가 없다. 오직 눈앞의 현실이 있을 뿐이다. 실로 행복스러운 건망증인 것이다. 그런 행복스러운 건망증이 있음으로 해서 어제의 악처가 오늘의 현부도 될 수 있고, 오늘의 가정부인이 내일의 매소부로 전락할 소질도 있는 것이다. (상, 16)

3) 그렇게 따지고 보면 결혼이라는 것도 크게 생각해 볼 문제다. 아내를 맞이한다는 것은 위험 인물을 집안에 맞아들이는 것과 마찬가지 결과이기 때문이다. 아내가 아내일 동안에는 귀엽고 사랑스러운 존재이지만, 일단 배반하기 시작하면 무슨 짓을 할는지 모르기 때문이다. (상, 63)

4) 여자들은 언제나 자기 감정에 흥분해서 스스로 유혹을 환영하는 것이다. 다만 그 유혹의 그물에 걸려들어서 억울하게도 죄인 신세가 되는 어리석은 존재가 남자일 뿐이다. (상, 75)

『자유부인』에 등장하는 위 대목들은 '자유부인'에 대한 비판이나 풍자에서 더 나아가 여성일반론으로 확장된다. 여성들은 자신의 잘못을 숨기는 데 능하고, 과거를 쉽게 잊고 변화하는 등 신뢰할 수 없는 존재이다. 또한 허영과 허세로 인해 불필요한 지출을 하고, 자신의 감정을 컨트롤하지 못해 유혹을 이기지 못하는 존재이기도 하다. 아내를 언제 배반할지 모르는 '호랑이 새끼'에 비유한 『자유부인』의 엄청난 성공은 『서울신문』을 통해 정비석의 소설을 읽었을 '지식인 남성'들의 열렬한 호응에 기대고 있다. 즉 1950년대 여성혐오는 대중의 지지를 받는 텍스트였다. 여성의 '자유'가 가짜 국민의 자질로 간주되며 반면교사 역할을 했기 때문이다.

한국전쟁 후 가장 먼저 창간된 『여성계』(1954)는 대한여자국민당을 창당한 임영신을 발행인으로 하는 여성잡지다.[20] 임영신은 "좀 더 잘 살기 위하여 새나라의 위대한 아내와 어머니가 되어야 할 것"을 강조하며, "여성의 전 노력을 국가에 제공하자"는 강령하에 여성들을 계몽한다. "극도로 피폐되고 도탄에 빠진 민족 생애를 구출하여 자손만대에 길이길이 행복하게 할 유일무이의 방책이란 오직 국토통일 뿐"이라며 사회의 모든 악습과 폐풍의 근원으로 휴전 상태를 꼽는다. 이뿐만 아니라 "국제 정세는 민주우방의 절대적 지지하에 수립진전한 대한민국의 주권을 무시하고 우리 민족의 본의 아닌 휴전협정에 뒤이어 용공통일의 방안을 모색하는 듯 전해지니 이 이 어찌 민족적 분노지사가 아니겠습니까?" "용공통일의 국제적 음모도 이를 분쇄하고 대한민국의 국시에 의거한 멸공통일전선에 총궐기 합시다"라며 강경한 목소리를 내기도 한다. 그러기 위해 필요한 것은 여성들의 '올바른 인생관'과 '깊은 교양'이다. 임영신은 이를 활용하여 여성이 사회

와 민족을 위해 일하는 것이 중요하다고 주장한다.[21]

이때 『여성계』가 주목하는 '올바른 인생관과 깊은 교양'은 여성혐오와 뿌리를 같이한다. 『여성계』 1955년 1월호는 '최신형 여성'을 기생충형, 모사형, 지식여성형, 귀부인형, 문화인형, 쁘르죠아형의 여섯 종류로 나눈다. 이 글은 1950년대 여성의 허영이나 과시를 문제삼으며 강한 혐오를 드러낸다. 이중 특히 부르주아형은 대학교육을 받았으나 가사는 식모에게 맡겨두고, "민주주의와 남녀평등은 입버릇처럼 외우고 다니나 그실 민주주의가 뭔지 그 초보조차 깨닫지 못"하는 이들을 가리킨다.[22] 이 '최신형 여성'의 특성은 정비석이 지적한 '자유부인'의 특성과도 맞아 떨어진다. 즉 경제적으로 여유가 있고, 문화적 취향을 갖추고 있으며, 집 밖을 나갈 수 있는 여자들을 통칭하는 '자유부인'은 소비 주체로서 비판의 대상이 된다.

특히 '땐스'는 여성들의 자유를 타락시키는 주범이다. 동아일보는 '해방 10년 특산물' 시리즈(1955. 8. 16~8. 25)로 '양공주' '땐스' '사창' 등 여성으로 유표화된 단어들을 꼽는다. "불가피한 생활사정으로 몸을 팔게 된 기막힌 요구호 대상자"인 '양공주'에게는 안타까운 시선을 보내지만, "바람난 여자 대학생이 가짜 군인이나 건달과의 애욕의 전무곡으로 이용하는" 땐스, "심한 생활고와 혼란기 사회 윤리의 타락으로 인해 전쟁미망인, 직업여성, 양공주 심지어 여학생까지도 이 골목으로 몰아넣었고 최근에는 양가댁 규수까지도 한몫 끼어 있다"는 소문이 있는 사창 등에는 신랄한 비판을 가한다.[23] 이 중 "바람난 여자 대학생이 가짜 군인이나 건달 '놈팽이'와 곧장 여관으로 가기가 차마 민망하여 통행금지 시간을 넘기기 위하여 '애욕'의 전무곡으로 이용"하거나 "바람난 '유한 매담'들이 남몰래 사랑의 불작난을 하기 위하여 젊은 청년들과 육체 희롱을 하는 중개 수단으로 이용"한다는 댄스는 재론의 여지가 없다.[24] '양공주'가 국가의 용인 아래 합법적으로 운용되는 성산업이라면, 댄스와 사창은 자본주의 시장의 산물이다. 요구호 대상자는 단지 '양공주'뿐만이 아니다. 댄스와 사창 역시 수많은 여성들이 생계를 위해 일하러 나가는 공적 공간이었다. 여성들에게 댄스란 유흥이 아니라 노동이었다. 그러나 공론장은 댄스홀이 범람하고 있다고 비판하면서, 사창과 댄스홀 등을 생산의 영역에서 분리시킨다.

이러한 분리는 미국 문화에 대한 비판과 더불어 작동한다. '자유부인'은 미국식 유흥문화를 소비하는 여성들로, 사회의 병리적 존재로 제시된다. 미국적인 것이 한국 여성들의 도의와 부덕을 해치고, 한국사회를 병들게 하는 요소라는 인식은 미국에 의한 신식민이라는 상황을 여성에게 투사하여 혐오하는 방식이다. 미국화가 상징하는 자유가 여성의 타락과 등치될 때 미국은 얼마든지 부정될 수 있는 대상이 된다. 이러한 논리 속에서 남한은 우월한 형제인 미국을 비난하고, 거세된 자신의 위치를 벗어나고자 한다. 헤게모니적 남성성을 획득할 수 없는 상황에서 여성에 대한 폭력이 극단화된 방식으로 드러나는 것이다. 이에 따라 여성은 남한의 남성 주체들을 재식민화하는 미국의 압도적 헤게모니를 보여주는 증거이자 자본주의의 표상이 되었다. 여기에 전통적 부덕婦德이 소환되어 패배한 남성이 공적 영역에 진출한 여성보다 높은 지위에 있다는 우월감이 형성된다.

흥미로운 것은 때로 이 '자유부인'이 공산주의자로 치환되기도 한다는 점이다. 반공 검사로 유명한 오제도는 공산주의를 유혹하는 여성으로 재현한다.

근대적인 유행형을 허다히 생산하는 찬란한 20세기에 또 하나 사교계의 툭 티어난 명화 하나가 있으니 그가 바로 화제의 S양인 것입니다. …… 애교에 흘러넘치는 웃음과 제스취어, 이 근사한 전체에 어느 듯 옛 모습은 사라지고 많은 남자들을 유혹하기 시작합니다. …… 늘 자신의 태도를 명백히 하지 않는 운큼한 여성입니다. …… 될 수만 있다면은 온 세계의 뭇 남성들을 상대하고 싶은 것이 S양의 얄궂으면서도 솔직한 심정인 것입니다. 그러면 S양의 본명은 무

엇일가? S양의 본명이 바로 '미쓰 소비에트'인 것입니다.[25]

S양은 20세기 사교계의 꽃으로, 실제로는 늙은 여성이지만 화려한 사교술과 애교 있는 태도를 갖춰 청년들의 사랑을 받는다. 그녀에게 열렬하게 사랑을 고백하는 청년도 있고, 호기심으로 그녀의 집을 찾는 사람도 있을 만큼 많은 남자들이 S양에게 관심을 보인다. 오제도는 이 S양이 '미쓰 소비에트'임을 밝히며 공산주의를 남성을 유혹하는 여성으로 재현한다. 이러한 이미지는 영화 〈운명의 손〉(1958)에서도 등장한다. 바에서 일하는 마가렛은 자신을 '양공주'로 포장하고 있지만, 실제로는 스파이이다. 영화는 미국화되고 공산화된 이중적 신체를 빌려 '공산주의=여성 섹슈얼리티'의 공식을 입증한다. 실크 캐미솔을 입은 마가렛의 육체는 젊은 남성을 유혹하고, 국가는 그런 그녀를 처벌함으로써 다시금 안전을 꾀한다. 이 과정에서 반공 청년에 대한 사랑을 통해 마가렛이 교화되는 것은 물론이다. 미국적 소비 주체는 이렇게 공산주의자라는 또 하나의 외연을 갖게 된다.

1950년대 여성혐오는 포스트식민, 반공 등의 냉전 질서의 누빔점이었다. 냉전체제는 불안을 외부에서 오는 위험과 관련시켰고, 이 연결성은 당시 미국에서 만든 공포영화에 반영되었다. 공산주의는 사회체에 침입할 수 있는 기생충이나

남성성의 각본들

세균으로 인식되었고, 영화는 외부에서 사회로 침입해오는 외계인의 형태를 그려냈다. 이러한 전염에 대한 서사는 공산주의 이데올로기를 주입당해 세뇌될지도 모른다는 불안과 밀접히 연결되어 있었다. 같은 시기 공산주의 동구권 국가들은 외국 스파이의 잠입과 부르주아적 소비주의와 오락물의 형태로 서구에서 유입되는 이데올로기적 지배를 두려워했다.[26] 남한은 이 두 가지 형태를 복합적으로 재현한다. 외부에서 온 스파이는 '양공주'의 형상을 하고 있고, 그녀의 부르주아적 소비주의와 즐거움은 사회체를 위협하는 요소로 명명되었다. 섹슈얼리티가 반공 내셔널리즘과 만나 공산주의의 여성화, 서구화라는 형상을 획득한 것이다.

여성 사회주의자 김수임은 이러한 표상에 들어맞는 가장 적절한 텍스트였다. 외국인이 하숙을 하고, 유명인사들이 모여 파티를 즐기는 김수임의 집은 외국인, 유한마담, 자본주의가 모이는 곳으로 묘사된다. 천재적인 사교술과 능통한 영어, 서양적인 매너 등을 갖춘 김수임은 미군정 간부의 사랑을 받고, 아첨을 좋아하는 지식층, 귀부인들까지 사로잡았다. 김수임을 수사했던 검사 오제도는 김수임이 간첩 행위를 한 것이 북한의 초대 외교부장으로 발탁된 연인 이강국에 대한 정열적 사랑 때문이었다고 평가한다. 김수임 개인의 인간성에 대해서는 동정하지 않을 수 없지만, 그녀와 이강국의 사랑은 이웃에 논란을 불러일으킬 만큼 풍기에 어긋난 것이었다는 것이다. 오제도의 분석에 따르면, 김수임은 사랑 때문에 간첩 행위를 저지른 어리석은 여성이자 미스 소비에트가 된다.

오제도는 김수임과 같이 공산당인 남성에게 유혹당한 여성들에 주목한다. 이는 "인간의 고귀하고 지순한 감정을 역이용하는" 공산당의 일면을 보여주는 사례로 활용된다.[27] 오제도는 자신이 체포했던 공산주의자들의 면모를 기술하는 『붉은 군상』에서 사랑에 빠져 '정조를 바친' 여성들을 협박해 이용하는 공산주의자들을 제시한다. 순진한 여선생들을 유혹하여 이용하는 공산주의자들의 부도덕함을 강조하는 것이다.[28] 이처럼 오제도는 김수임이나 여선생들에 대해 '애정 유죄'라며 손을 들어주는 듯 보인다. 하지만 이러한 바탕에는 여성은 사랑에 약하기 때문에 언제든 공산주의에 빠져들 수 있는 위험이 있다는 사고가 배태되어 있다. 즉 여성들은 언제든 공산주의자가 될 가능성을 내포하고 있는 존재다. 여성은 근본적으로 신뢰할 수 없으며 유혹에 약하다는 주제가 또다시 반복된다.

1950년대 반공은 모든 문화예술 활동의 테제였다. 반자유에 대한 저항 활동인 문화예술은 강력한 반공을 토대로 이루어져야 했다. 따라서 공산주의의 형상을 상상하는 것 역

남성성의 각본들

시 문화예술의 몫이 되었다. 이때 공산주의자로 형상화되는 여성은 미국식 소비주의, 자유연애에 물든 모습으로 그려지고, 여성혐오를 통해 '가짜 자국민'이 된 여성들은 인종화된다. 철학자 에티엔 발리바르는 민족주의와 인종주의를 연결시키면서, 국민적 정체성은 항상 투사의 메커니즘에 의해 작동된다는 점을 지적한 바 있다. '진짜 자국민'의 인종적, 문화적 정체성을 가시적으로 확인할 수 없기에, 유대인이나 '검둥이' 같은 '가짜 자국민'에 관한 가시적 이미지나 착각에 의한 표상을 동원해야만 한다.[29] 눈에 보이는 '가짜 자국민'으로부터 강박관념적으로 '진짜 자국민'을 상상하는 메커니즘은 민족주의의 병리성을 보여준다. '진짜 자국민'은 '가짜' 없이 단독으로 존재할 수 없다. '자유부인'에 대한 혐오는 '가짜 자국민'을 이용한 국민 만들기의 일환이다.

일본군 '위안부'를 묵인한 한국사회

1950년대 공론장은 여성을 성노동자, 소비자, 공산주의자 등으로 명명하면서 국가 질서를 바로잡아야 한다고 주장한다. 이는 미국에 의한 신식민으로 훼손된 남성성의 다른 얼굴이기도 하다. 마루카와 테츠지는 전후 일본에서 '타락한 여인'

이라는 테마가 '전쟁에 패배하고 식민지를 상실한 위정자=남성의 거세'라는 공식을 부인하고 그것을 대리보충하는 역할을 했다고 지적한다.[30] 이 현상은 해방된 식민지 대한민국에서도 벌어진다. '대한민국'을 건설할 건강한 남성 국민은 '아프레걸' '자유부인' 등의 여성성을 통해 구성된다. 그래서일까, 1950년대 한국사회는 여성에 대해 '너무 많이 말한다'. 민족주의도 여성, 반공주의도 여성, 후방을 지키는 것 역시 여성이다. 사회의 주요 질서를 구축하는 것이 이 여성의 몫이다. 그렇다면, 반대로 이때 말해지지 않는 여성이 누구인지를 질문해야 한다. 보이거나 말해지는 것 못지않게 비가시화되거나 말해지지 않는 것을 통해 냉전시대 남한의 문화에 더 잘 접근할 수 있다는 테드 휴즈의 지적처럼,[31] 여성에 대한 혐오를 전시하면서도 정작 어떤 말도 하지 않은 전략을 통해 냉전 남한의 무의식을 확인할 수 있다.

이때 가장 드물게 말해지는 것이 일본군 '위안부'다. 패전에 임박한 일본군은 '위안부'의 존재를 제국군의 수치로 여겼으며, '위안부'의 흔적을 없애기 위해 노력했다. 그러나 최전선까지 배치되어 있던 조선인 '위안부'들이 귀환을 위해 일본을 거치는 경우가 많았던 데다 본토에 배치된 여성들이 적지 않았던 관계로, 조선인 '위안부'의 존재는 전후 일본 사회에 노출되었다. 그러나 '위안부'에 대한 초기 이해는 그들

남성성의 각본들

을 성매매 여성이라는 범주에 가두었으며, 식민 지배의 문제는 간과되었다.[32] 조선인 '위안부'와의 연애를 그린 소설들이 자연스럽게 문학장에 등장할 수 있었던 건 그 때문이다.

학병으로 전쟁에 참여했던 다무라 다이지로는 일본군 '위안부'를 소설 주인공으로 삼아 육체의 실존을 통해 전쟁을 기록한다. 특히 조선인 '위안부'가 등장하는 소설 「춘부전」은 일본군 하급장교에 대한 조선인 '위안부' 하루미의 사랑을 경유해 피식민지 여성과 식민 지배자의 화해를 이룬다. 정결하고 강직한, 이상적인 남성 주체는 자신의 강직함을 관철하기 위해 자살을 선택한다. 이때 그를 사랑한 '위안부' 역시 그 자살에 동반한다. 소설은 패배한 일본의 남성 주체가 이름도 제대로 알지 못하는 조선인 '위안부'와 섹스하는 장면을 배치함으로써 '사랑받는 지배국 남성'이라는 판타지를 투사한다. 조선인 '위안부'는 '붉은 산이 있고 하얀 옷을 입는 사람들이 있는 고향'을 떠나 중국의 전쟁터에서 폭사한다. 이 죽음은 진정한 일본인다움을 지키기 위한 남성 주체의 선택이었다. 이 선택을 '사랑'으로 설명하는 것은 일본인다움에 대한 판타지를 강화할 뿐이다.[33]

다무라의 이 소설은 이내 영화화되어 성공을 거둔다. 그러나 그 과정에서 GHQ의 검열에 의해 조선인 군 '위안부'는 차이나드레스를 입은 '매춘부'로 바뀐다.[34] 미군정은 검열을 통해 다무라의 텍스트에서 '조선'의 존재를 소거한다. 존 다워는 미군정이 조선인 군 '위안부'를 재현하는 것을 검열했고, 그러한 담론의 유통을 막았다고 분석한다. 성노예화된 '위안부'의 존재가 드러나 국제법상 손해배상이 발생할 경우, 아시아의 공업 생산력을 높이는 것이 불가능했기에 냉전기 미국의 정치적 의도에 부합하지 않았다는 것이다.[35] 이런 지점은 일본을 동북아시아의 기지로 삼고 있던 미 공군의 존재를 통해서도 드러난다. 미국이 주도하는 냉전 아시아의 질서를 완성하는 데 일본은 필수 불가결한 존재이기 때문이다.[36] 해방 직후 오키나와에 주둔하던 하지의 24군단이 남한으로 이동해 신탁통치에 나선 사실도 이를 증명한다. 미국이 재편하고, 일본이 따르는 냉전 아시아의 질서를 강화하기 위해 남한은 돌아오지 않은 여자들에 대해 묻지 않기로 한다.

미국의 전략은 반공을 국시로 삼은 남한의 의도와 맞아떨어지게 된다. '위안부' 표상은 자발적 성매매 여성으로 치부되는 미군 '위안부'로 옮겨가고, 일본군 '위안부'의 존재는 간헐적으로만 드러난다. 1950년대 공론장에서 '위안부'는 대부분 '양공주' 'UN부인'과 같은 '미국군 위안부'를 지칭한다. 초반에는 미군 '위안부'의 소비 성향을 비판하고, 성병 보균자라는 보도가 주를 이뤘다.[37] 언론은 미군 '위안부'를 통해 벌어들이는 외화를 화장품, 옷 등에 소비해버리고 만다며 여

남성성의 각본들

성들을 매도했다. 이후 1950년대 후반으로 갈수록 미군에 의한 범죄와 폭력 사건들이 늘면서 미군 '위안부'는 어리석고 불쌍한 여성으로 타자화된다.

공론장은 섹슈얼리티에 대해 많은 관심을 보인다. 여성들의 풍기를 단속한다고 하지만, 성과학과 미국 영화는 여성의 몸으로 가득했다. "서울처녀 60%는 이미 상실? 경이! 한국판 킨제이 여성 보고서가 말하는 것은 무엇인가"라는 광고 문구를 내걸 정도였다.[38] 그러나 조선인 '위안부'의 존재는 이 넘쳐나는 '육체들' 어디에서도 드러나지 않는다. 일민주의를 주창하며 반일 정서를 정치적으로 활용할 때도, 아내와 여동생을 성적으로 위협하는 대상은 일본군이 아닌 북한의 '괴뢰군'으로 설정된다.[39] 이러한 비대칭성은 해방 이후 강화된 반공 이데올로기와 냉전 질서의 합작품이다.

다무라 다이지로와 마찬가지로 학병 출신인 작가 박용구의 소설 「함락직전」(1953)은 태평양전쟁 말기의 버마를 배경으로, 패전 직전의 일본군을 재현한다. 버마 전선에 나와 있는 일본군들의 일상을 묘사하는 이 소설은 위안소를 "헌병의 관할하에 있는 그들 병정들의 매음굴"로 묘사하고, '위안부'에 대해서는 "간호부라는 미명으로써 잡혀온 한국의 여인도 있다"고 기록한다. 그러나 이 조선인 '위안부'의 존재는 소설에서 시종일관 후경화된다. "이 매음부의 이름은 위안부"

이기도 하다. 즉 위안소가 군대에 부속된 제도이며 '위안부' 여성들이 군대가 이동할 때마다 함께 이동하는 '부속물자'라는 사실을 분명하게 기록하고 있지만, 그렇다고 해서 '위안부'를 '매음부'와 구별짓지는 않는다. 여기서 일본군 소속의 '위안부'는 이름을 갖지 못한다. 이름을 가진 여성은 일본군을 상대로 식당을 하고, 섹스를 거래하는 버마인 여성들뿐이다. 버마인 여성들은 섹스를 군표와 거래하며, 자신이 일본군 장교의 선택을 받았음을 자랑스럽게 여긴다. 다른 여성들의 부러움과 질시를 산다고 뿌듯해하기도 한다. "그 군표가 있으면 또 며칠을 편히 살 수 있으니 말이다"라는 여성의 독백은 역사적이고 정치적인 문제를 개인의 '능력'으로 바꿔버린다. 이렇듯 소설은 여러 시점들을 뒤섞어 '위안부'의 육체를 선정적으로 묘사하는 동시에 연민의 시선을 던진다. 이때의 연민은 관찰자의 위치에서 이루어지는 타자화일 뿐이다. 관찰자에 의해 '불쌍한 조선의 누이'로 표상된 여성은 언어와 기억을 가진 주체가 되지 못한다.

일본의 패전과 함께 조선인 군인과 조선인 '위안부'들은 일본군에서 풀려나 귀환할 수 있게 되었다.[40] 그러나 더럽혀진 몸이라는 이유로 가족에게 받아들여지지 않은 경우도 많았다. 수치스러움 때문에 고향에 돌아가는 것을 포기하는 경우도 있었다. 그러나 이것만으로 공론장의 침묵에 대해 설명

남성성의 각본들

하기는 충분치 않다. 개인이 말하지 못한/않은 것은 물론이거니와 공론장 역시 이들을 찾지 않았기 때문이다. 전쟁에서 돌아온 학병들이 일본군의 만행을 증언하며 '민족의 아들'로 귀환했으며, 이들이 '학병 서사'라 불리는 문학적 전환점을 이루었던 데 반해, 귀환한 '위안부'들은 자신의 목소리를 갖지 못했다. 한국정신대문제대책협의회의 발기인인 윤정옥은 일제 말 어른들의 소문을 통해 일제의 '처녀 공출'에 대해 알고 있었고, 이를 피했던 여대생이었다. 그녀는 한국전쟁후 사회가 안정되면 역사가들이 "끌려간 여성의 문제"를 연구할 거라고 기대했다. 그러나 미국 유학을 마치고 돌아왔을때까지도 "사라진 여자들"에 대해서 아무도 말하지 않기에, 끌려갔던 자기 또래의 여성들이 돌아오지 않을까 해서 매일 서울역에 나가 기다렸다고 한다.[41] 윤정옥의 증언처럼, 남한 사회는 끌려간 여성들의 문제를 공론화하지 않았다. 박용구의 소설이 보여주듯, 전쟁에서 돌아온 많은 사람들은 조선인 '위안부'의 존재와 운영 방식을 분명히 알고 있으면서도 여자들이 조선에 돌아왔는지 묻지 않았다.

이러한 묵인은 1973년 오키나와에 살고 있던 조선인 일본군 '위안부' 배봉기가 등장하면서 달라진다. 일본군 '위안부'로 오키나와에 왔다고 밝힌 배봉기의 존재는 당시 일본 사회에서도 큰 반향을 일으킨다. 비슷한 시기 일본의 저널리스트 센다 가코는 르포『종군위안부』를 통해서 일본군 '위안부'의 존재를 드러낸다. 이 책은 크리스챤아카데미에서 발간하던 월간지『대화』에 소개된다.『대화』1977년 9월호는 '일제 말 암흑기의 민족사' 기획의 세 번째 연재로『종군위안부』를 부분적으로 번역하여「조선여자정신대의 전모」라는 제목으로 소개한다. 이 모욕의 역사가 양심적인 일본인의 손을 빌려 밝혀지는 것, 그리고 기생관광으로 되풀이되는 것은 우리 모두의 수치가 아닐 수 없다는 편집자의 주와 마찬가지로, 일본군 '위안부' 문제에 제일 먼저 나선 것은 기생관광 반대를 위해 힘을 모으던 여성단체들이었다.[42] 당시 여성단체들이 일본군 '위안부' 문제를 기생관광과 연결지어 생각하고 있었음을 알 수 있다.

1991년 8월 14일 김학순의 증언을 바탕으로 일본군 '위안부'는 한국사회에 그 모습을 드러낸다.[43] 이후 일본군 '위안부'는 일본 제국주의의 폭력에 대한 강력한 상징으로 자리매김했다. 하지만 일본군 '위안부' 운동이 민족국가의 운동이 되는 사이, 일본군 '위안부' 피해 당사자의 목소리는 제대로 들리지 않았다. 2015년의 한일불가역적 합의에서 드러났듯, 협상의 당사자인 일본군 '위안부' 여성들을 대신해 국가는 정치적, 경제적 문제를 합의했고, '위안부' 문제는 한국-미국-일본의 연대를 위해 합의를 통해 '처리되어야' 하는 대상이 되었다.

여성혐오라는 통치 도구

1949년 『서울신문』 사장, 1955년에 예술원 회장을 지낸 문
단의 가부장 박종화는 여성들이 남자 이상으로 활약하는 새
로운 시대가 도래했다고 선언한다.

> 한국 여자 중에는 지나간 역사적 인물 속에도 남자의 볼을
> 쥐어지를 만큼 훌륭한 여성이 많았지만 오늘날 우리 여성
> 처럼 천이면 천, 만이면 만이 모두 남자 이상으로 활약을
> 하기란 역사상 처음 있는 일이다.[44]

박종화는 여학생 수의 증가와 여성 가장의 경제 활동 등
을 통해 여성들이 "남자 이상으로 활약하는" '여존남비'의 시
대가 왔다고 진단한다. 그의 지적처럼 해방 이후 여성들은
공적 영역에 참여하고, 남성과 동등한 투표권을 보장받게 되
었다. 해방기 여성들은 정당 활동, 정치 활동을 위해 거리에
나섰고, 제1공화국에서는 여성 장관이 임명되기도 했다. 동
시에 여성들은 경제 영역으로도 진출했다. 시장은 '전쟁미망

인'들로 가득했다. 이와 같은 활약은 생존을 위한 것이기도 했다. 돌아오지 않는 남편과 아들을 대신해 여성들이 돈을 벌어야 했기 때문이다. 일각에서는 이를 두고 여성'상위'라고 지적하기도 했다. 하지만 여성'상위'라는 말 자체가 이미 여성이 상위에 있지 않음을 단적으로 보여준다. 호명당하는 자는 언제나 호명하는 자보다 아래에 있기 때문이다.

박종화가 여성상위시대라고 말한 것과 달리 1950년대는 탈식민과 민족국가 재건의 과정에서 강조되는 것은 초남성성이다. 아쉬스 난디는 초남성성이 식민지 지배의 반동으로 지속적으로 생겨난다고 지적한다. 식민지의 남성 주체들이 제국의 초남성성을 동경하게 되고 이는 이후 독립국가의 초남성화와 사회의 초여성화를 야기한다는 것이다.[45] 이승만 정권이 배태한 군복의 남성성은 해방 이후부터 1980년대에 이르기까지 유지된다. 정희진은 친미 반공 군부독재 세력이 주도하는 호전적 남성성이 전후 한국사회를 지배하고 있었다고 말한다. 그러나 아이러니하게도 군부 세력은 군인다움과 용맹성을 주장하면서도 미국에 대한 철저한 의존을 강조하기 위한 방편으로 미군에게 여성을 제공했다.[46] 한국사회가 표방하는 남성성의 토대 자체가 너무나 부실했던 나머지 무언가를 방패로 삼아야 했다는 점이 이렇게 방증된다. 북진통일을 주창하며 목소리를 높이던 한국사회를 떠받친 것은

남성성의 각본들

기실 불확실한 남성성이었다. 건강한 남성은 전쟁에서 죽고, 젊은 남성들은 징병을 피하기 위해 호적을 위조하고 숨어 지낸다. 공산 괴뢰로부터 수복해야 할 땅은 있지만, 상이용사들은 생계 문제로 자살하는 사회이다. 이때 이 훼손당한 남성성을 대리보충하는 것이 여성혐오다.

일선에서 싸우는 '오빠'의 세계를 위해 '후방'은 언제나 여성화되었다. 여성화된 후방은 혐오와 수치심으로 가득했다. 조선은 해방되고 민족국가가 건설되었지만, 군 '위안부'는 미국군 '위안부', 한국군 '위안부', 베트남군 '위안부' 등의 형태로 반복해서 돌아왔다. 일본군 출신의 한국 군인들은 한국전쟁 당시 "병사들의 사기 진작을 위해" '위안부'와 위안소를 배치했다. 냉전 질서의 유지를 위해 미국 특수 위안시설을 운영한 것은 물론이다. 이를 정당화하기 위해 그들은 여성에 대해 지나치게 많이 말하거나 말하지 않는 방식을 택했다. 여성에 대한 혐오와 폭력은 냉전체제하에서 끊임없이 통치 도구로 활용되고 있었다.

1   Eve K. Sedgwick, *Between Men*.

2   우에노 지즈코, 『여성혐오를 혐오한다』, 나일등 옮김, 은행나무,
    2013, 37쪽.

3   이선옥, 「과학주의 시대: 여성혐오라는 정동」, 『여성문학연구』 36,
    2015, 91~116쪽.

4   보건사회부, 『부녀행정 40년사』, 1987, 49쪽.

5   『경향신문』 1947. 4. 2. 공창폐지연맹 대표 김말봉은 "우리 여성의
    수치인 이 공창제도는 어떻게 해서든 폐지할 작정"이라며, 유곽과
    유사한 여관에 대한 허가 취소, 미군령 70호의 강화, 자진해서
    공사창이 되는 여자와 그 고객인 남자의 동반 처벌 등을 적은
    건의서를 입의에 제출했다.

6   공창제폐지령은 1947년 5월 3일에 열린 제65차 본회의와 8월 8일에
    열린 제126차 본회의 두 차례에 걸쳐 상정되었다. 최종 상정된
    법안은 "일정 이래의 악습을 배제"하고 "남녀평등의 민주주의적
    견지에서" "공창제도를 폐지하고 일체의 매춘 행위를 금지"한다고
    선언했다(제1조). 박정미, 「식민지 성매매제도의 단절과 연속」,
    『페미니즘 연구』 11(2), 2011, 199~238쪽.

7   공무원 사칭과 혼인빙자간음 혐의로 기소된 박인수는 1심에서 "법은
    정숙한 여인의 건전하고 순결한 정조만을 보호할 수 있다"는 판결에
    따라 공무원 사칭만 유죄로 인정받고 간음은 무죄를 선고받았다.
    2심에서는 이를 뒤집어 "남녀 간의 풍기를 올바르게 이끌어나가기
    위하여 신형법에는 특히 정조에 관한 조항을 삽입한 것인데 법이
    보호하는 정조와 법이 보호하지 않는 정조의 구별이 생긴다는 것은
    말이 안 된다. 뿐만 아니라 이번 사건을 통하여 박 피고의 행위는
    여자 신체에 변화를 일으킨 동시에 특히 여자가 배반당하였을 때의
    정신적 고통은 일종의 상해 행위가 아닐 수 없다. 피해자들이 정조

제공을 영업으로 하는 창부가 아닌 이상 그들의 정조는 마땅히 법의
보호를 받아야 한다"고 판결한다. 「박인수 피고 재수감 제2심 공판서
유죄 구형」, 『동아일보』, 1955. 10. 7.

흥미롭게도 언론은 박인수의 남성성 대 피해자들의 여성성을
대립시킨다. 이 사건은 박인수의 유혹에 넘어간 여대생들의 '행실'
문제를 계몽하는 텍스트로 사용되었다. 언론은 "도색유희사건의
주인공 박인수는 마땅히 저질은 죄의 댓가를 받을 것이지만
'머슴아'적인 박인수와의 도색유희에 스릴과 써스펜스를 느끼고
흥분한 '양가집 처녀'들은 부모뿐만 아니라 온 사회인의 시비를
일으켰다."(「박인수, 문선명 사건에 나타난 사회상」, 『경향신문』,
1955. 7. 11)며 여성들에게 책임을 전가했다.

8 이 소설은 『희망』 연재 당시 「광활한 천지」라는 제목이었으나
   1958년 단행본으로 출간되면서 제목이 바뀐다. 이 책에서는 최정희,
   『끝없는 浪漫』, 동학출판사, 1958을 저본으로 한다. 연재본과
   단행본은 거의 차이가 없다.

9 같은 책, 50쪽.

10 같은 책, 205쪽.

11 마사 누스바움, 『혐오와 수치심』, 조계원 옮김, 민음사, 2015.

12 이나영, 「기지촌의 공고화 과정에 대한 연구」, 『한국여성학』 23(4),
    2007, 5~48쪽.

13 조지 모스, 『내셔널리즘과 섹슈얼리티』, 263~306쪽.

14 니라 유발-데이비스, 『젠더와 민족』, 87~90쪽.

15 민규호, 「보이지 않는 죄과와 눈에 보이는 사회악」, 『희망』, 1953년
    7월, 57~58쪽.

16 류진희, 「해방기 탈식민 주체의 젠더전략: 여성서사의 창출을
    중심으로」, 성균관대학교 박사학위논문, 2015, 79쪽.

17 1952년 1월 1일부터 7월 9일까지 연재된 『여성전선』은 당대에
    단행본으로 출간되고, 영화로 제작되는 등 인기를 끌었다. 정비석,

『여성전선』, 회현사, 1978, 76쪽.

18 "우리는 지금 외화가 필요하다. 외화가 있어야 비료도 사오고 물건을 만들어 수출도 할 수 있다. 기생관광도 일종의 애국이다." "우리나라 기생은 하룻밤에 100달러를 받는데 태국이나 필리핀 기생은 50달러 내지 20달러밖에 못 받는다." 권인숙, 『대한민국은 군대다』, 청년사, 2005, 35쪽.

19 정비석, 『자유부인』 하, 정음사, 1954, 38쪽. 이하 인용시 본문에 쪽수만 표기.

20 원래 『여성계』는 희망사의 김종완을 발행인으로 하여 출발했으나, 임영신에게 소유권이 넘어간다. 이 과정에 대해서는 아직 구체적으로 밝혀진 바가 없다. 희망사의 대표 김종완은 전쟁기의 참상 속에서 국민들을 위한 문화 사업을 실시하겠다는 일념으로 출판 사업에 뛰어들었다고 말하며 『희망』(1951)과 『여성계』, 『문화세계』(1954) 등의 잡지를 발간했다.

21 임영신, 「연두사」, 『여성계』, 1955년 1월, 65쪽.

22 기생충형은 30세 전후의 이혼 전 여성으로, 다방을 돌아다니며 남자들로부터 재물을 취하며 기생한다고 해서 붙은 이름이다. 기생충형이 되지 못한 못생긴 여성들은 모사형이 되어 이곳저곳을 돌아다니며 싸움을 붙인다. 유한부인들은 가락지에 금팔찌를 끼고 다니며 자신들의 부를 자랑하고, 지식여성형은 여사무원들이 들고 다니는 커다란 봉투를 과시하기 위해 들고 다니고, 버스나 전차 속에서도 책을 뒤지는 허세를 부린다. 「최신형 여성백태」, 『여성계』, 1955년 1월, 36~45쪽.

23 비슷한 종류의 기획인 『한국일보』의 "광복 10년 풍물수첩 특집"(1955. 11. 29~12. 7) 역시 남녀평등의 진전(여성의 계), 요정과 다방의 증가일로 현상 등 젠더화된 자유민주주의의 오인과 남용을 1950년대의 특징으로 꼽는다.

24 「해방 십년의 특산물(9) 댄스」, 『동아일보』, 1955. 8. 24.

25 오제도,『공산주의 ABC』, 남광문화사, 1952, 102~108쪽.

26 레나타 살레츨,『불안』, 박광호 옮김, 후마니타스, 2015, 24~25쪽.

27 오제도,『사상검사의 수기』, 창신문화사, 1967, 9~23쪽.

28 오제도,「가장한 애정」,『붉은 군상』, 남광문화사, 1951, 40~46쪽.

29 Étienne Balibar, "Is there a Neo-Racism?", *Race, Nation, Class*, Verso, 1991, pp.17~28.

30 마루카와 데쓰시,『냉전문화론』, 130쪽.

31 테드 휴즈,「보이는 국가들과 보이지 않는 국가들」,『냉전시대 한국의 문학과 영화』, 나병철 옮김, 소명출판, 2013.

32 윤명숙,『조선인 군 '위안부'와 일본군 위안소 제도』, 최민순 옮김, 이학사, 2015.

33 소설은 애인의 변심으로 좌절한 하루미가 반발심으로 전선에 나가면서 시작한다. 하루미는 전선의 파괴력에 감응하며 육체의 쾌락을 마음껏 이용하리라 생각한다. 그는 위안소에서의 힘든 '노동'에서 쾌락을 느낀다. 이처럼 소설은 하루미를 일본 남성에 대한 복수심으로 자신의 섹슈얼리티를 방기하는 여성으로 상정한다. 그가 정결한 군인 정신을 가지고 군대에 복종하던 미카미를 유혹하여 '타락'시키는 것도 그 때문이다. 부관에게 충성을 다하는 일본인 미카미와 몰래 만남을 계속함으로써, 불복종시킨다는 쾌락을 느낀 것이다. 그러나 그 쾌락은 이내 사랑으로 바뀐다. 하루미는 가장 정결한 일본인인 미카미를 사랑하고, 그와 함께 자살을 선택한다. 소설은 천황에 대한 맹목적 복종을 반복하는 일본인을 비판하는 듯하지만, 자신의 정직함을 지키기 위해 자살을 선택하는 남성 주체를 이상화함으로써 진정한 일본인다움을 성취한다. 田村泰次郎,『田村泰次郎選集』2, 秦昌弘·尾西康充 編, 日本圖書センター, 2005, pp.172~212.

34 최은주,「전후 일본의 조선인 '위안부' 표상, 그 변용과 굴절」,『페미니즘 연구』14(2), 2014, 3~28쪽. 이때 하루미 역을 맡은 것은

만영의 스타였던 이샹란, 야마구치 요시코이다. 중국계인 이샹란의
존재는 영화 속 소거된 조선을 대신해 이민족과의 연애라는
감각을 유지시키는 역할을 한다. 최은주는 「춘부전」과 같이 조선인
'위안부'와의 연애를 다룬 영화들이 1960년대까지 빈번하게
제작되었음을 지적한다. 이러한 서사는 패배한 일본인들에게 전쟁
책임을 낭만화할 수 있게 해주었을 것이다.

35 John Dower, *Ways of forgetting, ways of remembering*, New Press, 2012, pp.105~135.

36 이러한 냉전 질서는 아직까지도 현존한다. 지금도 미국은
    오키나와를 중심으로 공군, 해군 기지를 확장하고 있으며, 이를 통해
    아시아 전역의 영공을 통제할 수 있는 군사력을 보유하게 된다.
    제주도의 강정 기지 역시 아시아 전역의 미군 배치도와 관련이 있다.

37 대표적으로 「통화 수축에 더 노력하라」(『동아일보』, 1951. 4. 15)와
    「60%가 보균자, 위안부 검진 결과」(『경향신문』, 1952. 5. 29) 등을
    꼽을 수 있다.

38 『야담과 실화』는 1959년 신년호의 광고에서 "서울처녀 60%는 이미
    상실? 경이! 한국판 킨제이 여성보고서가 말하는 것은 무엇인가"라는
    문구를 사용하여 공보실로부터 폐간 처분을 받는다.

39 「괴뢰군 남침기도」, 『동아일보』, 1950. 5. 27. 북한의 900만 동포는
    괴뢰집단 김일성 도당의 억압 밑에서 살고 있고, 부녀자들을 간호부
    심지어는 그들의 '위안부'로 소집한다며 북한군의 잔인함을 강조하는
    데 사용된다. 하지만 한국전쟁 당시 한국군도 군 '위안부' 제도를
    적극적으로 활용했으며, 일본군 장교 출신인 한국군 지도부의
    체험이 그 바탕이 되었다.

40 강정숙, 「일본군 '위안부'제의 식민성 연구: 조선인 '위안부'를
    중심으로」, 성균관대학교 박사학위논문, 2010, 226~281쪽. 강정숙은
    '위안부' 여성들이 아시아 전역에서 귀환하는 과정을 추적했다.

41 윤정옥·김수진, 「얘들, 어떻게 됐나? 내 나이 스물, 딱 고 나이라고:

정신대 문제대책협의회 전前 공동대표 윤정옥」,『여성과 사회』13, 2001, 104~137쪽.

42 센다 가코, 「조선여자정신대의 전모」, 오애영 옮김, 『대화』, 1977년 9월, 174~195쪽.

센다의 이 책은 심층면접으로 '위안부' 문제를 기록하고 있다. 1938년 상해 전선에 처음으로 배치된 일본군 '위안부'는 약 10만 명이 넘을 것으로 추정되며, 초기에는 면장이나 경찰을 동원하여 거짓말로 취업을 알선했지만, 이후에는 강제동원 방식으로 시행되었다고 지적한다. 윤정옥은 인터뷰에서 센다의 이 책을 통해 단서를 얻고 일본군 '위안부' 문제를 해결하기 위해 적극적으로 나섰다고 이야기한다. 오키나와의 배봉기를 만난 것을 시작으로, 아시아 전 지역을 돌며 일본군 '위안부'들에 관한 기록을 이어나가게 된다.

43 1980년대에도 간간히 일본군 '위안부'에 대한 재현이 존재했다. 정현웅의 『잃어버린 강』, 허문순의 『분노의 벽』, 백우암의 『여자정신대』 등 일본군 '위안부'에 대한 장편소설이다. 그러나 이 소설들은 '위안부' 소재를 선정적으로 사용하는 데 그침으로써 한계를 드러낸다.

44 박종화, 「해방 후의 한국여성」, 『여원』, 1959. 8.

45 아쉬스 난디, 『친밀한 적』, 이옥순 옮김, 신구문화사, 1993.

46 정희진, 「편재遍在하는 남성성, 편재偏在하는 남성성」, 『남성성과 젠더』, 자음과모음, 2011, 15~33쪽.

8장

성별이분법의 틈새들

병역법과 젠더의 위계

국민개병제 도입과 병역 기피

제1공화국은 국군조직법(법률 제9호, 1948. 11. 30)과 국방부직제령(대통령령 제37호, 1948. 12. 7) 등 국방 관계 법령을 제정해 지원병 제도를 채택했다. 그러나 지원병 제도는 이내 반공 이데올로기를 중심으로 한 치안 강화와 전쟁 준비 등을 이유로 1949년 8월 6일 국민개병주의에 입각한 의무병제로 전환된다. 1950년대는 병역법(법률 제41호, 1949. 8. 6)이 시행·확산된 시대이기도 하다. 총칙 1조 "대한민국 국민 된 남자는 본법의 정하는 바에 의하여 병역에 복무하는 의무를 진다"에 따라 병역법은 남성 일반을 관리했고, 대한민국 남성들은 군인이 될 몸으로 호명당했다. 그러나 개병제를 채택한 후에도 미군정의 경비대 정원 통제와 재정 능력 부족으로 개병제의 본격 시행을 보류하던 남한은 한국전쟁이 발발하자 강제 징집(1950. 8. 22)에 착수했다.[1] 그 결과 남한 군대는 10만에서 65만으로 확대되었으며, 징집을 위한 남성 대중 동원은 국방의 중요한 과제가 되었다.

태평양전쟁에 이어 한국전쟁을 경험한 남성 청년들은 계속되는 징집을 피하기 위해 호적을 위조해 나이를 속이거나 다른 사람의 제대증, 신분증 등을 가지고 다녔다. 대학 진학생 60퍼센트가 군대 기피자라든가, 미군의 일을 도와주면 군대에 가지 않아도 된다는 소문이 사람들의 입을 타고 언론에까지 전해진 것으로 볼 때, 군대를 피하는 것이 1950년대 남성 청년들의 주요 관심사였음을 알 수 있다. 결국 국민개병제는 대한민국을 하나의 공동체로 상상하게 해주는 토대인 동시에 대한민국이 구멍 난 공동체임을 보여주는 표상이기도 했다. 1950년대 청년들은 군대를 가지 않기 위해 온갖 수단을 동원한다.

1955년 『서울신문』에 연재된 염상섭의 소설 『젊은 세대』는 다음과 같이 대학생 남성 청년들을 중심으로 병역 기피 문제를 이야기하는 대목을 삽입한다.

"아니 실례지만 이 형은 이중호적은 아니시겠지?"
하고 정진이가 허허거리니까

"그 어떻게 길이 있으면 나두 한 다리 꼈으면 하지만 그나마 길이 있어야죠."

하며 상근이도 껄껄 웃는다. 상근이는 내년 봄에 학교를 나오면 자기 아버지 회사에 취직하기로 결정되어 있었다.

"가호적 신청은 여기서 언제든지 받아들이니 염려 마세요."

원룡이가 옆의 수득이를 돌아다보며 불쑥 이런 소리를 하고 웃는다.[2]

가난한 집의 장남인 수득은 가짜 호적으로 나이를 서른이 넘은 것으로 속인 상태이다. 병역을 피하기 위해서다. 친구인 원룡은 이것을 가지고 수득이 나이가 많다느니, 가호적 신청은 여기서 하라느니 하며 농담을 한다. 남성 청년들은 미국 유학이나 이중호적, 가호적 등으로 병역을 기피할 방법을 모색한다. 이 농담은 실상 청년들을 우울하게 하는 것이기도 하다. 언제 다시 전쟁이 시작될지 모르는 상황에서 이승만 체제가 대학생의 병역 유예 제도를 폐지할 움직임을 서두르고 나서면서 국민개병제가 강화되는 흐름을 읽을 수 있다. 이승만 대통령은 "국민이나 당사자들은 병역에 불공평함이 없이 사私를 버리고 개병주의의 원칙을 실현하기에 노력하여야 할 것이라"고 종용하는 한편 "대학 기피자는 이를 철저히 단속하고 엄히 취급하여야 할 것이라"고 지적했다.[3] 그러나 이러한 '협박'은 청년들에게 통하지 않았다. 이들은 상근과 원룡처럼 어떻게 하면 군대를 피할 수 있을지 고민할 따름이다. 이에 국가는 군인을 중심으로 남성들을 위계화하고 남성 대중을 동원하기 위한 '진짜 사나이' 담론을 만든다.[4]

> 제일 영광스러운 죽음은 나라에 일이 있을 때에 군인이 되어 전쟁에 나아가 순국하는 죽음일 것이다. …… 다음으로 가장 영광스러운 사람은 비록 그 몸이 죽기까지는 이르지 못했으나 죽을 자리에서 …… 겨우 생명을 보존한 상이군인들이니 그들은 우리나라 사람들 중에서 제일 영광스러운 생명을 가진 사람들이다.[5]

대통령 이승만은 전쟁에서 사망한 군인과 상이용사를 가장 영광스러운 생명으로 칭송했다. 하지만 이 위계화를 따를수록 남성은 죽거나 장애를 입고, 남성성을 훼손당한다는 모순이 생겨난다. 정전 협정 이후에도 북진통일을 강조하는 국가의 목소리는 계속되었고, 곧 전쟁이 발발한다는 두려움이 존재했다. 따라서 청년들에게는 병역을 피하는 것이 가장 중요한 일이 되었다. 이러한 사회 분위기는 병역법 강화를 골조로 한 1957년 법 개정을 초래한다.

남성성의 각본들

'잠재적 범죄자'가 된 청년들

제2차 전부개정 병역법(법률 제444호, 1957. 8. 15)은 병역 복무 대상을 확대하고 처벌을 강화한다. 우선 눈에 띄는 변화는 총칙 1조, 2조, 6조에서 드러난다. "제1조 본법은 헌법 제30조의 규정에 의하여 국민개병제도를 실시하여 국방태세를 확립함을 목적으로 한다"거나 "제2조 대한민국의 국민 된 남자는 본법의 정하는 바에 의하여 병역에 복무할 의무를 지며 여자는 지원에 의하여 병역에 복무할 수 있다"와 같이 남성의 병역 의무와 여성의 지원 가능성을 한 항목 안에 기술함으로써 남성과 여성 모두 병역 대상이 될 수 있다고 강조했다. 또한 1949년의 제정 병역법(법률 제41호)과 일부개정 병역법(법률 제203호, 1951. 5. 25)에서는 "제6조 6년 이상의 징역 또는 금고에 처형된 자는 병역에 복할 수 없다"던 내용이 1957년 전면개정에서는 "제5조 6년 이상의 징역 또는 금고의 형을 받은 자는 병역에 복무할 수 없다. 단, 6년 이상의 형을 받은 자라도 그 형을 마친 후 5년을 경과한 자는 병역에 복무하여야 한다"는 내용으로 바뀌었다. 과거에는 병역 대상자가 아니던 범법자일지라도 일정 시간이 지나면 병역 의무를 부여받았다. 이러한 총칙 변화를 통해 징집 대상이 점차 확대되고 있음을 파악할 수 있다.

징소집기피 혹은 이를 방조한 자에 대한 처벌 역시 강화된다. 그 한 가지 예로 병역법(법률 제444호, 1957. 8. 15) 제9장에 명시된 벌칙이 대폭 강화된다. 모든 벌칙의 형량이 엄중해졌을 뿐 아니라, 새로이 신설된 항목도 있다. "(의무불이행자 사용금지위반) 제94조의 규정에 위반하여 징병 검사, 입영 또는 응소의 의무를 정당한 사유 없이 이행하지 아니하는 자를 그 사정을 알면서 사용한 자는 6월 이하의 징역 또는 5만원 이상 100만 원 이하의 벌금에 처한다"고 명시한 제102조, "(검열점호불참자) 정당한 사유 없이 제66조(검열점호 ① 예비역의 장교, 준사관, 하사관 또는 병과 보충역의 하사관 또는 병 및 귀휴병으로서 소집 중에 있지 아니한 자에 대하여는 교도, 사열, 점검을 위하여 연1회 집합하게 할 수 있으며 그 일수는 3일 내로 한다. 단, 장관급장교는 열외로 한다. ② 근무 또는 연습소집 및 교육소집을 받은 자에 대하여는 그 해의 점호를 면제한다)의 규정에 의한 점호를 받지 아니한 자는 1000원 이하의 벌금 또는 구류에 처한다"고 명시한 제106조 등이 그것이다.

병역기피자의 고용주에게도 6개월 이하의 징역 또는 5만 원 이상 100만 원 이하의 벌금을 부과하고, 징소집기피 관련자에게는 8년 이하의 자격 정지 처분을 내리는 등 병역기피를 돕는 사람에 대한 처벌도 세분화되고 강화되었다. 또한 정당한 사유 없이 징병 검사를 받지 않은 사람에게는 6개월 이하의 징역을, 소집에 응하지 않은 자에게는 3년 이하의 징역을 구형할 수 있게 되었다. 1957년 병역법에서 벌칙 항목 강화는 병역법 위반 사례가 얼마나 많았는지를 방증한다. 당시 호적을 허위로 기재하는 수법으로 병역을 기피한 자가 하루 만에 100명에 달할 정도였고, 1957년 병역법 개정 이후 3년간 경북 지구에서만 병역기피자 5600여 명이 적발됐다.[6] 징소집기피를 도운 자에 관한 처벌을 강화하고 징병 검사 기피자에게 징역형으로 형벌 수위를 높인 것은 개병제를 강력하게 실시하겠다는 의지의 발현이다.

흥미로운 것은 1950년대 병역법이 사회를 통제하는 도구로도 사용되었다는 점이다. 불심검문이나 징병검사 강화와 같은 병역법 단속 항목은 정치 문제를 포함한 여타 이슈에도 적용되었으며, 개인의 사생활에 대한 밀접한 감시를 정당화했다. 보안법 위반 투쟁을 전개하던 민주당 인사들을 병역법 위반으로 검거하는 사례는 물론,[7] 자유당의 선거 당선을 위해 "경찰관이 선거운동을 하다가 증거가 잡히면 곤란하니 민간인과 1 대 1로 하되 '병역법 위반' '밀주' '도벌' '도박' 등 사소한 것이라도 입건 구속하겠다고 위협을 하라"는 구체적 지시가 서장으로부터 내려왔다는 고백도 있었다.[8] 국가가 병역법 강화를 천명했음에도 병역법은 "사소한 것"으로 여겨지고 있었으며, 이 사소한 법 위반은 선거에 적극적으로 활용되었다. 실제 집행 과정에서 병역법은 '사소한 것'이어서 어디에든 활용될 수 있고, '국가를 방위한다'는 본래 목적에서 멀어져 다른 의도로 활용되었다. "병역 위반 사실의 증거를 완전히 얻지 못하면서도 위반자로 규정해 경찰에 연행하는 사실이 허다"[9]할 만큼 병역법은 국민 일반을 통제하는 용도로 사용되었다.

광범위한 병역법 활용은 섹슈얼리티 통제로 이어졌다. 1950년대 공론장은 '양공주'나 사창의 범람 등을 지적하면서 섹슈얼리티를 단속해야 한다고 강조했다. 그러나 섹슈얼리티란 법적 처벌을 내리기 쉽지 않은 영역이었다. 이때 통일교 교주 문선명, 신앙촌의 박태선과 그 신도들에게 병역법이 적용되었다. 문선명이 여신도들의 '정조'를 유린했다는 증언이 있었으나 직접적인 고발이나 구형의 근거가 되지 못한 상황에서 병역법은 이를 대신해 문선명에게 죄목을 부여할 수 있도록 해주었다.[10] 사설 경비대까지 상주하는 '치외법권' 상황에서 박태선과 신도들에 대한 직접 고발을 가능케 한 것도 병역기피와 간첩 출몰에 대한 신고였다.[11] 이처럼 병역법과 국가보안법은 통일교나 신앙촌을 단속할 수 있는 계기를 마련해주었다.

이러한 분위기 속에서 외견상 눈에 띌 수밖에 없는 여장남자들 역시 병역법 위반 혐의를 받았다. 카페나 다방에서 여급으로 일하던 여장남자들은 불심검문을 받거나 손님들에게 고발당해 병역법 위반으로 적발되었다. 여장남자의 병역법 위반 혐의가 신문에 최초로 보도된 것은 1950년이다. 『경향신문』은 1950년 2월 7일과 8일 이틀에 걸쳐 「여장남자 조 군의 전일담 1·2」을 보도한다. 이 사건의 주인공 조영희는 아픈 부모를 대신해 장남인 자신이 신문 배달, 참기름 장사 등을 하며 생계를 책임지려고 했지만, 감당할 수 없어 여장을 하고 접대부로 일했다고 고백한다. 이 시기 적발된 여장남자들에게는 가난과 생계 문제가 따라붙곤 했다. 기자는 동정 어린 시선으로 조영희 군의 사건을 보도하면서도 "그의 교태에는 기자의 마음도 의심할 정도의 음성이며 태도이며 표정 등이었다"는 등 여장남자의 여성성을 관음증적으로 묘사한다. 여장남자와 관련된 기사에서 이런 시선은 반드시 등장한다. 여장을 한 사진이나 삽화뿐만 아니라 그/녀가 얼마나 여자다운지를 증명하기 위한 외모나 태도 묘사가 필수로 포함된다. 여장남자의 사연은 선정적 호기심 대상으로 지면에 오르내린다. 게다가 조영희는 경찰서에서 빨갱이라는 혐의까지 받는다. 국민의 '선량한 풍속'을 해하는 자는 모두 공산주의자로 뭉뚱그려졌다.

이처럼 여장남자의 병역법 위반은 1950년대 후반까지 이어졌다. 1957년 10월 9일 『동아일보』는 키가 5척가량 되는 큰 여자가 불심검문 결과 남자로 판명되어 병역법 위반 및 경비법 위반 등의 혐의로 구속되었다는 소식을 보도한다. 기사에 따르면, 그는 20세 때부터 여장을 해 왔고, 식모살이를 하던 중이었으며 이웃집 노파가 그를 수양딸로 삼고 있었다.[12] 이는 여장남자가 타인과 가족관계를 형성할 수 있을 정도로 여성으로 인정받았음을 보여준다. 1959년 8월 13일에도 김선희로 칭하며 접대부 노릇을 하던 23세의 청년이 병역법 위반으로 구속되었다는 보도가 신문에 실린다. 그는 어릴 때부터 신체 발육이 보통 남자와 달라 약간 "불구자 같은 인상"을 주었다고 묘사된다.[13] 여성으로 패싱이 가능한 남성은 '보통 남자와 다른' "불구자"로 여겨졌는데, 이는 남성성을 '정상성'의 기준으로 사유하는 방식에 다름 아니다. 이처럼 병역법은 형법으로 처벌할 방법이 없던 여장남자들을 규제할 수 있는 도구가 되었다. 반공 이데올로기를 중심으로 형성된 치안국가 남한의 통치성이 개인의 일상을 통제하고 그 결과 퀴어 인구가 우선적 단속 대상이 된 것이다. 이는 수상한 사람을 보면 신고하고 상시 검문을 할 수 있었던 당대 분위기 때문에 가능한 일이기도 했다.

1950년대 병역법은 남성 '일반'을 단속하는 데 사용되었다. 병역법은 사실상 청년을 잠재적 범죄자로 형상화했다. 좌익 행위 경험자나 친일파가 아니더라도 공민증이나 제

대중이 없는 청년은 언제든 기피자라는 혐의를 받을 수 있었다. 배급과 선거를 위해 필요하다던 신분증은 중요한 국민 통제 수단으로 변모했다. 남성 청년들은 공민증, 양민증, 군 발행 특별 통행증, 도민증, 학생증 등을 소지해야만 외출이 가능했다. 경찰은 '비상사태'에 대비해 치안을 확보한다는 목적으로 불심검문을 할 수 있었고, 야간 통행금지를 통해 개인의 생활반경을 통제했다. 이렇게 가시화된 퀴어뿐만 아니라 '일반' 청년들도 상시적인 감시를 받게 되었다.

경범법 제정과 사회윤리의 법제화

병역법과 더불어 퀴어 인구를 통제할 때 주로 쓰인 법률이 경범죄처벌법(이하 경범법, 법률 제316호, 1954. 4. 1)이다. 경범법은 형법에 규정된 범죄처럼 사회윤리의 근간을 위태롭게 할 정도로 중대한 반사회적 행위는 아니나 "공안 또는 사회윤리의 입장에서 단속할 필요가 있다고 생각되는 비교적 경미한 행위를 거의 포괄적으로 규정한 형사법칙"이다.[14]

미군정이 한국민을 구속하고 억압하는 일제시대의 악법은 폐지한다는 군정법령이 내린 후로 경찰범처벌 규칙도

유야무야되었는데, 그렇다고 해서 우리 국민의 도의나 공중도덕이 그런 종류의 처벌법이 필요없게끔 국정되었거나 발달하였다는 현실적 증적은 없었고 도리어 민주주의 사회에서 더욱이 지켜야 할 공중도덕이란 퇴폐할 대로 떨어지고 말았다는 사실을 솔직히 자인해야 할 것이다.[15]

경범법은 일제시대의 잔존물인 경찰범 처벌 규칙을 폐기하고, "민주주의 사회에서 지켜야 할 공중도덕"을 위해 도입되었으나 사실상 그 세부 조항은 경찰범 처벌 규칙과 거의 차이가 없었다.[16] 정의에서 확인할 수 있듯, 경범법은 전면적 국민 생활 감시와 직결된다. 특히 제45호에는 "정당한 이유 없이 경제관 또는 검제관의 지문 채취에 응하지 아니한 자"라는 항목이 포함됨으로써 불심검문을 정당화하기도 했다. 그 결과 경범죄가 도입된 지 40일 만에 4000여 건이 적발되기에 이르렀으며,[17] 1956년에는 지방선거에 악용한다는 말이 나오기도 했다.[18] 그만큼 경범법 적용 범위와 대상은 자의적으로 해석될 가능성이 다분했다.

경범법은 공안과 사회윤리를 위한다는 명목으로 정당화된다. 이는 '불화'의 요소를 배제하는 것으로 이어지고, 이로 인해 '불화'에 대한 불안, 혐오 등의 감정 판단이 법 제정과 집행에 개입할 여지가 생긴다. 성적 자유와 법의 관계를 논의한 마사 누스바움은 자유민주주의 사회가 혐오감, 불안 등의 강한 감정을 법의 원천으로 삼는다고 지적하며, 다수의 사람들이 불쾌감이나 도덕적 이유가 있는 혐오감을 느낀다는 이유로 개인의 자유를 억제할 수 있다고 판단하는 경우들에 대해 이야기한다. 누스바움은 성행위에 대한 법적 통제가 "어떤 사회에서 살고 싶은가?"라는 근본적인 질문을 제기한다면서, 대중적 합의에 따라 개인의 사적 영역을 단속할 수 있게 되었다는 점에 주목한다.[19] 이는 풍기단속과 직접 연결된다. 누스바움이 예로 든 미국의 '소도미법Sodomy Law'은 초기에는 재생산과 직결되지 않는 성행위를 불법화하는 데 초점을 맞췄으나, 이후에는 (특히 남성 간의) 동성애를 단속하는 데 중심을 두었다. 동성애의 성적 자유를 억압해야 한다는 감정 판단이 개입했기 때문이다. 소도미법 사례는 법이 도덕주의와 결합하여 섹슈얼리티를 통제할 수 있다는 것을 보여준다. 한국의 경범법 역시 이와 유사하게 기능한다.

경범법에 풍기단속이 명시된 것은 2차 개정(경범법 일부개정, 법률 제2504호, 1973. 2. 8)이다. "44. 공중의 눈에 뜨이는 장소에서 신체를 과도하게 노출하거나 안까지 투시되는 옷을 착용하거나 또는 치부를 노출하여 타인에게 혐오감을 주게 한 자" "49. 성별을 알아볼 수 없을 정도의 장발을 한 남자, 또는 미풍양속을 해하는 저속한 옷차림을 하거나 장식물을 달고 다니는 자" "50. 은밀한 장소에서 일정한 대가를 받고 타인에게 무도 교습행위를 한 자 또는 그 장소를 제공한 자" 등 '퇴폐 풍조'에 대한 항목이 추가되었다. 이때 판단 기준은 "타인에게 혐오감을 주는 자"다. 그러나 풍기문란을 명시하지 않은 1954년 법 아래에서도 개인의 섹슈얼리티에 대한 단속은 이루어졌다. 예를 들어, 남편이 있는 여자와 여관에 투숙하거나, 낮에 자기 집에서 음란한 행위를 하는 경우 경범법(법률 제316호) 제40조 "적, 주소, 성명, 연령, 직업 등을 사칭하고 투숙 또는 승선한 자"가 적용되어 29일가량의 구류를 구형받았다.[20] 이런 사례들을 통해 호적과 주소를 정리하고, 인구를 관리하려는 움직임이 본격화되었음을 알 수 있다. 사실상 이러한 인구 관리는 1949년 이승만 정권이 마을 단위의 보고 체계를 통해 '빨갱이'를 색출하고, 한국전쟁 때 징병제에 활용했던 방식과 일치한다. 이처럼 항목이 강화됨으로써 개인의 이주와 이동의 자유는 억압되고, 법적 혼인 이외의 관계는 처벌 대상이 된다. 법이 개인의 섹슈얼리티를 직접 관리할 수 있게 된 것이다.

4년간 여장을 하다 경범죄로 구류 처분을 받은 문금성은 "수년 동안 이 술집 저 술집에서 가진 교태를 부리며 뭇 남자를 희롱하여 오던 파마머리에 짙은 화장을 하고 양단 저고리에 비로도 치마를 감은 미모의 매소부賣笑婦"로, "단정한

250

여장을 하고 여경들의 입회하에 취조를 받았으며 수집은 듯 웅크리고 앉아 가느다란 여자의 음성을 내며 어디까지나 세련된 여자의 태도를 간직"한 것으로 그려진다. 그는 "가끔 여장을 하여 보면 여자로서의 실감이 울어나는 것 같고 잘난 남자를 보면 이상하게 그리운 생각이 들어요"라며 스스로를 '중성'으로 정의하며 여장을 계속하겠다고 말한다.[21] 그가 정의한 '중성'은 주체가 규범을 탈구축하는 과정에서 만들어낸 젠더다. 여장에 대한 규제가 남성과 여성의 경계를 강화하고 규범을 생산한다면, 개인은 그 규제를 무너뜨리는 새로운 규범을 만들어낼 수도 있다. 특히 여성으로 패싱하는 것이 어렵지 않은 소년의 경우, 남성과 여성 사이의 생물학적 연결고리를 변용해 헤게모니적 남성성을 교란하고, 다양한 남성성/들의 차이를 보여줄 수 있었다.

젠더를 넘나들고 교란하는 존재들

두 차례에 걸친 총력전에 동원된 남성들이 건강하고 명랑한 국민이 되기 어려웠던 것과 달리, 여성들은 전쟁을 계기로 공적 영역에 활발히 진출하기 시작했다. 해방 이후 여성들의 정치 참여와 남녀동권이 법적 토대를 갖게 되었고, 여성 정치인들도 등장했다. 이승만 체제는 정권 초기 여성들의 활약을 인정하여 공직에 다수의 여성들을 임명했다. 임영신은 직접 대한여자국민당을 결성해 부통령 후보로 나설 만큼 정치에 적극적으로 참여했고, 모윤숙은 이승만 체제하에서 외교사절로 일했다. 한국 최초의 여자 법관인 이태영은 '영감'의 칭호를 획득하기도 했다.[22] 이처럼 여성들은 결혼, 가족, 섹슈얼리티와 관련된 의제를 통해서 남성들이 사사화하던 공적 영역에 직접 도전했고, 사적 영역으로 비가시화되던 영역을 공적 영역으로 불러냈다.[23] 또한 1958년 2월 공표된 신민법은 결혼과 이혼을 종전보다 자유롭게 만들었으며, 여성이 자기 명의의 재산을 가질 수 있도록 했다. 여성들의 법적 지위는 향상되었고, 여성들은 정치와 외교, 경제 등의 영역에 진출했다. '전쟁미망인'을 필두로 한 여성들 다수는 생활전선에 뛰어들어 품팔이 농업노동자가 되거나 시장에서 음식 장사를 했다. 동대문시장과 남대문시장에서 콩나물, 양담배, 달러, 옷감, 옷 등을 판매하는 이들도 있었다.[24] 공론장에는 여성 직업인의 목소리가 등장하고,[25] 여성 군인에 관한 영화가 제작되기도 한다.[26] 이처럼 1950년대는 엄격한 성별이분법의 틈새로 다양한 가능성이 존재하는 공간이기도 했다.

이를 가장 잘 보여주는 것이 다양한 방식으로 수행되는 젠더 교란이다. 여장남자는 생존을 위해서 여성으로 가장하

남성성의 각본들

여 레지나 여급을 하다 적발되곤 하지만,[27] 자신의 의지대로 젠더를 선택하여 수행한다. 이들은 자연적인 것으로 연결되어 있는 몸과 젠더 사이의 고리를 언제든지 탈구축할 수 있다는 것을 몸소 보여준다. 남자와 여자를 오가며 직업을 구하는 소년은 젠더를 바꾸는 행위(트랜스젠더)가 몸과 정신의 불일치에서 생겨나는 고통이나 정신과적 질환이 아니라 개인의 선택과 수행에 따른 것임을 보여준다.[28] 이로써 젠더규범의 토대에 자리 잡고 있는 몸과 정신, 여성과 남성의 이분법은 해체된다.

주

1 나태종, 「한국의 병역제도 발전과정 연구」, 『군사』 84, 2012, 297~322쪽.

2 염상섭, 『젊은 세대』, 민음사, 1987, 218쪽.

3 이승만 대통령은 "국민이나 당사자들은 병역에 불공평함이 없이 사를 버리고 개병주의의 원칙을 실현하기에 노력하여야 할 것이라"고 종용하는 한편, "대학 기피자는 이를 철저히 단속하고 엄히 취급하여야 할 것이라"고 지적했다. 당시 이승만 체제가 국가의 이익을 위해 남성 전원을 군인으로 호명하며, 그에 따르지 않는 자는 이기주의자로 치부했음을 알 수 있다. 「개병주의를 강조」, 『동아일보』, 1956. 3. 22.

4 문승숙, 『군사주의에 갇힌 근대』, 이현정 옮김, 또하나의문화, 2007, 71~102쪽.

5 이승만, 「상이군인 제대식에 보내는 치사」, 『대통령 이승만 박사 담화집』, 공보처, 1953, 169쪽.

6 경북 지구 병사구 사령부에서 약 2년간(1958년 1월부터 1960년 3월까지) 도내 병역기피자 5651명을 집단 고발했다. 「병역기피한 자 5600명」, 『동아일보』, 1960. 4. 2.

7 민주당 간부인 민의원 의원 이만우 씨 장남 이상만 씨가 병역법 위반으로 구속되었다. 대학 재학 중 소집을 받고 훈련소에 갔다 신체 이상으로 귀향 조치를 받았으며, 그 후 위암을 앓은 환자를 신체검사 미필을 이유로 긴급구속 조치했다. 「보안법 반대투쟁에 보복?」, 『경향신문』, 1958. 12. 29.

8 4월 14일까지 현직 경찰관으로 재직하던 지서 주임 및 사찰계 형사가 재직 당시의 선거 간섭 공작을 폭로하였다. 「경찰의 선거간섭공작을 폭로」, 『동아일보』, 1958. 4. 26.

9 이성재는 박인수와 문선명을 나란히 비교하면서, "국민 사기를

순자르는 결과"를 가져온다고 비판한다. 이후 문선명은 병역법 위반으로 고발되었으나, 나이를 고친 것은 사실이지만 병역을 기피할 목적은 아니었다고 판단되어 무죄로 풀려났다. 「기피자 단속 신중히 하라」, 『경향신문』, 1958. 1. 19.

10 이성재, 「박인수 문선명 사건에 나타난 사회상」, 『경향신문』, 1955. 7. 11.

11 「무법천지의 박태선 신앙촌」, 『경향신문』, 1958. 9. 10.

12 「20세 때부터 여장한 남자 '파마'에 연지칠」, 『동아일보』, 1957. 10. 9.

13 「여장남자가 접대부 노릇 기피자로서 구속」, 『동아일보』, 1959. 8. 13.

14 박정근, 「경범죄처벌법해설」, 『법정논총』 15, 1962, 35~56쪽.

15 「경범법 실시에 제하여」, 『경향신문』, 1954. 4. 22.

16 이선엽, 「경범죄처벌법의 역사적 변천」, 『한국행정사학지』 25, 2009, 1~19쪽.

17 「쏟아지는 경범죄」, 『경향신문』, 1954. 6. 5.

18 민주당 인사나 운동원들에게 경범법 위반으로 구류 처벌을 내리는 경우가 잦아졌다는 고발에 결국 선거 기간 중 경범죄 처벌을 금지하는 선거법 초안이 작성되기도 했다. 「20일 동안에 3500건」, 『동아일보』, 1956. 7. 27; 「선거기간 중 경범처벌을 금지」, 『경향신문』, 1957. 5. 8.

19 마사 누스바움, 『혐오에서 인류애로』, 강동혁 옮김, 뿌리와이파리, 2015, 100~114쪽.

20 「탕아들」, 『경향신문』, 1954. 5. 31.

21 「화제의 여장한 남자」, 『동아일보』, 1956. 11. 10; 「경범법 위반 혐의로 유치장 구류 중」, 『동아일보』, 1957. 10. 15.

22 이태영, 「(기획: 남자 틈에 낀 여성의 변) 나도 어엿한 영감」, 『희망』, 1954년 3월, 112~113쪽. 이태영은 가정주부가 어린 남자들이 가득한 법대에 다녔던 일, 여자 법관의 칭호를 둘러싼 해프닝 등을 거쳐 '영감'의 지위를 획득한다.

23 김은실·김현영, 「1950년대 1공화국 국가 건설기 공적 영역의 형성과 젠더정치」, 『여성학논집』 29(1), 2012, 113~155쪽.

24 이임하, 『전쟁미망인, 한국현대사의 침묵을 깨다』, 책과함께, 2010.

25 『희망』 창간호 직업인의 고백에서는 여성 직업인의 목소리에 주목한다. 여사무원, 다방 레지, 여급 등의 직업인들이 저마다의 고충을 토로하는 것이다. 사무원인 전은기는 일선에서 중공오랑캐와 싸우고 있는 남편이 돌아올 때까지 무슨 고통이 있든 달게 받겠다고 다짐하고, 여급 윤옥은 "집으로 돌아오면 어진 어머니가 되고 어진 안해가 되어야 하는 비통한 환경"을 지적한다. 「직업인의 고백」, 『희망』, 1951년 7월, 44~50쪽.

26 신세기영화사가 제작한 키노드라마 〈낭자군〉(1951)은 한 시간의 영화와 한 시간 반의 무대가 결부되어 막간 없이 흐르는 새로운 형식을 선보였다. 국방부 정훈국선무공작대 소속 이정임 대위와 박경숙 상사가 포위당한 중대 본부를 구출하는 내용으로, 여성 군인의 용맹함과 희생 정신을 강조한다. 「지상 스크린 〈낭자군〉」, 『희망』, 1951년 7월, 54~55쪽.

27 「경범법 위반 혐의로 유치장 구류 중」, 『동아일보』; 「10년간 여장을 하고 여자 노릇을 하다 무당집에 들어가 무당 옷을 훔친 여장남성을 구속」, 『동아일보』, 1958. 10. 2; 「땐서 노릇하다 절도까지」, 『동아일보』, 1957. 12. 18. 등.

28 "18세의 김상용 군은 13세 때 김천의 악단에서 여자 역할을 한 것을 계기로 여장을 시작, 대구 사랑 다방을 비롯한 여러 다방에서 레지 노릇을 하다 모 잡지에 폭로되어서 서울에 피신, 다시 남자로 되돌아갈 것을 결심하고 취직을 부탁한다며 경찰서에 찾아왔다." 「여장으로 5년간 레지 노릇한 소년 취직시켜달라고 경찰에」, 『동아일보』, 1957. 12. 22.

9장

「남자 없는 사회」의 남성들

모험을 허락하지 않는 모험 서사

초남성적 사회의 대중서사

한국문학사에서 1960년대는 "맹목적 반공 이데올로기와 소박한 휴머니즘에 폐쇄된 전후 소설"[1]을 넘어서기 위한 가능성을 보여준 시기로 명명된다. "저 빛나는 사월이 가져온 새 공화국에 사는 작가의 보람을 느낍니다"[2]라는 최인훈의 고백은 과장이 아니었던 셈이다. 그만큼 1960년대 한국소설은 전쟁을 극복하는 도약의 시기였다. 임헌영은 4·19의 문학사적 의미를 ① 매체 종류의 상승과 독자의 증가 현상, ② 사조·유파의 새로운 형성과 세대 교체, ③ 민중적 문학의 대두와 비평문학의 성행 세 가지로 정리한다.[3] 4·19 이후 1400여 종의 잡지가 발행되었으며, 이어령, 유종호 등의 신진 비평가와 백낙청, 염무웅, 김현, 김주연, 김치수 등의 새로운 세대가 문단에서 왕성한 활동을 벌이기 시작한다. 또한 비평문학을 통한 혁명 정신의 실현을 논하는 담론이 활발해졌다. 이처럼 1960년대 문학은 한국문학의 분기점이라고 할 만하다. 그러나 아이러니하게도 경제 발전과 산업화, 반공 이데올로기를 중심으로 형성된 박정희 체제의 통치성은 문화의 자율성과 지식인의 담론에 물리적 억압을 가하기 시작했다. 이때 문단은 주로 비판적 지성의 역할을 맡는다. 근대화와 산업화를 선도하는 박정희 체제가 직조한 통치성하에서 한국문학은 자신의 내면성을 획득했다. 1960년대가 한국문학사에서 하나의 분기점으로 존재하는 것은 이 때문이다.

　　비평 담론의 확장과 더불어 정전화된 한국문학은 성별 없는 '보편'을 상정하며 자연스레 젠더 무감적인 것으로 여겨졌다. 남성 지식인, 노동자, 농민의 세계는 리얼리즘 문학으로 거듭났고, 여공과 호스티스의 세계는 대중문학으로 여겨졌다. 1960년대 리얼리즘 문학이 획득한 내면은 '누이'(여공, 호스티스)들에 대한 타자화의 산물이었던 셈이다. 이렇듯 성별화된 구도는 초남성적 사회가 만들어낸 소외 현상이기도 했다. 베트남전쟁과 군사주의 문화로 대표 재현되는 1960년대는 반식민, 근대화, 경제성장 등 박정희 체제의 초남성적 헤게모니로 설명된다. 근대화와 반공을 중심으로 한 사회체제의 개편은 박정희라는 절대적 가부장을 중심으로 남성성을 위계화한다. 박정희 체제는 전쟁과 원조경제라는 무력한 상태에 놓여 있던 남성 주체들을 진취적인 행위 주체이자 민족의 영웅으로 소환했다. 유교적 전통에서 남성다움으로 간주되는 도덕성, 체면, 엄격함, 책임감과 같은 관념들은 근대화 프로젝트와 결합해 한국의 권위주의적 국가 체계를 성공시키는 데 기여했다.[4] 그러나 헤게모니적 남성성을 중심으로 한 초남성성이라는 '지배적 허구'는 다른 한편으로 종속적 남성성, 주변적 남성성들 또한 낳게 된다.[5] 헤게모니적 남성성에 지배당하거나 주변부로 밀려난 남성성들은 헤게모니적 남성성을 승인하지만, 초남성적 사회에서 소외된다. 이 소외를 재현한 것이 이 시기 대중서사이다.

대중서사는 지배체제의 통치성과 길항하면서 생겨난다. 통치성을 재생산하면서도, 동시에 대중의 욕망을 반영하며 다양한 분열 지점을 만들어낸다. 통치성에 복종하는 동시에 저항하는 대중서사의 속성은 사회의 변화나 주체의 구성을 적절히 설명할 수 있도록 한다. 특히 1960, 1970년대는 대중매체가 제도적으로 정비를 이루고, 대중문화가 확산, 소비되는 시스템이 정착된 그야말로 '대중의 시대'이다. 그러나 여성, 청소년, 혹은 교육받지 못한 저소득층이 대중문화를 향유할 것이라는 우려와 달리, 대중문화의 실질적인 소비층은 중산층 남성으로 나타났다. 즉 지식인 남성들은 스스로의 욕망을 은폐하기 위해 대중문화를 여성화했다.[6] 1960년대 중반 박정희 체제는 대중서사와 소설 등을 강력하게 규제했다. 남정현의 『분지』나 이만희의 〈7인의 여포로〉 사태가 보여주듯, 문학/문화 텍스트를 평가하는 가장 중요한 기준은 반공 이데올로기였다.[7] 문학/문화 텍스트는 반공 이데올로기라는 기준에 의해 언제든 불온한 것으로 낙인찍힐 위험을 갖게 되었다. 이로 인해 대중서사는 통치성의 틀을 따르면서도 대중들의 감정 구조를 포착해내야 한다는 모순적 과제를 안게 되었다. 그 협상의 결과 생겨난 것이 1960년대 인기를 끌었던 영화나 소설 등의 대중서사물이다.

박정희 체제가 토대 삼는 반공 이데올로기는 초남성적 헤게모니를 중심으로 직조된다. 헤게모니적 남성성은 스테레오타입으로 작동하며 대문자 남성성을 만들어낸다.[8] 대중서사 역시 이러한 이데올로기와 길항하면서 자신의 생존을 모색한다. 반드시 헤게모니적 남성성에 순응하는 텍스트만을 생산하는 것은 아니다. 대중서사는 그 이데올로기로부터 소외되거나 벗어난 것을 재현할 때 더 큰 호응을 얻을 수 있다. 바로 이것이 남성 멜로드라마가 누리는 효과다. 이호걸은 대중영화에서 나타나는 '남성 신파'가 초남성적 시대의 주변부 남성성이 눈물을 통해 헤게모니를 승인하고 있었다고 주장한다. 1960~1970년대 한국영화에서 나타난 남성들의 눈물이 언제라도 파시즘적 동원에 응답할 준비가 되어 있는 신파적 주체성을 형성했다는 것이다.[9] 남성의 눈물은 곧 초남성적 사회의 헤게모니적 남성성을 수행할 수 없는 종속적 남성성의 비애와 조응한다.

한국 최초의 SF소설로 일컬어지는 『완전사회』가 남자 없는 세계를 상상하는 방식에도 이런 문제의식이 깃들어 있다. 문윤성의 『완전사회』는 1965년 『주간 한국』[10]의 제1회 추리소설 공모 당선작으로, '한국 최초의 장편 과학소설'로 일컬어진다.[11] 소설의 핵심은 남성 영웅의 모험이라는 냉전 시대의 추리소설적 요소에 있다. 과학소설은 여타의 장르소설과 달리 특정 플롯으로 구성되지 않고 다양한 장르의 문법들을 자유롭게 차용한다. 독자들에게 익숙한 플롯을 가져와서 과학이론의 어려움을 해소하려는 시도라 할 수 있다. 이 중 과학소설에서 적극적으로 사용되는 플롯은 '납치→추적→탈출'로 이어지는 모험소설 플롯이다.[12] 『완전사회』 역시 이러한 모험소설적 요소를 적극적으로 차용한다. 그렇게 해서 20세기의 남한 청년 우선구는 남자가 없는 미래 사회에서 영웅이 된다.

'남자 없는 세계'를 상상하는 모험 서사

소설은 뉴욕 맨해튼의 고급 호텔을 배경으로 UN 사무국 과학분과위원회 책임서기가 수면여행 보고서를 완성한 장면에서 출발한다. 전 세계의 지성인들이 참여하여 완성한 이 보고서는 한 명의 '완전 인간'을 미래로 보내는 시간여행 프로젝트다. 여기에 선발된 인물은 한국인 남성 우선구로, 과학자로서의 지성과 운동선수 못지않은 완벽한 신체, 성실한 사원이자 효자라는 도덕적 품성에 이르기까지 '완전 인간'의 조건을 갖췄다. 우선구는 UN과 전 세계 최고 과학자들의 엄격한 신체검사를 통과한 유일한 인물이고, 미래여행이 결정된 후에도 자만하지 않고 묵묵히 자신의 연구를 완수하는 성실한 인간이다. 이뿐만 아니라 자신이 절대적 약자인 상황에서도 기지를 발휘하여 위기를 돌파한다. 그는 세계에 남겨진 유일한 남성이라는 실험 대상이나 다름없는 생활에서 벗어나고자 탈출을 감행한다. 이때 도움이 되는 것이 '남성'이라는 그의 신체 능력이다. 그는 여성인 경비원을 손쉽게 제압하고 책에서 읽은 것을 토대로 한 번도 사용해보지 않은 1인 비행물체를 조정하는 데 성공한다. 외부 조력자의 도움을 받아 제5국의 눈을 피해 바깥세상을 구경하기도 한다. '완전사회'에서의 하루하루가 우선구에게는 탈출이나 모험이다. 우선구는 철저한 계획을 세우고, 그 시련을 극복하고 승리하는 영웅이 된다.

흥미로운 것은 이 소설이 1960년대 중반의 전 지구를 대표할 '완전 인간'으로 아시아의 약소국인 남한의 청년을 선택했다는 점이다. 우선구는 냉전 강대국들을 물리치고 선발된다. 남성 신파나 여장남자 코미디가 인기를 끌던 1960년대는 초남성적 사회에서 남성 소외가 일어나고 있는 시대였다. 그러나 우선구는 진취적이고 적극적인 청년이다. 그에게 산업화에서 소외된 상처나 4·19 이후의 내면은 발견되지 않는다. 대중소설에 등장하는 전형적 인물상이다. 우선구를 통해 남한은 UN이라는 세계공동체 안에서 동등한 구성원이 된다. 실상 약소국이었던 남한의 세계적 위상이나 과학기술, 생활 수준은 전혀 문제가 되지 않는다. 소설 속 한국은 우선구라는 '완전 인간'을 배출한 나라이다. 게다가 국가와 민족 구분이 없어진 미래 사회에서 사용하는 것은 한글과 흡사한 언어인 '혜민어'이다. 약소국인 남한 청년이 완전 인간으로 선발되어 세계의 영웅이 된다는 설정은 1960년대 한국의 지정학적 상황을 고려할 때, 그야말로 독자들의 욕망을 반영한 것이라고 해석할 수 있을 따름이다. 남한은 소설에서나마 세계의 주요한 행위자로 기능할 수 있었다.

우선구가 수면캡슐에 들어가 있는 동안, 세계는 세 차

례의 세계대전을 겪는다. 핵전쟁과 기후전쟁 등 과학기술을 총동원한 전쟁은 세계의 질서를 재편한다. 과학적 상상력은 1960년대 중후반부터 대중서사 장르에 빈번하게 등장했다. 미국과 소련의 우주 경쟁을 배경으로 삼는 이들 서사물은 냉전시대의 불안과 평화에 대한 열망을 반영한다.[13]『완전사회』역시 핵전쟁과 세계대전이 벌어진 이후의 미래를 상상한다.『완전사회』에서는 자본주의 대 공산주의의 이데올로기 갈등, 우주 개발과 화성 이주, 화성 침공 등의 전쟁 시나리오가 가동된다. 1970년대 후반 동서 양 진영과 제3세력권의 나라들이 핵무기를 사용하여 3차 세계대전이 발생했으며, 핵전쟁으로 인해 강대국이 붕괴했다는 설정이다. 그 때문에 강대국과 약소국의 지위가 뒤집어진다. 결과적으로 두 차례의 세계전쟁을 거치며 과학기술과 인구 재생산이 세계사회의 핵심 의제로 떠오르고, 과학자가 세계질서에서 가장 중요한 행위자로 등장한다. 이 과정에서 최종적으로 등장하는 것은 성전쟁이다. 이데올로기와 세계체제의 변동에도 불구하고 성별 적대는 변하지 않는다. 과학기술 발달이 가능케 한 인공생식으로 남성이 '필요 없게 된' 여성들은 자신들만의 나라를 만들어 분리주의를 선언한다. 그러자 남성들은 약탈을 시도하며 테러를 저지르고, 그 결과 성전쟁이 발발한다.

전쟁과 적대의 세계가 성차로 연결된다는 발상은『완

전사회』의 가장 두드러진 특징이다. 인공생식기술의 발달로 인해 남성과 여성의 직접적인 성교가 없이도 재생산이 가능해지자 성별 적대에 대한 불안이 본격화된다. 실제로 1963년에 냉동보존 정자를 이용한 임신과 출산이 발표된 바 있다. 남성 없이도 임신이 가능하다는 과학적 근거가 제출된 것이다. 이러한 보조생식기술은 난임 부부를 위한 치료의 일환으로 등장했지만, 동시에 남성성의 위기를 부각하기도 했다. 남자 없이도 재생산이 가능한 시대가 도래했음을 알렸기 때문이다. 즉 '여자가 더 살기 편한' 시대를 넘어 남자가 필요 없는 세계가 올 수도 있다는 불안이 생겨나기 시작한다. 염상섭의 「우주시대 전후의 아들 딸」(1958)은 인공적으로 임신을 결정할 수 있는 '우주시대'에 가부장이나 혈통은 중요하지 않다는 세간의 호들갑을 묘사한다. 이제 우주시대가 되었으니 과학기술이 발전해서 정자은행과 인공임신법으로 아이를 낳을 수 있게 될 것이며, 남아 선호 역시 불합리하다는 생각을 하는 주인공을 등장시킨 이 소설은 염상섭의 전작인 「해방의 아들」과 겹쳐진다. 민족국가의 독립과 재건이 '아들'로 형상화되던 상상력이 더 이상 전망을 제시하지 못하는 시대가 온 것이다. '해방의 아들'이 느낄 법한 기쁨과 감격은 아들과 딸을 골라서 낳을 수 있는 우주시대에 그저 놀림감이 될 뿐이다.[14] 아들 선망을 가진 김 교장이 여섯 째 딸의 출생을 기뻐하는 것으로 유쾌하게 소설을 끝맺는 이 소설의 결말은 보조생식술이 가부장 중심의 가족제도를 개편할 수 있을 것이라는 전망을 잘 보여준다. 유사한 맥락에서 핵전쟁 이후 찾아오는 것이 성전쟁이라는 『완전사회』의 상상은 민족국가의 근간을 이룰 부계 혈통주의가 약화될 것이라는 두려움을 함축한다.

성차 없는 디스토피아와 여성화에 대한 불안

'남자가 더 살기 어려운 시대'에 『완전사회』는 냉전 종말 후 발생하는 궁극적 적대로 성별을 내세운다. 성전쟁의 결과 여성이 '진성'이 되고, 남성들은 화성으로 쫓겨나거나 수술을 통해 남성을 상실한다. 그러나 『완전사회』는 하나의 성별만 존재하는 사회를 독재의 거울로서 사용한다. 성차 없는 세계를 상상한 다른 소설과 비교해볼 만한 지점이다. SF소설은 과학적 상상력을 통해 현실 사회의 거울상인 미래를 직조해낸다. '제2의 물결'과 급진적 페미니즘을 배경으로 등장한 뉴웨이브 SF는 페미니스트 유토피아라는 미래 세계를 상상한다. 『완전사회』와 마찬가지로 여성만의 세계를 상상한 조안나 러스의 『여자 남성 The Female Man』(1969)은 억압자인 남성에 대항하여 싸우는 여성들의 이야기를 담아낸다.[15] 소설에서 남성과 여성은 각각 분리된 다른 세계에서 전쟁을 벌인다. 여성들의 경우 남성이 없는 행성('whileaway')으로 이주하기도 한다. 『완전사회』는 '여성이 보편 인간이 되는 female man' 미래를 상상한다는 점에서 『여자 남성』과 상통하지만, 『여자 남성』이 성전쟁을 중심 소재로 하고 있는 것과 달리 『완전사회』는 성전쟁에서 여성들이 승리한 이후를 그린다. 그러나 그 세계는 유토피아가 아닌 디스토피아에 가깝다.

남성이 없어지고 난 후의 세계에서는 성별 구분 자체가 무의미해진다. '완전사회'에서 인간을 가리키는 단어 '워시두'의 상대 개념은 없다. 우선구가 처음 눈을 떠 확인하게 되는 것도 이 성별 없는 세계이다.

몸 체격이 같고 입성이 같다. 남자인지 여자인지 얼핏 분간할 수 없는 것도 같다. 남녀의 구별이 안 되어서는 말이 아니겠으나 사실이 그렇다. 키가 늘씬하고 눈이 부리부리한 건 남성다운데 거의 반나체로 노출된 살결이라든지, 살결이 다 나오게끔 된 입성이라든지, 솥뚜껑 모양의 모발 스타일은 여자답다. 화장은 한 것도 같고 안한 것도 같다. 도무지 알 수 없다.[16]

161년의 잠을 깨고 우선구는 여자인지 남자인지 구별되지 않는 사람들과 마주한다. "여성이 맞느냐"는 그의 질문에 사람들은 왜 그런 것을 물어보냐는 듯 불쾌한 태도를 취한다. 성별 구분이 없어진 세계에서 우선구의 물음은 제대로 통하지 않는다. 반바지와 짧은 치마를 결합한 스타일의 옷을 입은 사람들은 모두 무표정한 얼굴을 하고 있어 거의 쌍둥이처럼 구분되지 않는다. 즉 여자들만의 완전사회는 개성이 사라진 세계로 인식된다. 소설은 우선구가 단지 성별이 없다는 이유만으로 세계를 인지하는 데 어려움을 겪는 것처럼 제시한다. 이는 사실상 사회가 성별화된 방식으로 구조화되었다는 것에 대한 방증이기도 하다. 우선구는 자신이 만난 '워시두'들을 성별화하려고 애쓴다. 큰 키와 빛나는 눈은 남성적인 것으로, 노출된 살결은 여성적인 것으로 성별화한다. 생물학적 남성은 없지만 독자는 우선구의 눈을 통해 젠더규범에 따라 존재하는 남성성을 접한다. 사회지도층이나 안보 담당자들은 뚱뚱한 몸집에 남자 같은 모습을 하고 있다. 웃지 않는 무뚝뚝한 얼굴도 이들의 특징 중 하나다. 남성적이라고 말해지는 특징을 여성들이 수행하고 있다. 즉 젠더란 수행을 통해 규범화되는 것임을 보여준다.

성차가 무화된 세계에서 여성다움과 남성다움은 수행을 통해서만 드러날 수 있는 것이 된다. 젠더규범이 사라진

남성성의 각본들

세계에서 성별은 그들이 어떤 행동을 하느냐에 따라 판단된다. 국가 안보를 담당하는 제5국의 간부들이나 경비원들은 '여자의 남성성'을 수행한다.[17] '워시두'는 생물학적으로 여성이지만, 성차가 없어 자연스럽게 남성 역할을 수행한다. 이들은 외모상 여성과 남성으로 구분되지 않으며, 행동과 직업에서도 성차가 발생하지 않는다. 성별 분업이나 특성 등은 역사적, 사회적으로 구성되었다는 점이 드러난다. 성차 없는 세계는 가족 구조와 사회까지 변화시킨다.

슐라미스 파이어스톤은 성차가 가부장제를 강화한다고 지적하며 임신과 출산의 분리를 통해 성차 없는 세계를 만들어야 한다고 힘주어 말한다. 『성의 변증법』(1970)은 출산과 임신이 여성을 "종족을 유지하게 해주는 노예계급"으로 만들었으며, 이성애 규범성을 강화하여 섹슈얼리티를 억압하는 원인이 되었다고 비판한다. 그리하여 여성 해방을 위한 첫 번째 요구사항으로 "여성을 생식의 압제로부터 해방시키고 양육의 역할을 여성뿐 아니라 남성, 즉 사회 전체로 확산시킬 것"을 주장한다.[18] 파이어스톤은 생물학적 성차를 여성의 신체로부터 분리함으로써 사회구조를 개혁해나갈 수 있다고 진단한다. 파이어스톤이 상상한 유토피아는 '완전사회'와 닮은 모습이다. 완전사회에는 남성이 없기 때문에 성차가 존재하지 않는다. 여성 청년들이 주요 정책을 결정하는 역할을 담당하고, 부계 혈통을 중심으로 한 가족 구조도 달라진다. 22세기의 성전쟁은 해방주의자들과 단종주의자들 사이에서 펼쳐진다. 완전사회에서 가장 과격한 목소리를 내는 것은 이 두 집단이다. 임신과 출산을 거부하고 월경을 중단시키는 '두버무'는 '단신 종료사상', 즉 단종주의를 선택한다. 인구와 사회의 재생산을 거부하는 것이다. 완전사회가 가장 위험한 두 집단으로 꼽은 성해방주의자와 단종주의자는 실상 한국사회의 두 가지 무의식을 보여준다. 여기에는 섹슈얼리티를 적극적으로 실천하는 여성과 단종주의를 선택하는 여성은 위험하다는 함의가 내포되어 있다.

『완전사회』는 이러한 상상을 아예 남자가 없는 사회로 대체한다. '완전사회'의 이데올로기인 '진성선언眞性宣言'(여성선언)은 여성을 억압하는 근본 원인으로 남성 우월주의를 지목하고, 성의 모순을 해결하고 "인류 유일의 참된 모습"으로 존재하기 위해 남성을 부인할 것을 선언한다. 왕후문화-웅성문화-양성문화-진성문화로 발전해왔다는 인류 역사는 억압에서 해방으로 이어지는 진보의 흐름으로 설명된다. 왕후문화는 시민이 없는 소수 특권층을 위한 문화이고, 웅성문화는 보편 주체를 남성으로 상정한 시민문화이다. 양성문화는 여성의 사회 진출이 확대된 결과 나타난 것으로, 여성만의 진성문화로 나아가는 과도기적 단계이다.

우리는 일체의 낡은 관념과 그 위에 설정된 모든 제도를 무시한다. 개인의 인생관으로부터 부부의 개념, 가족제도, 도덕, 법률, 사상, 사회조직에 이르는 온갖 낡은 것은 근본적으로 파괴되어야 할 것을 주장한다. 이럼으로써 비로소 참된 안정과 평화, 그리고 행복이 인류사회에 찾아올 것을 우리는 확신한다. …… 성의 모순과 대립이 있는 한 인류와 동물의 차이란 있을 수 없다. 모든 불행의 씨는 여기에 싹트고, 여기서 자라난 악은 한없이 반복되고 발전한다. 우리는 이제 그만 이러한 어둠 속에서 벗어나야 하겠다. 우리가 진실로 만물의 영장이 될 때는 왔다. 참된 생활, 복된 사회를 건설할 때는 왔다. 우리는 과감하게 성의 모순과 대립을 타파해야 한다. 우리는 엄숙히 선언하노라. 우리는 영원히 참되고 아름다운 사회와 역사를 건설하기 위하여 모든 분야에 걸쳐 남성의 존재를 부인하고 이를 제거한다. 이후 우리 여성은 상대성의 입장이 아니라 인류 유일의 참된 모습으로서 존재한다.[19]

그동안의 모순과 억압을 부정하기 위해서 남성의 존재를 부인한다는 선언문은 완전사회의 프로파간다. 우선구가 "인류 역사상 가장 기이한 전쟁"이라고 설명하는 성전쟁은 여성들만의 공동체를 파괴하려던 남성들의 테러로 인해 생겨난다. 이후 과학기술로 무장한 여성들은 성전쟁에서 승리하고 성차 없는 사회를 완성한다. 이성애 관계를 원하는 사람들은 화성으로 이주하고, 남은 남성들은 성전환 수술을 받거나 생식 기능 제거 수술을 하여 남자가 없는 사회가 되었기 때문이다. 그런데 소설은 이런 사회를 전체주의 사회로 묘사한다. 우선구는 여성들의 전체주의적 사회가 남성성에 대한 억압을 바탕으로 탄생했다는 데 불안해하면서 자신도 여성화될까봐 두려워한다. 여성화는 집단이나 활동에 여성적인 특징을 붙여 그 대상의 지위를 낮추기 위해서 사용된다. 특정한 남성성이 문화적, 학문적, 정치적, 경제적으로 특권을 획득할 때 그에 종속되거나 주변화된 남성성들은 여성화된다. 눈물을 흘리는 남자, 불안함을 느끼는 남자, 동성애자는 여성화된 남성으로서 헤게모니적 남성성을 훼손하는 결여로 여겨진다. 헤게모니적 남성성을 중심으로 한 위계화 때문이다. 완전사회에서 우선구가 느끼는 여성화에 대한 불안은 『완전사회』가 비추는 거울, 즉 1960년대 한국사회가 가진 불안이다.

완전사회의 국민들이 철저하게 믿고 따르는 진성선언은 성별로 유표화되는 여성임을 거부하고 보편 주체로서의 여성을 천명한다. 여성이 '참된 성', 즉 진성이라는 주장은 일견 페미니스트 유토피아로 보이기도 한다. 그러나 문윤성은 이 유토피아를 독재 사회에 대한 알레고리로 읽는다. 완전사회의 인간들은 모두 비슷한 옷에 비슷한 얼굴을 하고 있으며 반정부 인사들은 정부의 감시와 규제에 시달린다. 탈출한 우선구를 "적성인간"이라고 명명할 만큼, 완전사회는 적대적 이데올로기가 팽배한 통제 세계이다. "이상사회라면 진리가 사회 활동 전반의 원동력이겠고, 진리 즉 질서로 통할 겁니다. 그런데 내 보기엔 현 사회를 끌고 나가는 건 진리가 아니라 힘, 즉 강력한 권력이 진리를 대신하여 전체를 압도하고 있는 것 같아요. 그렇지 않을까요?"[20]라는 말은 완전사회가 사실상 독재국가임을 보여준다. 발달된 과학기술은 개인의 행동을 통제하는 데 활용되어 어디서나 감시가 가능하고, 이동의 흔적을 추적할 수 있다. 시스템으로부터 달아나는 것은 불가능하다. 이러한 감시와 통제는 성행위에 대한 단속으로까지 이어진다. 결국 『완전사회』가 그려내는 거울상은 '여성주의 유토피아'가 아니라 남성성을 억압하는 전체주의 사회이다. 『완전사회』의 정치적 무의식은 바로 여기에 있다.

성차가 사라진 사회는 남성성을 억압하는 사회다. 우선구는 이러한 성차 없는 세계에 가장 큰 혼란을 느낀다. 한국이 사라진 것도, 언어가 바뀐 것도 쉽게 받아들인 그이지만, 남성이 없어졌다는 것은 받아들이지 못한다. 여자만 있는 세계는 성차가 얼마나 인공적이었는가를 폭로한다. 남자 없는 세계의 '워시두'들은 젠더가 없는 세계를 살아간다는 점에서 젠더퀴어들이다.[21] 그러나 우선구는 젠더퀴어한 질서의 자연성을 계속 의심하면서 성차를 부여하려고 한다. 우선구는 인공자궁을 통해 아이를 낳고, 사회가 양육하는 여성들에 대해 "인공자궁 속에 자신의 난자를 던져주는 데 그친 그런 어머니들"이라고 평가한다. "그러다간 남성뿐 아니라 인류의 씨가 없어질 게 아니겠는가"라며 남성 없는 사회를 걱정하는 것이다. 과학기술의 발달을 통해 섹스 없이도 인구의 재생산이 가능한 세계에서 남성으로서의 '씨'에 자부심을 갖는 것은 부계 혈통 중심의 가족제도에 대한 확신 때문이다. "옛적의 그것이(친족) 피처럼 진한 거라면 지금은 물 정도의 엷음이 있을 뿐이다"라는 우선구의 염려에는 여성 중심의 가족구조와 공동 양육 시스템이 부계 혈통 중심의 가족제도를 해체한다는 데 대한 불안이 내재되어 있다. 이는 사회를 이루는 기초 단위를 남성을 중심으로 한 재생산으로 상상하기 때문에 발생한다. 무정자증이나 발기부전이 군 면제의 원인이었을 만큼, 남성이라는 성 자체는 군사주의화된 한국사회의 헤게모니였다.[22] 이런 상황에서 문윤성은 『완전사회』에서 성차 없는 사회를 전체주의 사회와 동일시하는 선택을 한다. 성차 없는 사회는 결국 '여자가 더 살기 좋은' 사회의 변형으로 존재한다.

문윤성은 성차 없는 사회를 개성이 없는 전체주의 사회와 연결시킨다. 정치적 의사 표현의 자유, 성적 자유 등 인간을 억압하는 완전사회의 통치성은 성차 없음에서부터 출발한다. 소설 초반 우선구가 보이는 여성화에 대한 불안은 성차가 개인을 만드는 근본 요소라는 믿음을 방증한다. 이 소설은 의미심장하게도 성차를 기입하는 자리에 한국 남성 청년을 놓는다. 완전사회의 지도자이자 어른으로 군림하는 우선구를 통해 성별 위계를 기입하고 있는 것이다.

최종 심급으로서의 성性과 거세된 남성 주체

『완전사회』의 세계정부는 '홀랜의 집'을 통해 개인의 성생활을 완전히 통제한다. 홀랜의 집을 이용하기 위해서는 이용권을 발급받아야 하고, 정부는 개인의 건강 상태와 흥분 상태를 고려하여 이용권을 발급한다. 결국 정부의 허락이 없는 성적 쾌락은 금지된다고 볼 수 있다. '워시두' 사이의 성애적 행위를 의미하는 '께브'는 법으로 금지되고, 이를 어길 경우 엄중한 처벌을 받는다. 즉 단성인으로서 자웅의 흉내를 내는 께브 행위가 시대 역행이자 반동으로 취급된다. 이는 여성 동성애를 이성애의 모방이자 그보다 열등한 것으로 보는 이

성애 규범성을 드러낸다. 여성 동성애는 이성애의 패러디이
지만, 이 패러디가 가진 규범의 해체는 고려되지 않는다. 우
선구는 여성들의 섹슈얼리티가 "욕구 불만의 현실을 적극적
으로 부정하고 보다 높은 대안을 내세움이 없이 그저 안이한
현실도피에 빠져 찰나적 향락에 취하는 데 그치"[23]는 것이라
며 께브를 비판한다. 그가 보기에 께브는 이성애를 흉내 내
는 것이고, 진취성이 없는 수동적인 것이다. 전체주의 사회
의 법적 금지에도 불구하고 성을 적극적으로 실천하는 행위
라는 측면은 고려되지 않는다. 그러면서도 기계에 의한 자위
인 '홀랜'보다 여성 동성애인 '께브'를, '께브'보다 이성애 섹
슈얼리티를 더 우위에 놓는다. '여자답지 않은' 여자나 유혹
하는 여성, 여성들끼리 친밀성을 공유하는 행위 등은 성적
위계질서에서 하위에 위치한다. 그러나 흥미롭게도 우선구
는 이성애 섹슈얼리티에 대해서도 부정적인 입장을 취한다.

우선구는 여성의 유혹이나 신체에 대해 관심을 보이지
않는다. 그에게는 이성애 섹슈얼리티 역시 성적 쾌락과 분리
되어 있으며, 재생산과 결합될 때만 의미를 갖는다. 이 점은
우선구를 시원적 아버지로 해석할 수 없게 하는 가장 큰 특
징이 된다. 가부장제는 여자와 자원을 독점한 아버지를 죽이
고 여자를 나눠 갖는 아들의 서사다. 프로이트는 남성 생식
기의 능동성과 공격성이 곧 대문자 남성의 '본성'을 이룬다

고 보았다. 그리고 이 적극성은 가부장제의 바탕이 된다. 「토템과 터부」를 통해 알 수 있듯, 시원적 아버지가 누릴 수 있는 가장 큰 특권은 많은 여성을 차지하는 것이다. 강력한 남성은 강력한 이성애 섹슈얼리티로 증명된다. 이를 증명하듯 '희망과 우정의 모임' 구성원들은 우선구를 통해 성적 쾌락을 추구하고자 감금된 그를 탈출시킨다. 법을 위반하면서까지 우선구를 탈출시킨 여성들은 '인어'와 같은 형상으로 제시되는 등 동물화된다. 이들은 완전사회의 인간인 '워시두'와 달리 여성답지만, 그 여성다움은 미소와 교태, 나체로 설명된다.

> 이 물결 사이를 전라에 가까운 미녀들이 인어 그대로의 매끄러운 몸매로 헤엄쳐 다니고 있다. 어디서 뿜어내는지 짐작할 수 없는 뿌연 안개가 오색찬란한 광선을 반영하면서 홀 안 골고루 퍼지고 있다.[24]
>
> 이 사람들은 애써 여성다운 자세를 취하고 있기 때문이다. 화장을 하고 말이나 행동에 교태를 잊지 않는 거다. 이 자리에는 질방걸이와 반바지 치마의 복장은 드물다. 거의 모두 전라에 가까운 알몸으로 뿌얀 안개 속을 교태와 염소를 마구 흘리며 다닌다.[25]

우선구를 유혹하는 여성들은 화장과 교태로 여자다운 자세를 취한다. 소설은 이 광경을 이국적으로 묘사한다. 자신들이 매일 마시고 있다는 흥분제가 들어 있는 '에키스'를 권하기도 한다. 이 밀교적 섹슈얼리티는 우선구가 기절하는 바람에 실패한다. 그의 '정조'는 지켜지고, 성 해방은 일어나지 않는다. 이는 기원적 아버지가 세상의 모든 여자를 차지한다는 프로이트적 서사와 충돌한다. 우선구라는 기원적 아버지는 세상의 어떤 여자도 차지하지 않는다. 오히려 성적으로 위협당한다. 그는 '기원적 아버지'로서 종교 지도자의 위치에 추대될 만큼 '유일한 남자'로서의 특권을 누릴 수 있었다.[26] 그러나 그는 성에 대해 보수적인 입장을 취함으로써 재생산과 결부되지 않는 성을 거부한다. "성의 해방 문제는 상당히 큰 사회문제였"다든가 "여성의 짧은 치마가 구시대의 비극"이라는 등 여성의 섹슈얼리티가 남성들을 위협한다고 생각해왔던 우선구이기에 '라리시노'('희망과 우정의 모임'의 대표격인 인물)의 유혹을 거절한 것이다.

첨단 과학의 시대에 구시대에서 온 그가 교주로 추대되는 것은 그가 생물학적 남성이기 때문이다. 남자다움은 육체로 환원되고, 이성애를 가능하게 하는 생물학적 남성에게 기원적 아버지의 자리가 주어진다. 이성애 규범성을 중심으로 위계화된 섹슈얼리티의 전형이다. 하지만 우선구는 여느 남성 영웅과 달리 섹슈얼리티의 행위 주체가 되지 못한다. 이성애를 중심으로 한 성행위는 남성성의 중핵을 이루는 요소이다. 특히 1960년대 냉전시대를 배경으로 한 첩보물에서 감금과 탈출의 모험 플롯은 이성애적 섹슈얼리티와 연결되어 헤게모니적 남성성을 강화한다. 냉전을 대표하는 대중서사물인 007 시리즈는 적진에서 여성을 구하거나 여성의 도움을 받아 사건을 해결한 후 그녀와 섹스하는 남성 영웅을 통해 헤게모니적 남성성을 완성한다. 이때 공산 측의 스파이였던 여성은 제임스 본드에게 반해 자신의 임무를 포기한다. 이를 모방하여 제작된 한국의 1960년대 첩보액션물은 여간첩과 한국 정보원 간의 사랑이나 여러 특수 무기와 이국적인 풍물을 배경으로 모험 서사를 펼쳤다. 특히 당시 한국영화에서는 보기 드문 강하고 활기 있는 남성 주인공을 등장시켜 '제임스 본드'의 "유사 이복형제 영웅"을 자처했다. 한국산 제임스 본드들은 '여자를 좋아하는' 인물로 등장해 새로운 시대의 남성 영웅을 보여주었다.[27] 그러나 『완전사회』는 이러한 냉전 첩보물들과 분명한 차이를 보인다.

　『완전사회』는 007 시리즈와 비슷하게 잠입과 스릴을 중심으로 하는 첩보물의 형식을 갖추고 있다. 우선구는 탈출과 잠입을 반복하면서 적지에서 자신의 임무를 달성한다. 스포츠로 단련된 그의 육체는 자기통제와 절제 같은 덕목을 상징하고, 영웅주의와 대범함의 미덕은 남자다움으로 연결된다. 그는 용기와 냉철함, 자부심과 정의감 등 남성적 자질과 동정심과 정직함, 애국심 역시 갖춘 인물이다. 남성성의 근대적 스테레오타입은 제임스 본드가 대중서사를 통해 구현한 것이기도 하다. 우선구는 탈출과 변신, 잠입 등 첩보활동을 방불케 하는 활약을 보이는 데다 여성의 보호자를 자임하기까지 한다. 지금 사회가 과거의 남성성을 폭력적이고 억압적인 것으로 왜곡하고 있지만, 진짜 남자라면 여성의 보호자이며 여성의 생활을 보장해야 한다고 항변한다.[28] 그의 이런 태도는 자신과 적대하는 경비원들의 비밀을 지켜준다거나 간수들을 죽이지 않는 데서도 발견된다. 그는 기지를 탈출하는 능력이나 반정부세력과도 대화하는 용기를 가지고 있고 여성에게 친절하다. 제임스 본드와 마찬가지로 여러 여자들을 유혹하는 호색한이 될 자질을 갖추고 있는 셈이다.

하지만 『완전사회』 속 우선구는 섹슈얼리티에 무감한 인물로 나타난다. 그는 완전인간으로 선발되고 수면여행을 떠나기 전 회사 동료인 장숙원과 약혼한다. 두 사람의 약혼은 성애적 교류를 배제한 방식으로 진행되었으며, 두 사람을 소개시켜 준 회사 상사조차 이들의 교제를 눈치채지 못할 정도였다. 작가는 통과의례initiation로서 연애나 섹스를 배치하지 않는다. 소설에 등장하는 완전사회의 여성들은 유일한 남

남성성의 각본들

자인 우선구에게 흥미를 보인다. 그를 노골적으로 유혹하는 여성도 많다. 하지만 우선구는 이를 거절하고 누구와도 섹스하지 않는다. 우선구의 이런 면모는 『완전사회』를 007 유의 냉전 첩보물과 차별화한다. 우선구가 선택하는 것은 남성 영웅이 아니라 무성애적 조력자에 머무는 것이다. 우선구는 이 사회를 더 나은 곳으로 만들어야 한다는 사명감을 강조한다. 이러한 사명감은 주체에게 성적 모험을 허락하지 않는다.

> "나를 깨울 사람들은 결코 나를 과거사의 한낱 유물로 취급할 게 아니라 살아 있는 조상으로서 섬기고 새시대의 비판자로서 교훈자로서 대접해야 할 것이오."[29]
>
> ......
>
> 이런 것을 밝혀내고 이들을 지도해나갈 사람이 바로 나 우선구다. 구세대에서 선출되어 온 사명이 여기에 있다. 비록 2백 살에 가까운 연륜을 두르긴 했으나 젊은 기개에 있어선 결코 시니 팔이나 저들 젊은이들에게 지지 않는다고 자부한다.[30]

우선구는 자신을 '살아 있는 조상'으로 섬기라고 말한다. 그는 기원적 아버지가 아니라 '살아 있는 과거'다. 완전사회의 세계정부 정책위원회는 평균 26세의 청년들로, 여기에 '200살'에 가까운 우선구가 원로와 같은 자격으로 합류한다. 그가 쓴 소설 『미래전쟁』이 세계정부 문교위원회가 주최하는 문예작품공모전에서 1등을 수상한 덕택이다. 우선구가 쓴 소설은 지구와 화성, 여성과 남성의 갈등을 채식주의자와 육식주의자의 갈등에 빗댄다. 육식주의자들은 채식주의자들을 추방하고 절멸시키려 든다. 우선구는 채식주의자인 이웃을 돕고 희생당하는 가족의 이야기를 통해 평화와 공존의 메시지를 전달한다. 완전사회의 구성원들은 이 소설을 계기로 화성으로 이주한 양성사회와 적대와 전쟁의 시대를 끝내고 평화와 소통을 선택하고, 그로 인해 평화사절단이 오가고 대화를 시작하려는 움직임이 생겨난다.[31] 우선구가 쓴 소설은 흥미롭게도 육식주의자가 이성애자 남성, 채식주의자가 여성으로 제시되는 젠더규범을 완전히 역전시킨다. 소설은 문화적 규범을 뒤집어 폭력적인 육식주의자를 여성에 비유한다. 화성에 간 남성과 일부 여성은 자연스럽게 채식주의자가 된다. 그리고 이들을 중재하는 것은 유일한 남성인 우선구다. 전 세계를 대표하는 남성 영웅을 시원적 아버지가 아닌 조언자의 위치에 머무르게 하는 선택은 시사하는 바가 크다. 박정희 시대의 남성 청년은 사실상 아버지의 자리를 빼앗는 것조차 상상한 적 없는 거세된 아들이기 때문이다. 우선구는 노련하게 여성들을 유혹하지도, 시원적 아버지의 위

284　　　남성성의 각본들

치에 올라 지도자가 되지도 못한다. 건강하고 똑똑한 남한 청년이 자신의 실력을 최대한 발휘한 결과가 조력자가 된다는 것은 실상 대중서사적 결말로서도 부적절하다. 이 애매모호한 결말은 박정희라는 강력한 아버지를 죽이지 못하는 아들이 선택한 해결책이다. 초남성적 남성성으로부터 소외된 아들은 결국 스스로 단종을 선택할 수밖에 없다.

주

1   김윤식·정호웅, 『한국소설사』, 문학동네, 2000, 390~391쪽.

2   최인훈, 『현대한국문학전집 16』, 신구문화사, 1968,
     11쪽(김윤식·정호웅, 같은 책, 383쪽에서 재인용).

3   임헌영, 「4.19와 60년대 문학의 변혁의지」, 『변혁운동과 문학』,
     범우사, 1989.

4   Jongwo Han & L. H. M Ling, "Authoritarianism in the
     hypermasculinized state: Hybridity, patriarchy, and capitalism in
     Korea", *International Studies Quarterly* 42(1), pp.53~78.

5   카자 실버먼은 헤게모니적 남성성이 우리의 '현실'을 유지하는 데
     필수적인 요소라고 지적한다. 이러한 남성성은 일종의 '지배적
     허구dominant fiction'로 작동하며, 남성 주체가 믿고 따라야 할
     판타지가 된다. 실버먼은 가부장적 남성성의 '지배적 허구'가
     거세, 타자성, 부분성을 인정할 뿐 아니라 받아들이는 남성성들을
     포함해야 한다고 지적한다. Kaja Silverman, *Male Subjectivity at the
     Margins*, Psychology Press, 1992, pp.15~51.

6   송은영, 「1960~70년대 한국의 대중사회화와 대중문화의 정치적
     의미」, 『상허학보』 32, 2011, 187~226쪽.

7   이 두 사건은 박정희 체제가 문화예술 텍스트에 대해 행한 검열을
     대표한다. 작가 남정현은 단편 「분지」(현대문학, 1965년 3월)가
     북한의 기관지 『조국통일』에 전재되면서 반공법 위반으로
     구속되어 고초를 겪었다. 이만희 감독 역시 1965년 발표한 영화
     〈7인의 여포로〉에서 북한 군인들이 남한의 간호장교를 돕는 등
     인간적 미덕이 있게 그렸다는 이유로 반공법 위반으로 체포되는
     고초를 겪었다. 이후 영화는 〈돌아온 여군〉이라는 제목으로 바꾸어
     개봉했지만, 흥행에는 실패했다.

8   주디스 버틀러, 『젠더 트러블』, 조현준 옮김, 문학동네, 2008,

95~96쪽. 버틀러는 『젠더 트러블』의 목적을 "젠더의 위치를
근본적인 정체성의 환영으로 정해두어서 젠더가 자기 위치를 지키게
만들고자 하는 바로 그 구성적 범주들의 동원과 전복적 혼란과
증식을 통해서 젠더에 트러블을 만들려는 노력"(149)으로 정의한다.

9   이호걸, 「신파양식 연구」, 중앙대학교 첨단영상대학원 박사학위논문,
2007; 「파시즘과 눈물」, 『영화연구』 45, 2010, 343~384쪽.

10 1964년 창간된 『주간 한국』은 1950년대부터 언론의 상업성을
강하게 의식하고 있던 한국일보사에서 발행한 주간지이다.
한국일보는 미스코리아 선발대회를 비롯하여 각종 스포츠대회,
음악대회 등 문화행사를 통해 신문사의 이름을 알려왔으며, 주간지
시장에 뛰어들어서 여가 문화를 만드는 데도 영향을 미쳤다.
『주간 한국』은 박정희 체제의 승인과 지원을 받아 등장했으며,
근대적 시간과 라이프스타일을 학습할 대중문화 매체를 제공했다.
1964년부터 1968~1969년 사이에는 43만부 이상의 판매량을 기록할
만큼 성별과 나이, 계층, 지역을 막론하고 넓은 독자층을 형성했고,
이후 등장하는 주간지의 모델이 되었다. 김지, 「1960년대 상업
주간지 『주간한국』 연구」, 연세대학교 국어국문학과 석사학위논문,
2015, 2쪽; 전상기, 「1960년대 주간지의 매체적 위상: 『주간 한국』을
중심으로」, 『한국학논집』 36, 2008, 225~258쪽.

11 문윤성은 본명인 김종안으로 1946년 단편 「뺨」을 『신천지』에
발표하면서 문단에 등장했다. 하지만 이후 생계로 인해 창작활동은
하지 못하다 『주간한국』의 추리소설 공모전에 「완전사회」가
당선되면서 작가 활동을 본격적으로 진행한다. 『완전사회』는
『여인공화국』이라는 이름으로 1985년 출판된 바 있으며, 2018년
SF 전문 출판사 아작에서 『완전사회』로 재출간했다. 이 책에서는
1967년 수도문화사에서 나온 첫 판본을 사용한다.

12 김지영, 「한국 과학소설의 장르소설적 특징에 대한 연구」,
『인문논총』 32, 2013, 375~397쪽. 김지영은 1975년 출간된

한국과학소설전집의 소설을 분석하면서 한국과학소설의 특성으로 모험소설적 플롯을 꼽은 바 있다.

13   송효정, 「한국 소년 SF영화와 냉전 서사의 두 방식」, 『어문논집』 73, 2015, 95~129쪽.

14   소설은 딸만 다섯을 가진 김 교장이 아들만 3형제를 낳은 젊은 옆집을 부러워하며 딸들은 "돈만 잡아먹는 귀신"이라고 부르는 장면에서 시작한다. 부인과 딸들은 가부장의 눈치를 보느라 출산이 가까웠는데도, 마음을 놓을 수가 없다. 김 교장의 부인이 여섯 번째 딸을 낳은 날, 동리에서는 소란스럽게 '아들딸우열론'의 토론회가 벌어지고, 공부와 병역 문제도 있고, 취직도 잘 되지 않는 아들보다 선생 노릇이라도 차분히 하는 딸이 낫다는 의견이 우세해진다. 이는 15년 사이에 부계 혈통을 통해 조국을 재건하려 했던 민족국가의 정치적 상상에서 멀어져 있음을 보여준다. 염상섭, 「우주시대 전후의 아들 딸」, 『일대의 유업』, 을유문화사, 1960.

15   조애나 러스는 『여자 남성』을 1969년에 집필했으나 출판사를 찾지 못하다 1975년이 되어서야 출판할 수 있었다. 이 소설이 출판되는 데 5년이나 걸렸다는 사실은 성차 없는 세계에 대한 상상이 얼마나 '재미없는 것'으로 여겨졌는가를 보여준다. 소설은 서로 다른 시간, 지역에 사는 네 명의 여성을 중심으로 서로 상대의 젠더 역할이나 젠더규범에 대해 비판적으로 접근하는 관점을 보여줌으로써 여자다움에 대한 재평가를 시도한다. Joanna Russ, *The Female Man*, Bantam Books, 1975.

16   문윤성, 『완전사회』, 83쪽.

17   주디스 핼버스탬, 『여성의 남성성』, 유강은 옮김, 이매진, 2015; 김지혜, 「페미니즘 젠더 이론과 정치학에 대한 재고: 여자/트랜스 남성성 논쟁을 중심으로」, 『영미문학페미니즘』 20(2), 2012, 63~92쪽.

18   슐라미스 파이어스톤, 『성의 변증법』, 유숙열·김민예숙 옮김, 꾸리에,

2016.

19 문윤성, 『완전사회』, 173쪽.

20 같은 책, 288~289쪽.

21 젠더퀴어는 트랜스젠더와 젠더 변이variation 실천의 중요성을 주장하는 사람들을 통칭한다. 태어날 때 지정받은 젠더와 다른 젠더로 살고 싶어 하는 사람, 그 젠더를 규정하고 억제하기 위해 자기들의 문화가 구성한 경계를 가로지르는 사람을 가리키는 트랜스젠더와 유사한 의미로, '성전환' 없이 젠더규범에 저항하는 사람을 젠더퀴어로 명명한다. 이는 "특정한 목적지나 이행 방식이라기보다는 선택하지 않은 출발 지점에서 떨어져 나와 사회가 부여한 경계를 가로지르는 운동"이다. 수잔 스트라이커, 『트랜스젠더의 역사』, 제이·루인 옮김, 이매진, 2016, 19~47쪽.

22 2012년 병역법이 개정되어 3급 판정을 받게 되었으나, 그전까지 무정자증은 4급 병역면제 대상자였다. 무정자증이 군생활을 수행하는 데 지장이 없음에도 불구하고 1, 2급 현역 판정을 받지 못하는 데서 한국사회가 남성성을 곧 남성 중심의 인구 재생산으로 상상하고 있음을 확인할 수 있다.

23 문윤성, 『완전사회』, 404쪽.

24 문윤성, 『완전사회』, 443쪽.

25 같은 책, 445쪽.

26 복도훈, 「단 한 명의 남자와 모든 여자: 아마겟돈 이후의 유토피아와 섹슈얼리티」, 『한국근대문학연구』 24, 2011, 345~373쪽.

27 오영숙, 「1960년대 첩보액션영화와 반공주의」, 『대중서사연구』 22, 2009, 39~69쪽. 1960년대 한국에서 007 시리즈의 인기는 엄청났다. 게다가 반공 메시지를 전달하는 것도 쉬웠던 탓에 아류작 또한 활발히 제작되었다.

28 "남성의 용감성을 때로는 그렇게 표현할 경우도 없지는 않겠죠. 그러나 보다 적합한 평은 남성이란 여성의 보호자라 할 수 있어요.

여성을 위험으로부터 보호하고 생활을 보장하는 게 남성의
사명입니다." 문윤성, 『완전사회』, 148쪽.

29 같은 책, 263쪽.

30 같은 책, 299쪽.

31 『완전사회』 속 소설 『미래전쟁』은 집오리를 키우는 채식주의자
루시를 통해 '완전사회'의 문제를 폭로한다. 육식주의자 대
채식주의자의 대결 구도에서 소수인 채식주의자들은 방화, 독약
투입, 모략, 선동 등 파괴행위자라는 의심을 받는다. 체포되어
강제수용소로 보내질 위험에 처한 루시 가족을 도와준 옆집의
켄타리 가족은 발각되어 사형당한다. "저 사람들을 원망하지 마라.
우리의 죽음을 서러워마라. 아픔을 참고 역사의 바로잡히는 소리를
듣자"는 켄타리의 마지막 말은 어린 두 딸의 죽음과 겹쳐지며
파시즘적 전체주의의 문제를 고발한다.

슈미즈를 입은 남자

여장남자 코미디 영화의 정치적 불/가능성

여장남자 코미디의 등장

1960년대는 영화산업의 전성기라고 불릴 만큼 한국영화사상 그 어느 때보다 제작 편수와 관객 수가 급증한 시기였다. 영화는 대중의 문화생활에서 중요한 역할을 차지했다. 이 시기 인기를 끈 일련의 남성 멜로드라마는 초남성적 시대의 주변부 남성성이 '눈물'을 통해 헤게모니를 승인하고 있었음을 보여준다. 1960~1970년대 한국영화들이 부각한 남성들의 눈물은 언제라도 파시즘적 동원에 응답할 준비가 되어 있는 신파적 주체성을 형성했다.[1] 초남성성이라는 '지배적 허구'는 언제나 종속적 남성성, 주변적 남성성들을 낳을 수밖에 없다. 한국사회에서 생계부양자이자 보호하는 자로서의 초남성성은 사실상 불가능했다. 한국의 빠른 경제성장은 여성들의 저임금 노동력에 기대고 있었으며, 기지촌과 같은 여성 거래 시스템이 냉전체제 남한의 정치적 안정을 지탱하고 있었다.[2] 도덕성, 체면, 엄격함, 책임감과 같은 남자다움은 '모리배'(온갖 방법으로 자신의 이익만을 꾀하는 사람), '사바사바'(뒷거래를 통해 떳떳하지 못하게 일을 조작하는 일), '와이로'(뇌물) 등으로 대체되었다. 이는 실제 한국사회에서 헤게모니적 남성성으로 승인된 것과 초남성성 사이의 격차를 드러낸다. 여장남자 코미디 영화는 이 다기한 남성성/들의 경합이 드러나는 장이다. 코미디 영화는 웃음을 통해 통치 이데올로기에 응답한다. 대중들은 1960년대 증가한 재개봉관을 통해 집 근처에서 싼값에 코미디 영화를 관람할 수 있었다.[3] 이슈를 재빠르게 파악해 제작하는 코미디 영화는 저예산으로 높은 수익을 올릴 수 있는 장르로 거듭났고, 이 중에서도 여장남자 코미디 영화가 두드러졌다.

1960년대 후반의 여장남자 코미디는 가난과 실업 때문에 우울한 남성 청년이 여성 젠더 수행을 통해 웃음을 유발하는 과정을 그리고 있다. 이런 장면들은 당시 여성 청년에 대한 한국사회의 인식을 보여준다. 몸을 자원화할 수 있는 여성은 의식주를 해결할 수 있는 일자리가 많은 편이라고 생각했기 때문이다. 여장을 하고 '펨푸'(호객 행위를 통해 성매매 여성과 손님을 연결해주는 사람)가 되거나 미군 상대의 접대부로

남성성의 각본들

일하는 남성들이 손님들의 신고로 고발되는 일은 심심찮게 보도되었다. 미디어는 이런 사건을 가십으로 다루며, 바야흐로 여자가 더 먹고살기 편한 세상이 되었다 평가하기도 했다.[4] 여기에는 생존 경쟁의 상황에서 저임금 노동력을 제공했던 여성들을 수혜자로 인식한 남성들의 여성혐오적 시선이 담겨 있다. 1960년대에 처음 등장한 여장남자 코미디 역시 여성혐오를 배태하고 있었다.

'안 팔리는' 남자-'더 좋은' 여자라는 짝패

1963년 개봉한 임권택의 〈남자는 안 팔려〉는 "접대부로 변장했다가 적발된 여장남자 사건에서 아이디어를 얻어 '여존남비'의 사회현상을 풍자한 코미디"다.[5, 6] 빌리 와일더의 1961년 영화 〈뜨거운 것이 좋아〉를 모방한 이 영화는 배우가 되기 위해 상경한 두 청년이 일자리를 구하다 위조지폐범과 얽혀 벌어지는 해프닝을 다룬다. 주인공 병칠(이대엽)과 칠복(구봉서)은 여자만 뽑는다는 회사의 광고를 제대로 보지 못해 면접에서 실패한다. 이에 "세상은 여자 판이야 이건 그저 어디를 가든지……"라며 구직 실패를 여성의 탓으로 돌린다. 방값은 밀리고 좋아하는 여자는 결혼을 재촉하는 상황에서 두 남자는 여성들에게 책임을 전가한다. 영화는 여성들의 사회 진출로 일자리를 두고 여자들과 경쟁해야 하는 남성 청년들의 억울함에 초점을 맞춘다.

병칠과 칠복은 스타가 되겠다는 꿈을 품고 무작정 상경하지만, 엑스트라 자리 하나 얻지 못한다. 이들은 고향을 떠나 도시로 와서 정착하는 과정에서 어려움을 겪고, 생계 방편으로 여장을 선택한다. 이런 식의 젠더 교란은 대규모 인구 이동이라는 사회적 조건을 통해 가능해진다. 한국전쟁 전후로 대거 발생한 월남민과 전재민으로 인해 1950년대 한국사회는 인구의 전면적 재배치를 경험하게 되고, 이어 1960년대에는 근대화와 산업화로 인한 인구의 사회적 이동이 활발해진다. 고향을 떠나 도시에 온 개인들은 익명의 공동체에서 젠더규범으로부터 자유로운 실천을 할 수 있게 된다. 존 디밀리오는 근대사회의 게이 레즈비언 공동체가 근대 산업 도시와 대규모 노동계급 인구가 부상하기 전에는 존재할 수 없었다고 지적한다. 친밀하고 가족적인 공동체에서 '퀴어한' 수행은 불가능하기 때문이다. 사람들은 자신이 태어나고 자란 지역을 떠나 도시 산업경제 구조에 정착할 때 익명이 될 수 있기 때문에, 대규모 인구 이동은 젠더 교란을 수행할 수 있는 조건이 된다.[7] 1960년대 보도된 젠더퀴어들 대부분이 주거가 일정하지 않은 우범자로 구속된 배경에는 이러한 '상

남성성의 각본들

경' 문화가 존재한다.[8]

〈남자는 안 팔려〉의 병칠과 칠복처럼 상경한 남성 청년 들 중 도시에서 일자리를 찾지 못하고 여자 행세를 하게 된 경우가 종종 있었다. 그들 중 일부는 스스로를 여성으로 정 의하기도 했다. 이런 이들에게 남성성이란 이미 '행세', 즉 수 행performance이다.[9] 즉 여장남자는 젠더 수행을 통해 자신의 성 정체성을 질문하는 과정에 있는 존재이다. 자연화한 몸과 젠 더의 연결고리를 탈구축할 수 있다는 것을 체험한 이들은 젠 더를 바꾸는 행위(트랜스젠더)가 개인의 선택과 수행에 따른 것일 수도 있다는 것을 보여준다. 이는 몸과 정신, 여성과 남 성의 이분법 등 본질적인 성차의 문제에 젠더적 전환을 가져 온다.

이러한 젠더적 전환이 영화로 표상되면 하위모방 코미 디가 된다. 〈남자는 안 팔려〉에서 병칠과 칠복은 스타가 되 기 위해 상경하지만, 무대에 서는 것은 여장을 하고 여성국 극단의 일원이 된 후에나 가능하다. 영화는 여성국극단 내에 서 병칠과 칠복이 얻는 인기의 요인을 이들의 남자다움으로 설명한다. 큰 키와 허스키한 목소리 등이 이들의 남자다움을 입증한다. 남성으로 있을 때는 무능력하던 이들은 여자가 됨 으로써 남자다움을 인정받는다. 이러한 아이러니가 관객들 의 웃음을 유발하고, 이들은 여자-되기를 거쳐 진정한 남자다움을 획득한다. 칠복은 국극단에서 남옥을 만나 사랑에 빠지고, 병철은 매니저의 사랑 고백에 약혼녀의 오해를 사기까지 한다. 여성들과의 로맨스는 청년들이 회개하는 데 핵심적인 역할을 한다. 여장으로 인해 오해가 생긴 애인과의 사랑을 지키기 위해서는 남자임을 폭로하고 스타의 자리에서 내려와야 한다. 사랑을 잃은 두 청년은 반은 남자, 반은 여자인 행색으로 자신들의 허영을 반성한다. 병철은 과수원을, 칠복은 염소 목장을 하겠다며 고향으로 돌아가겠다고 다짐하는 결말은 여장남자 코미디에서 반복되는 귀향 모티프이다. 남성들은 도시에서 여자-되기를 통해 비헤게모니적 남성성을 체현하고, 최후에는 고향으로 돌아가 건전한 남성 청년으로 거듭난다.

일련의 여장 모험은 남자-되기 과정의 일부다. 자신의 처지 때문에 사랑하는 여자의 부모 앞에도 나서지 못하던 병철은 "안 되면 납치라도 하겠다"는 남자다운 남자로 거듭난다. 무용가가 꿈이던 칠복은 맨주먹으로 자연과 싸우는 길을 택한다. 즉 여장은 허영에 빠진 남성 청년이 모범적 청년이 되도록, 더 나아가 사랑하는 여인의 선택을 받도록 인도해준다. 여장남자 코미디가 젠더규범을 교란하는 것이 아니라 강화한다는 점을 확인하게 되는 대목이다. 여장남자 코미디의 흥행작이었던 〈여자가 더 좋아〉 역시 마찬가지다.

남성성의 각본들

김기풍 감독의 〈여자가 더 좋아〉(1965)는 17만 명의 관객을 동원하며 여장남자 코미디의 유행을 선도한 작품이다. 아무리 돈이 많은 남자라도 여자 없이는 살 수 없기에, 여자가 돈보다 좋다는 주제가[10]로 시작하는 이 영화는 왜소한 서영춘의 신체를 여성화한다. 서영춘은 1960년대 전반에 걸쳐 방송윤리위원회에서 가장 많은 주의·경고 조치를 받은 인물이었다. 그러나 검열에서 저속하다고 혹평받는 서영춘의 코미디는 팬덤을 형성하고, 서영춘은 그 인기를 바탕으로 영화에 진출한다. 무엇보다 〈여자가 더 좋아〉의 성공으로 원톱 주연이 가능한 스타 배우가 되었다. 이후 서영춘은 다수의 영화에서 연이어 여장을 하고 등장하는데, 이는 서영춘이 재현하는 비헤게모니적 남성성이 성별 전도 코미디에 적합했기 때문이기도 하다. 〈여자가 더 좋아〉는 정해진 성별이라는 출발 지점에서 떨어져 나와 사회의 경계를 가로지르며 건강한 부르주아의 질서를 교란한다. 그런 점에서 서영춘이 재현하는 여장남자 캐릭터는 젠더퀴어로 명명될 만하다.

영화의 주인공인 음악 선생 규칠(서영춘)은 다른 남자들과 달리 상냥한 말투에 싸움도 하지 않고, 여자친구인 영숙에게는 한방에 있어도 안전한 남자다. 또한 거칠게 시비를 걸어오는 남자들을 피해 숨을 만큼 약골이기도 하다. 술도 안 좋아하고 담배도 못 피우는 규칠은 상견례에서 의사인 영숙의 외삼촌으로부터 수염도 나지 않고 목소리도 하이톤인 것을 보니 '영락없는 여자'라는 말을 듣는다. 이 일을 계기로 영숙과 규칠의 사랑은 깨진다. 복수를 결심한 규칠은 다른 남자와 결혼한 영숙이 신혼여행에 돌아오기 전 여장을 하고 식모로 취직한다. 여자가 된 규하/규칠은 남자일 때와 달리 능력 있는 식모이자 여류 피아니스트로 인정받는다. 규칠을 알아본 영숙은 그가 여자가 아니라고 주장하지만, 가족들은 영숙의 말을 무시한다. 규하/규칠은 악단 단장이나 영숙의 시아버지의 유혹을 받거나 영숙과 한방에서 자는 등 남성과 여성 모두를 상대로 성적 긴장을 형성한다. 이 '저급한 형식의 코미디'[11]는 박정희 체제의 기조였던 명랑과 건강을 거부한다. 슈미즈를 입은 서영춘은 여성성을 입은 성전환자로 등장하여 유혹자 혹은 파괴자의 역할을 수행한다. 악단의 단장은 규하/규칠의 몸을 더듬으며 사랑을 고백한다. 강간 위협에 맞서 저항하던 규하/규칠은 "내가 여자가 되드릴게요"라는 말을 내뱉지만, 그때 마침 들어온 단장의 아내에게 쫓겨 슈미즈 차림으로 거리로 뛰쳐나간다. 여기서 규하/규칠은 정상 가족을 위협하는 젊은 여성이 된다. 한국 코미디 영화의 계보를 연구한 박선영은 서영춘의 여장남자 코미디가 '위반의 쾌락과 그로테스크한 웃음을 근간'으로 하고 지배체제로부터 '해방'을 선사하는 불온한 웃음이었다고 설명한다.[12]

이때 지배체제란 검열을 중심으로 작동하는 박정희 체제뿐 아니라 젠더규범에 따른 이성애 정상성 또한 가리킨다.

이형표 감독의 〈내 것이 더 좋아〉(1969)에서도 이와 유사한 지점을 발견할 수 있다. 〈내 것이 더 좋아〉에는 여장남자 성춘(서영춘)을 비롯해 퀴어한 커플 두 쌍이 등장한다. 가수가 되려고 상경한 성춘은 도착하자마자 가진 돈을 잃어버리고, 무전취식 하려던 식당에서 만난 봉수(구봉서)를 쫓아간다. 그는 갈 곳도, 돈도 없다는 성춘을 집에 데려가 '본마누라'라고 소개하며 함께 산다. "남자가 어떻게 여자 노릇을 하냐"던 성춘은 여자를 연기하며 도리어 높은 평가를 받는다. 성춘의 과잉된 여성 연기가 '좋은 여자'로 인정받은 것이다. 이들이 사는 맞은편 집에는 레즈비언 커플이 있고, 성춘은 집에서 살림하며 가수가 되기 위해 준비한다는 분임을 흉내 낸다. 노래 연습, 피부 마사지, 미용 체조 등에 열심인 분임은 여러모로 여자 성춘의 본보기가 된다. 봉수-성춘 커플과 강자-분임 커플은 이내 회사를 다니는 봉수-강자, 살림을 하는 성춘-분임으로 재조합된다. 성춘은 여자-되기를 수행하며 분임에게 마음을 품게 되고, 봉수와 강자는 회사에 다니며 돈을 벌어오는 가장의 고충을 나누다 서로를 이해하게 된다. 성춘은 애도 못 낳고 무슨 재미로 사냐며 분임의 마음에 불안을 심고, 결국 이들은 젠더 교란으로 얻은 경험을 바탕으로 파트너를 교환한다. 박선영이 지적한 것처럼, 이 영화는 노골적으로 남성 간 친밀성을 그린다. 여성 커플인 강자와 분임에 대해서는 '부부'라는 말이 대사로 제시되지만, 둘 사이의 신체적 접촉은 그려지지 않는다. 반면 봉수와 성춘 사이의 성적 접촉은 훨씬 빈번하게 등장한다. 정상성에 대한 이러한 균열은 젠더 교란 코미디만이 품을 수 있는 불온한 상상이었다.

성애화되는 남성동성사회와
패러디되는 부모의 목소리

인기 코미디언 서영춘과 김희갑이 커플로 등장하는 김화랑 감독의 〈남자는 절개 여자는 뱃장〉(1966)은 조선 시대를 배경으로 남성동성사회의 규칙을 노골적으로 재현한다. 만석(김희갑)은 부잣집 아들이지만 마을에서 바보로 알려져 있다. 이에 만석의 부모는 가난한 양반집 딸 연실(엄앵란)과 돈을 써아들을 결혼시키고자 한다. 만석 같은 남자와 결혼하지 않겠다고 결심한 연실이 사라지자 연실이가 계집애 같다고 놀렸던 순복이 연실 대신 시집을 간다. 이후 여장한 순복과 만석은 서로 합의하에 결혼생활을 이어나간다.

#85

순복: 허지만 이 일을 부모님이 아시는 날이면 어차피 죽어야 할 몸 차라리 마음 좋은 서방님의 손에 죽는 것이 마땅한가 하옵니다.

만석: 우린 같이 살자구. …… 그냥 당신은 내 색시 노릇을 해요. 고생은 좀 되겠지만 이제부터 둘도 없는 친구가 되는 거야. 자 술이나 한잔 들어. 응…… 흑……

순복은 자신이 남자임을 고백하면서도 여전히 여성의 말투를 사용하며 "도련님" "서방님"이라고 부르고, 만석 역시 순복에게 '색시 노릇'을 권하면서 두 사람은 부부가 된다. 그날부터 '좋은 친구'가 된 두 남성은 비밀을 지키며 각자의 역할을 한다. 영화 초반부에 문제아로 등장한 만석은 시집살이에서 발생하는 문제에 어른스럽게 대처하며 순복이 처한 어려움에 공감할 줄 아는 모습을 보인다. 이후 살림에 서툰 순복을 돕거나 부모 앞에서 순복의 편을 드는 등 둘은 행복한 부부로 거듭난다. 순복 역시 시누이 이쁜이와 잘 지내고 시부모의 곤경을 지혜롭게 해결해주는 등 가정에서 자신이 맡은 역할에 최선을 다한다. 남자로서는 모자란다는 평가를 받아온 순복은 점점 '좋은 여자'로 거듭난다.

#106

만석: 넌 우리 집에서 새색시 노릇 하느라구 고생도 많이
하구 했으니 너의 집에 와서나 편히 쉬어라.

순복: 어유! 어쩌면 이렇게 인정이 많으신 서방님이신가?
내 뽀뽀해줄게.

순복은 새벽에 일어나 밥을 하고, 온종일 가사노동을 한
다. 빨래터에서 다리털이 들키거나 밥을 짓다가 태우는 등
순복이 실수할 때마다 관객은 여장남자의 모자란 행동에 웃
음 짓는다. 하지만 만석이 순복의 다리털을 직접 뽑아주는
장면이나 "시집살이 하느라구 그 마른 얼굴이 더 삐쭉 마르
구 이 손등이 두꺼비처럼 터져도 말 한마디 않구……"[13]라며
순복을 부덕婦德을 갖춘 아내로서 칭찬하는 장면 등은 이들
의 관계를 성애화한다. 영화는 남성들 사이의 친밀한 관계를
적극적으로 재현하고, 이러한 성애화는 '서방님에게 뽀뽀해
준다'는 데까지 이어진다. 관객이 웃음과 동시에 성적 긴장
감을 느끼게 되는 장면이다.

#142

만석: 그러구 보니 이 길을 우리가 걸어간 지도 1년이 됐
구나!

순복: 물론 1년이라지만 한 10년 지난 것 같다!

만석: 정이라는 게 뭔지.

(눈물이 글썽한 순복)

만석: 이담에 너 장가갈 때 꼭 알려라!

순복: 너도…… 원체 네가 마음이 고우니까……

만석: 사실 살 수만 있다면 너하구 그냥 이대로 살고 싶을 뿐이야!

만석과 순복은 헤어지면서 1년간의 결혼생활을 회상하며 아쉬워한다. 이대로 함께 살면 좋겠다는 바람은 전도된 형태로 이루어진다. 만석의 여동생인 이뿐이가 '언니' 순복을 따라가서 살겠다고 나서는 것이다.

#142

이뿐이: 싫어! 정말이야! 난 언니하구 떨어져선 못 살 것만 같애! 살아도 언니 집에서 살 테야!

만석: 앤 사정을 다 알면서도 이런 소리 하구 있어! 우리가 왜 헤어져 가는지 넌 다 알고 있을 게 아니냐!

이뿐이: 알아요! 하지만 저 언니가 좋은 걸 어떻게 해요! 언니하구 정이 든 걸……

영화 내내 형성된 동성 간의 성적 긴장은 순복과 이뿐이의 관계로까지 확장된다. 이뿐이는 '언니' 순복과 정이 들었다면서 그녀를 따라가겠다고 고집을 부린다. 순복이 남성임을 숨겨왔다는 사실을 알게 된 상황에서도 이뿐이는 자신의 뜻을 고집한다. 순복은 '아가씨' 이뿐이를 설득한다. 하지만 순복과 이뿐이의 관계는 변장이 탄로 났더니 멋진 남자가 되었다는 식의 이성애 규범성을 강화하는 내러티브와는 다르다. 이들은 올케와 시누이라는 환경에서 만나 친밀해진다. 언니가 좋아서 따라가겠다는 이뿐이의 말은 퀴어한 상상력으로 이어진다. 물론 이러한 퀴어 서사는 마지막 장면에서 제자리 찾기로 이어진다. 연실은 만석을 몰라본 자신을 반성하고, 이뿐이는 순복과 결혼하기로 한다. 순복과 만석의 친밀한 관계는 각자의 여자 형제를 교환하면서 '정상적인' 남성 연대로 순치된다.

서사적 결론만 보면 〈남자는 절개 여자는 뱃장〉은 여성 교환과 거래를 통해 남성이 공동체의 일원으로 성장하는 과정을 다룬다. 여성은 남성들이 가족 간, 사회 간, 국가 간 연대를 형성하기 위해 교환하는 거래물이다.[14] 연실과 이뿐이는 만석과 순복의 얽힌 관계를 정리하고 두 집안을 화해시킬 돌파구가 된다. 연실의 아버지가 강직한 인품을 인정받아 관직에 불려가게 되자 자산가인 만석과 학식이 높은 연실의 집안은 서로에게 힘이 되는 관계를 형성한다. 이러한 여성 교환은 영화의 마지막 순간에 이루어지며, 영화는 이를 위해 처음부터 끝까지 만석과 순복의 정서적 친밀감과 유대를 촘촘히 보여준다. 이런 점에서 〈남자는 절개 여자는 뱃장〉의 구조는 두 명의 남성과 한 명의 여성을 전제하는 세즈윅 식의 삼각형을 연상케 한다. 앞서 보았듯 세즈윅은 남성이 다른 남성과 맺는 관계의 구조를 일반화하는 전략을 남성동성사회성으로 정의한 바 있다. 이는 남성의 우정, 멘토십, 자격, 라이벌 구도, 그리고 이성애와 동성애 섹슈얼리티가 서로 친밀하고 유동적인 관계에 있다는 것을 암시한다. 세즈윅은 이 삼각관계를 통해 강조되는 것이 두 남자의 관계라고 설명하면서, 교환되는 여성보다는 서로 욕망을 모방하는 남성 간 관계에 주목한다. 즉 세즈윅의 이론을 따라 만석과 순복이 부부였다가 매제가 되는 관계를 남성동성사회성의 스펙트럼으로 읽을 수 있다. 그런데 이 영화의 특징적인 지점은 이 동성사회성이 가진 성애적 측면을 코미디의 힘을 빌려 노골적으로 드러낸다는 데 있다. 만석과 순복은 신체 접촉이나 정서적 대화 등 부부 되기를 수행함으로써 남성 연대의 성애적 측면을 폭로한다.

영화에서 만석과 순복은 애초 연실을 사이에 두고 형성된 관계이다. 여기에는 이성애적 욕망 대신 부모에 대한 '효'

라는 한국 규범이 자리한다. 조선 사회는 이성애적 관계가 아니라 부모의 명령을 남성 주체에게 요구한다. 이 영화를 추동하는 것은 만석의 욕망을 지시하는 부모의 목소리이다. 만석과 연실의 결혼이나 출산, 이혼에 이르기까지 부부 사이의 일을 결정하는 것은 만석의 부모이다. 만석-순복 부부는 손자를 기다리는 부모의 바람을 충족시키기 위해 출산을 꾸며낸다. 가난한 친구의 아이를 빌려 데려다 키우면서 자신을 닮았다고 좋아하는 만석의 모습은 가족 만들기 서사를 코미디로 만든다. 부모의 명령에 따르는 것, 즉 효의 실현이 한국사회를 지배하는 가장 강력한 욕망임이 확인되는 부분이다. 이런 의미에서 한국사회의 규범은 세즈윅이 정의했던 동성사회적 욕망이 선명하게 드러나는 장이 된다.

만석과 순복은 연실과 이뿐이를 교환함으로써 서로의 친밀성을 강화한다. 이들의 관계는 여성을 매개로 정상화되고, 동시에 성애화된 부부생활로도 이어진다. 영화는 이런 식으로 남성동성사회를 성애화한다. 탈성애화된 이성애 사화에서 이런 시도는 성과 권력의 관계에 새로운 틀을 제시한다. 영화에서 남성동성사회의 규칙은 이성애 규범성을 훼손하고 어긋나게 한다. 영화는 표면적으로 이성애 규범성을 강화하는 것처럼 보이지만, 실상 시누이와 올케의 결합을 통해 가족 질서를 '퀴어링'한다. 이뿐이가 순복을 따라가겠다고

남성성의 각본들

하는 것은 순복이라는 남성을 선택한 것이 아니라 정이 든 '언니'를 따라가는 것이다. 즉 성별 논리상으로는 이성애 관계이지만, 이뿐이의 감정 안에서는 동성애적 관계이다. 이러한 커플링은 좋은 배우자와 결혼해서 자식을 낳으며 살아야 한다는 부모의 목소리를 패러디한다.

여자-되기를 통한 남자-되기

여장남자 코미디는 구봉서, 서영춘과 같은 인기 코미디언을 중심으로 제작된다. 왜소한 서영춘의 신체 이미지가 그 자체로 '퀴어'하다면, 구봉서는 건장하고 말끔한 외모임에도 여장 단골 배우로 자리매김한 경우이다. 특히 심우섭 감독과 합작한 〈남자식모〉(1968)를 시작으로, 〈남자미용사〉(1968), 〈남자와 기생〉(1969), 〈월부남비서〉(1969), 〈특등비서〉(1969), 〈속 남자식모〉(1970) 등을 발표한다.[15] 이 일련의 영화들에서 구봉서는 식모, 미용사, 기생 등 다양한 직업군을 아우르며 여자-되기를 수행한다. 여장남자 코미디 영화들은 이런 식으로 가난한 하층민 남성을 재현한다. 구봉서가 맡은 남성 캐릭터들은 헤게모니를 승인하지만 그만큼의 힘이나 능력은 없는 종속적 남성성을 재현한다. 학력, 경제력, 남자다움

등 헤게모니와 거리가 먼 남성 청년들은 생계를 위해 여자가 하는 일을 하거나 여장을 한다. 이들은 식모, 미용사, 기생, 비서 등이 되어 '사장족'을 비롯한 헤게모니적 남성성을 풍자하고 새로운 시대의 남성성을 제시한다. 이 과정에서 여장 남자 코미디는 여자-되기를 경유한 남자-되기를 통해 남성성이 타고나는 것이 아니라 수행을 통해 획득되는 것임을 보여준다.

구봉서와 심우섭 합작의 대표작인 '남자 시리즈'는 희극과 멜로를 결합시킨다. 남자의 여자-되기라는 코믹한 요소에 실직한 실향민이라는 멜로 서사를 가미한다. 직업은 없지만 선량한 남성 청년인 구봉서는 헤게모니적 남성성을 비판하고 새로운 시대의 청년으로 거듭난다. 여자-되기 시리즈의 첫 번째 작품인 〈남자식모〉는 연구비가 필요한 동생을 위해 식모가 되는 청년 형구가 현명한 여자와 결혼하고, "1500만 남성의 일원"으로 거듭나는 과정을 그린다. 외판원으로 일하던 형구는 학력이 없다는 이유로 회사에서 해고당한다. 6·25 피난길에 부모가 죽고 동생과 단둘인 그는 생계로 인해 학교에도 다니지 못했고, 돈도 없다. 해고당한 그는 바람둥이 남편을 단속하기 위해 남자 식모를 찾는 사장 집에 식모로 들어간다. 가사 기술이 없는 형구는 식모가 되어 상류층의 서구 지향을 역이용한다. 이것은 형구가 그들을 조롱하

남성성의 각본들

는 독특한 방식이다. 다 타버린 고등어를 들고와 서양에서는 이렇게 먹는다고 능청을 떠는 식이다. 부인에게 맞고 사는 사장 '반창고'가 비서와 외도하는 현장을 목격하고는 사장을 협박하고 사장 부인에게서 용돈을 받아쓰는 등 권력을 역전 시키기는 면모도 보인다. 사장 부부의 부도덕과 어리석음은 형구의 선함, 영리함과 대조된다. 형구는 "자고 이래로 동서 고금을 통하여 우리 한민족은 일부일처주의란 윤리관이 철 두철미하거늘 어찌하여 자네는 아프리카 미개인처럼 일부 다처주의의 관념에 사로잡혀 식모란 식모는 모조리……"라 며 반창고를 비판한다. 부도덕한 기성세대와 세대나 계급적 으로 차별화되는 남성 청년을 주인공으로 등장시킨 영화는 〈남자식모〉만이 아니다.

심우섭-구봉서 콤비의 영화 〈월부남비서〉 〈특등비서〉 는 비서가 된 구봉서가 자신의 고용주인 사장의 여자 문제를 해결하는 내러티브로 진행된다. 그런데 이 두 영화에 등장하 는 남성들은 모두 발언권이 있는 아내(도금봉)의 지배를 받는 다. 〈월부남비서〉는 바람난 남편을 대신해 월부로 남편을 들 인 정 여사가 남편의 바람기를 고치는 내용을 담는다. 월부 로 라디오, 프라이팬 등을 판매하던 '고등어'(구봉서)는 바람 난 남편으로 속을 끓이던 정 여사에게 할부로 팔린다. 여성 이 남성을 '구매'한다는 영화의 설정은 술집 여자의 환심을

'구매'하려는 남편의 행동과 병치된다. 남편으로 취직한 고등어는 사장 오동동의 질투를 유발하기도 하고, 아이들의 아빠 역할을 하는 등 남편-되기를 수행한다. 이뿐만 아니라 회사에 비서로 들어가 사장의 움직임을 감시하고 정 여사에게 보고하는 역할을 맡는다. 형식적으로는 사장 비서지만, 사실상 정 여사의 요구에 따라 움직이는 셈이다. 〈특등비서〉 역시 〈월부남비서〉와 유사한 플롯으로, '공처가'인 구풍(구봉서)은 사장 부인의 면접을 통해 바람 피우는 사장을 감시하기 위한 특등비서로 취직한다.[16] 이 두 편의 영화는 재력을 가진 헤게모니적 남성성이 일으키는 문제를 종속적 남성인 구봉서가 해결하는 모습을 보여줌으로써 헤게모니 역전을 시도한다.

〈남자와 기생〉은 남자답지 못하다는 이유로 회사에서 해고된 청년이 여장을 하고 기생이 되어 헤게모니적 남성성을 비판하며 시대의 일꾼으로 거듭난다는 세계관을 정립한다. 요정 유락원을 배경으로 펼쳐지는 이 영화는 첫 장면에 요정에서 술을 마시는 일군의 남자들을 담아내며 시작한다. 기생의 얼굴이 맘에 들지 않는다며 차라리 남자 기생이라도 불러오라는 손님의 주정은 영화가 요정에 드나드는 '사장족'들을 희화화하고 있음을 보여준다. 이후 여장남자 구봉서는 기생이 되어 "가정보다 요정을 더 중요시하는 오늘의 사장족에게 경종을 울린다"는 대사를 반복한다. 이 사장족은 교류를 위해 여성을 교환하고 거래하며, 섹슈얼리티를 매개로 공동체를 형성하는 식으로 한국의 헤게모니적 남성성을 수행하는 이들이다.

#73

태호: 네놈들 돈 많다고 자랑하러 여기 왔나. 집에 가면 쌀도 없고 연탄도 없는 것들이 이런 곳에 와서는 돈을 물 쓰듯 쓰는구나. 어허랑 어허랑 이 녀석들아 냉수 먹고 속 차려라. 여기서 쓸 돈이 있으면 자식새끼들 운동화나 사 주고 고생하는 마누라의 속옷이나 사 입혀라 어허랑 어허랑

(급기야 춤을 춘다)

태호: 한심하다. 한심해. 네놈들 때문에 우리들이 밥을 먹고 살지만 그러나 너희들은 정신을 차려 국가를 위해 무언가 일을 할 생각이나 해라 어허랑 어허랑.

기생 태호는 손님들을 모아놓고 노래를 부르면서 그 자리에 모인 남성들을 조롱한다. 수예점을 차리는 것이 꿈인 그는 회사에서 빨래나 뜨개질 등 여자 같은 짓을 한다는 이유로 해고된다. "앞으로 또 자네가 어떠한 여자의 행동을 할지 모르니까 일찌감치 이 회사를 오늘로써 그만두게." 이렇

게 겉보기에 남자다운 허 사장은 유락원의 단골이며 기생에 게 빠져 살고 있다. 게다가 부인(도금봉) 앞에서는 큰소리 한 번 제대로 치지 못하는 인물이다. 돈이 많은 '사장족'들은 자 신의 경제적 자산을 술을 마시고 여자를 유혹하는 데 사용 한다. 반면 비헤게모니적 남성인 태호는 여장을 하고 기생이 되어 기성세대 남성들을 골탕 먹인다. 태호에게 요릿집 유 락원은 말 그대로 일종의 낙원이다. 그는 자신을 해고한 사 장을 유락원 손님으로 만나, 그의 잘못을 폭로하고 해고당한 설움을 갚는다. 허 사장에게도 유락원은 일종의 피난처가 된 다. 허 사장은 부인이나 회사로부터 벗어나서 태호에게 애정 을 갈구함으로써 자신의 이성애 남성으로서의 지위에서 일 탈한다.[17] '사장족'들은 그/녀가 부르는 노래 가사에는 관심이 없고, 그/녀가 노래를 부르고 춤을 춘다는 사실에만 흥겨워 한다. 이렇듯 영화는 노래 가사나 대사 등을 통해 지나친 희 롱이나 욕설 등을 고발하는 장면을 삽입한다. 여장한 태호의 입을 빌려 건전한 가정과 사회를 만들어야 한다는 메시지를 강조하는 전략이다. 하지만 손님들은 이런 비난을 전혀 눈치 채지 못한다.

〈남자식모〉나 〈월급남비서〉 등의 서사 구조가 남성 가 부장들의 헤게모니를 비판하고 있다면, 〈남자와 기생〉은 성 별 정체성의 문제를 본격적으로 거론한다. 이 영화에서 남녀의 성별 수행은 역전되어 있으며, 특히 허 사장의 경우 부인에게 물리적 폭력을 당하는 것으로 나타난다. 배우 도금봉의 강력한 신체 이미지는 작고 마른 남성을 압도한다. 도금봉이 다른 사장 부인들과 함께 양복에 중절모 차림으로 요릿집에 나타날 때, 스크린을 가득 채우는 것은 수행을 통해 완성되는 남성성이다. 한편 태호에게는 유도와 태권도 유단자인 여동생 태숙이 있다. 태숙은 깡패를 만나 위험에 처한 태호를 구해주고, 자신이 태권도 관장이 되어 오빠를 먹여살리겠다고 하는 씩씩한 여성이다. 태숙을 좋아하는 남자 동일은 연약한 청년으로, 태숙의 씩씩함에 기대고 있다. 영화는 젠더가 뒤바뀐 남매가 각자 자신에게 어울리는 짝을 만나 결혼에 이르는 과정을 코믹하게 그린다. 이때 강조되는 것은 오빠 태호가 기생이 되어 남성성을 되찾는 과정이다.

영화는 계급, 성별, 나이 등의 대조를 통해 남성 청년의 도덕성을 강조한다. 태호의 비헤게모니적 남성성은 이성애 수행을 통해 정상성 범주로 포섭된다. 태호는 생계를 위해 대학을 그만두고 기생이 된 여자 정미와 사귀기 시작한다. 기생인 정미와 태호의 사랑은 태호의 말처럼 "동성애"로 보인다. 이와 같은 퀴어링은 정미만이 태호가 실제로 남성이라는 것을 알고 있다는 설정을 통해 가능해진다. 정미는 기생이 된 지 얼마 안 된 순결한 여성이기에 태호와의 교제를 통해 가족 질서 안으로 복귀하는 데 아무런 문제가 없다. 구봉서가 연기한 여장남자들은 여성 젠더 수행을 통해 헤게모니적 남성성을 변화시키는데, 이는 한국사회의 지배질서에 대한 반박이기도 하다. '사장'으로 통칭되는 중년 남성들은 실상 아내의 지배를 받고 있고, 그 아내들은 서구지향적 허영에 들떠 참과 거짓을 구분할 줄 모르는 여성들이다.[18] 영화는 허영과 사치에 찌든 상류층을 대신할 남성 청년을 새로운 주체로 호명함으로써 헤게모니적 남성성의 변화를 예고한다. 가난하지만 올곧은 심성을 가진 이들은 부조리한 기성 세대를 비판하고, 새로운 시대의 주체로 거듭난다. 〈남자와 기생〉의 태호는 기생 생활을 통해 "남자란 가정을 중요시하지 않으면 안 된다"는 사실을 알았다고 고백한다. 사장족 부인들에게도 남편의 버릇을 고치기 위한 방법은 '서비스'뿐이라며 훈계한다. 이후 허 사장의 바람기를 혼내던 부인은 남편의 출퇴근을 직접 챙기고, 다정한 인사를 건네는 등 '서비스'를 통해 화해를 이룬다. 영화는 헤게모니적 남성성의 폐해가 이성애 수행을 통해 교정될 수 있다고 전제한다.

〈남자식모〉 역시 마찬가지다. 〈남자식모〉에서 동생을 위해 자신을 희생하는 '진짜 남자' 형구는 동생 덕에 전무로 취업한다. 영화의 해피엔딩은 옆집 식모인 줄 알았던 현옥이 형구가 취직한 회사의 사장 딸이라는 것이 밝혀지면서 완성된다. 정략결혼을 강요하는 아버지에 대항해서 집을 나온 현옥과 가난하지만 성실한 형구의 사랑은 기성세대에 대한 청년세대의 승리를 보여준다.[19] 이후 제작된 〈속 남자식모〉 (1970)는 형구와 현옥의 결혼 이후 삶을 보여준다. 전무가 된 형구의 도시형 주택은 행복으로 가득하다. 반면 사장 반창고 는 어린 식모를 유혹하다 부인에게 들켜 집에서 쫓겨난다.[20] 남성 청년의 성공담으로 보아도 과하지 않은 구성이다. 영화 는 여자-되기라는 과정을 통해 초남성적 사회가 이룩한 헤 게모니를 비판하고, 이를 통해 남자다움의 변화를 가져온다.

이성애 규범성은 여자-되기 코미디 영화의 보호막이다. '남자 시리즈'의 남성들은 남성성의 위기를 여자-되기를 통 해 극복한다. 〈남자식모〉를 비롯한 다수의 여장남자 코미디 물을 제작한 감독 심우섭은 자신의 영화에서 나타나는 성 역 할의 전도가 취직난에 허덕이는 무능한 남성들의 현실을 지 켜보며 그들의 삶을 영상화하는 데서 시작된 것이라고 설명 한다.[21] 물론 이들 영화는 대부분의 코미디 영화가 그렇듯 지 배 이데올로기와 타협하면서 길항한다. 코미디 영화는 대중 이 당대의 모럴과 맺는 일종의 타협이라고 볼 수 있으며, "대 중의 도덕적 불안감을 잠재우며 은밀한 욕망을 드러내는 이 중적 역할"을 수행한다.[22] 특히 1960년대 한국영화는 영화 법 제정과 더불어 사전 검열, 등급제 등 정부의 강력한 통제에서 자유로울 수 없었다. 따라서 당시에 지배 이데올로기와 규범에 반하는 품행을 영화화한다는 것은 결코 쉽지 않은 일이었다. 건전과 명랑을 표방한 코미디 영화의 등장은 이런 사회적 맥락과 깊은 연관이 있다. 이것은 여장남자 코미디 영화를 이데올로기를 초과하는 장면에 주목해서 읽어야 하는 이유이기도 하다. 여장남자들이 이성애 규범성이 지배하는 코미디 영화의 관습 너머로 비판하고 풍자하고자 하는 것은 곧 헤게모니적 남성성이다.

명랑한 외피와 내부의 균열

1960년대 여장남자 코미디 영화는 트랜스젠더나 트랜스 섹슈얼리티와 같은 젠더퀴어가 보여주는 젠더화된 정체성의 자연성을 의심하게 하는 정치적 가능성에는 미치지 못했다고 볼 수 있다. 코미디 영화가 재현하는 드랙drag은 하위 모방적 속성과 이성애 커플이라는 안전장치를 통해 사회질서를 회복하는 방향으로 작동한다. 우스꽝스러운 악을 모방해 웃음을 유발하는 코미디는 그 특성상 항상 해피엔딩으로 끝날 수밖에 없다.[23] 이것이 여장남자의 젠더 교란 실험이 수행하는 "대중의 도덕적 불안감을 잠재우며 은밀한 욕망을 드러내는 이중적 역할"이다.[24] 여장남자 영화들은 '여자'나 '남자'라는 명사로 기술할 수 없으며 정체성의 지속적인 변형, 젠더화된 정체성을 궁금하게 만드는 사이 공간을 입증해내며 고정된 것으로 여겨지는 성별을 불안정하게 만들 수 있다는 점을 가시화한다.[25]

공적이며 산업적인 남성성과 사적이며 양육하는 여성성의 공사 영역의 분리를 해체하는 여장남자 코미디는 그 건강하고 명랑한 외피에도 불구하고 여러 균열을 만든다. 공적 공간에 출현하는 '비정상적인 것'의 존재는 언제나 가시적이다. 새로운 종류의 신체가 그들을 위해 마련되지 않은 장에 출현해 기존의 질서를 교란할 때, 그 신체는 종종 '공포' '괴물'과 같은 개념으로 설명되곤 한다.[26] 〈여자가 더 좋아〉의 규칠이 가발이 벗겨진 짧은 머리에 화장한 얼굴로 슈미즈를 입은 채 거리로 뛰쳐나가는 장면에서 드러나듯, 여장남자 코미디는 언캐니함을 제공한다. 여장남자가 연출하는 커플신에서 이성애와 동성애의 경계는 모호해진다. 남성동성사회를 성애화하는 영화들이 코미디 영화 의미망의 '잉여'로 존재하는 것은 이런 까닭이다. 여장남자들이 비판하고 풍자하고자 하는 헤게모니적 남성성은 (이성애 규범을 강화하는) 코미디 영화의 관습 너머로 다각도로 조명될 필요가 있다.

주

1   이호걸, 「신파양식 연구」; 이호걸, 「파시즘과 눈물」, 『영화연구』 45,
    2010, 343~384쪽.

2   신시아 인로, 『군사주의는 어떻게 패션이 되었을까』, 김엘리·오미영
    옮김, 바다출판사, 2015; 문승숙·마리아 혼 엮음, 『오버데어』, 이현숙
    옮김, 그린비, 2017 등 참조.

3   Kim Chung-Kang, "Nation, Subculture, and Queer Representation:
    The Film Male Kisaeng and The Politics of Gender and Sexuality
    in 1960's South Korea", *Journal of History of Sexuality* 24(3), 2015,
    pp.455~477.

4   「여적」, 『경향신문』, 1963. 2. 1. "직업을 구하기 어려운 오늘
    현실에서도 남자보다는 여자 편이 세상을 살아나가기가 쉬운
    모양이다. 하다못해 여성은 최악의 경우 '웃음'이라도 팔 수 있다는
    논법에서 말이다"라고 설명한다.

5   「광고」, 『동아일보』, 1963. 2. 18.

6   이 영화는 필름 없이 시나리오만 남아 있는 관계로, 시나리오를
    토대로 했다. 이 글에서 다루는 영화 중 〈남자는 안 팔려〉
    〈남자는 절개 여자는 뱃장〉 〈특등비서〉 등도 영화를 구할 수 없어
    한국영상자료원에 소장된 시나리오를 저본으로 삼았다.

7   John D'Emilio & Estelle B. Freedman eds. *Intimate Matters: A
    History of Sexuality in America*, Harper and Row, 1988.

8   「휴지통」, 『동아일보』, 1963. 7. 23. 인천 자유공원에서 자줏빛
    맘보바지에 파란색 무늬의 블라우스를 입고 지나가던 남자를
    유인하려다 순찰 경관에게 들킨 배춘희가 검거 후 즉심에
    회부되었다. 이때 죄목은 주거부정으로, 거주지가 일정치 않은 상경
    인구가 상시적으로 처벌의 대상이 되었음을 확인할 수 있다.

9   국악단에서 여자 역할을 맡는 것으로 여장을 시작한 이영미는

10년간 여성으로 살아왔으며, 이후로도 여자로 살아갈 것이라고 고집한다. 언론은 "남성으로서 조금도 모자람이 없이 변성기를 지난 스물한 살의 청년이 10여 년간 여자로 변장, 구레나루와 코밑수염을 하루 한 번씩 매끈히 밀고 여자 행세를 하고 다니다가 본색이 드러났다"고 보도한다. 그는 가족이 찾으러 오자 "남자 행세를 하려면 차라리 죽겠다"고 도망친다. 「여장남인 "루지"를 지어본다」, 『경향신문』, 1964. 4. 9.

10 이봉조가 작곡하고 최희준·위키리·곽순옥 등이 부른 주제가의 가사는 다음과 같다. "세상에 돈이 있다고 뽐내지 마라 / 꼬리치는 여자 웃음에 녹아나는 사내들 / 밉다고 짜증내고 곱다고 만져주고 / 싫다고 투덜대지만 / (후렴) 여자가 무엇인지 그렇게 좋은 건지 / 여자 없이 살 수 없어요 / 세상에 돈만 있다고 의시대지만 / 여자가 제일이야 / 여자가 더 좋아"

11 이영일, 『한국영화주조사』, 영화진흥공사, 1988, 433~444쪽.

12 박선영, 「1960년대 후반 코미디 영화의 '명랑'과 '저속'」, 『한국극예술연구』 51, 2016, 169~201쪽. 서영춘 코미디를 본격적으로 분석한 박선영은 그의 코미디가 구봉서나 김희갑과 달리 '저속'하고 '불온'한 것으로 낙인찍혀 제재를 당했다는 사실과 서영춘 본인이 사건사고를 일으키는 인물이었다는 점 등을 언급하면서 그의 코미디가 가진 불온함을 분석했다. 〈내 것이 더 좋아〉의 경우, 검열에서 시나리오가 많이 수정되었지만, 실제 영화에서는 남성 간 친밀성이 장난 혹은 다툼으로 빈번하게 등장한다. 반면 여성 커플에서는 '부부'임을 알 수 있는 단어가 모조리 삭제되었다.

13 장사공, 『〈남자는 절개 여자는 뱃장〉 시나리오』, 한국영상자료원, 1966, 40쪽.

14 게일 루빈, 「여성 거래」, 『일탈』.

15 1945년 태평양악극단의 임시 악사였던 구봉서는 김대봉의 대역으로 코미디 배우를 시작한다. 그는 훤칠한 외모와 능청스러운 말솜씨로

코미디와 쇼 무대에서 사랑을 받았으며, 종군연예인으로도 4년간
활동했다. 1956년 영화 〈애정만세〉를 시작으로 1970년대 초반까지
약 400여 편의 영화에 출연했으며, 1950년대 후반부터 1960년대
후반까지 이어지는 코미디 영화 열풍의 중심에 있었다. 구봉서
주연의 영화들은 소시민의 성공과 로맨스를 중심으로 여러 곤경에도
불구하고 취업과 결혼에 성공한다는 특징을 갖는다. 박선영,
「1960년대 후반 코미디 영화의 '명랑'과 '저속'」, 196~205쪽.
특히 구봉서는 심우섭 감독과 1980년대까지 영화 작업을 함께
했는데, 구봉서에 따르면 1960년대 심우섭은 일주일에 한 편의
영화를 완성할 정도로 빠른 속도와 실력을 자랑했다고 한다. 구봉서-
심우섭의 코미디 영화가 대중영화로서 성공을 거둔 것은 물론이다.
「구봉서, 깨우침이 있는 웃음의 철학을 실천한 한국 코미디계의
대부」, 네이버캐스트(제공처: 웅진지식하우스), 2012. 5. 30.

16   영화는 구풍이 사장과 사장 부인 사이를 오가며 양쪽에서 돈을
     받아 챙기는 과정에서 생기는 희극적 상황을 중심으로 구성된다.
     사장은 부인의 눈을 피해 기생을 통해 아들을 얻고, 집에서 쫓겨난다.
     사랑했던 기생마저 아이를 두고 떠난 상황에서 사장은 특등비서인
     구풍과 함께 아이를 키우기로 결정한다. 이렇게 특등비서와 사장은
     일종의 부부가 된다. 영화는 사정을 오해한 사장 부인이 이들이 함께
     사는 집에 쳐들어오는 것으로 끝난다.

17   Kim Chung-Kang, "Nation, Subculture, and Queer Representation",
     p.468. 김청강은 태호가 기생을 그만두고 허 사장과 화해한 후 그와
     키스하는 장면을 분석하면서 이 영화의 모호한 퀴어함이 여전히
     사라지지 않고 남아 있음을 지적한다.

18   '남자 시리즈'의 하나인 〈남자미용사〉는 주변부적 남성이 건실한
     헤게모니적 남성성을 획득하는 과정을 그린다. 식모살이를 하다
     쫓겨난 형구(개똥)는 남자 미용사가 인기라는 소문에 미용실에
     취직을 시도하지만 매번 거절당한다. 그러던 중 얼떨결에

프랑스에서 귀국한 남자 미용사 앙드레로 오인받아 취직에 성공하게 된다. 그의 엉터리 미용 실력은 '프랑스적인 것'으로 통용되어 여자들에게 인기를 끈다. 〈남자식모〉가 남자들의 품행을 비판한다면, 〈남자미용사〉는 여자들의 허영을 비판한다. 고객들은 형구의 기괴한 스타일을 최신 프랑스 유행이라면서 좋아하고, 너 나 할 것 없이 줄을 선다. 이런 도시 여자들과 대비되는 것이 고향에서 황토를 개간하는 형구의 남동생이다. 정체가 탄로 난 형구는 동생이 있는 고향으로 내려가기로 한다. 형구가 앙드레가 아니라는 것을 알고 떠난 난이는 진정한 사랑을 깨닫고 형구에게 돌아온다. 영화는 도시의 허영에 물든 청년들이 귀향하여 땅을 개간하는 새마을 일꾼이 되는 교훈적인 결론으로 마무리된다.

19 연윤희는 심우섭의 '남자 시리즈'가 도시 빈민의 삶을 녹여내고 있다고 평가한다. 현옥과 형구를 통해 식모의 노동권을 비중 있게 다루고, 여자 식모들의 노동환경 문제를 고발하고 있다는 것이 그 근거가 된다. 연윤희, 「1960년대 '노동'하는 식모와 권리 인정에 관한 외침」, 『인문과학연구논총』 37(3), 2016, 289~316쪽. 그러나 〈남자식모〉가 강조하는 것은 식모의 노동권이 아니라 식모를 통해 거듭나는 남성 주체의 성공담이다.

20 영화는 자신의 잘못을 반성한 반창고가 성실한 가장이 되고 형구, 고 사장(현옥의 아버지), 반 과장 등이 탱크 크림 케이크를 앞에 두고 "1971년 수출 성공"을 기원하는 것으로 마무리된다. 이 영화 역시 여자-되기를 통해 남성의 자리를 확보한다는 식의 질서 회복 서사를 보여준다.

21 김수남, 「심우섭 감독 연구」, 『청예논집』 19, 2001, 133쪽(김수남의 2002년 1월 13일 인터뷰 구술자료에서 재인용).

22 송효정, 「1970년대 전후 코미디 영화의 아이콘: 남자 식모에서 여자 운전사까지」, 『대중서사장르의 모든 것 4: 코미디』, 이론과실천, 2013, 394쪽.

23 박근서, 『코미디, 웃음과 행복의 텍스트』, 커뮤니케이션북스, 2006, 14~15쪽.

24 송효정, 「1970년대 전후 코미디 영화의 아이콘」, 394쪽.

25 주디스 버틀러는 이분법이나 대립 구도를 해체하기 위해 수행성을 강조한다. 모든 단일한 정체성을 부정하고, 통일된 동일자의 내적 안정성을 의심하는 것이다. 조현준, 『젠더는 패러디다』, 현암사, 2014.

26 너멀 퓨워, 『공간 침입자』, 김미덕 옮김, 현실문화, 2017, 61~97쪽.

상경과 귀향의 젠더정치학

남 성 의 얼 굴 을 한 민 중

프랑스 시집을 읽는 소녀

1963년 국가재건최고회의 의장 박정희는 대통령선거를 앞두고 "이등객차에 / 프랑스 시집을 읽는 / 소녀야, / 나는, 고운 / 네 / 손이 밉더라"¹라는 시를 쓴다. 박정희는 이 자작시에 대해 "고운 손아, 너로 말미암아 우리는 그만큼 못살게 되었고, 빼앗기고 살아왔다. 전체 국민 1% 내외의 저 특권 지배층의 손을 보았는가. 고운 손은 우리의 적이다"라고 언급하며 '소녀'를 특권 지배층의 표상으로 불러낸다.² 그리고 이 계급적 적대감은 박정희 통치성의 기반을 이루었다. 모든 국민이 잘살 수 있는 사회를 만들겠다는 사회개혁의 목소리와 더불어 제국주의적 남성성을 모방한 초남성성이 등장한다. 원조경제라는 무력한 상태에 놓여 있던 남성 주체들을 진취적인 행위 주체이자 민족의 영웅으로 소환한 것이다. 하지만 초남성적 사회의 통치성에 부응하지 못하는 것은 자연스러운 일이기도 했다. 이때 헤게모니적 남성성은 군사주의적 남성성으로 획일화되고, 남성 주체들의 행위성은 그에 대한 좌절이나 실패 혹은 성공으로 축소된다. 당시의 소설들이 동원체계에서 소외된 남성들의 고통을 전면화한 것은 우연이 아니다.[3] 헤게모니적 남성성의 불가능성은 남성성에 대한 연민으로 표출된다. 희생자의 파토스에서 생겨나는 국민들 사이의 위계화와 도덕적으로 순결한 희생자인 남성 영웅의 자기연민은 남성적 파워 엘리트주의의 중핵을 이루며 한국사회를 관통했다.[4]

박정희 체제의 국민화와 그에 대한 대항담론은 모두 헤게모니적 남성성을 중심으로 구성되었으며, 그 약한 토대를 가리기 위해 여성혐오를 통한 젠더정치를 사용했다. 1970년대는 초남성적 군사주의에 기반한 통치성과 이에 저항하는 리얼리즘 문학이라는 한국문학사의 뼈대를 직조한 시기로, 한국문학의 '황금기'로 불린다. 이 정전화 과정에서 문학사적 시민권을 획득한 것은 남성 하위주체를 중심으로 한 서사이다. 박정희 체제의 통치성에 저항했던 작가들은 민중을 사실적으로 재현하는 것이 문학가의 역사적 책임이라는 입장에 섰다. 남성 노동자 대 젊고 부유한 여성, 혹은 남성 노동자대 가난으로 타락한 여성이라는 리얼리즘 문학의 전형성은 리얼리즘 문학이 민중을 형상화하는 방식에도 영향을 미쳤다. 이를 잘 보여주는 것이 1970년대 리얼리즘 문학을 대표하는 작가 황석영의 소설과 그가 윤문한 것으로 알려진 『어둠의 자식들』(1980)이다.

1962년 잡지 『사상계』의 신인문학상으로 등단한 황석영은 1970년대 한국 리얼리즘 소설을 대표하는 작가다. 베트남전쟁이나 5·18, 북한 방문 등 한국 현대사의 궤적을 직접 관통한 그는 그 체험을 바탕으로 소설을 써서 문단에서 인정받고 대중적으로도 큰 성공을 거두었다. 민중의 삶을 핍진하게 그렸다고 평가받는 그의 소설은 한국현대사의 망탈리테를 살펴보기에 가장 적합한 텍스트라고 할 수 있다. 특히 1970년대 황석영의 소설들은 산업화 과정에서 소외된 민중을 남성 노동자 형상을 통해 대표재현하고 있어 박정희 체제가 호명한 남성성과 겹쳐 읽을 만한 지점이 있다. 이로써 리얼리즘 문학의 중핵을 이루는 민중의 젠더를 심문해볼 수 있을 것이다.

백화의 귀향과 여성화된 고향

박정희 체제에 대한 대항 담론을 생산한 1970년대 리얼리즘 소설은 민족문학의 이름으로 농민의 투박한 손, 노동자의 넓은 어깨, 고뇌하는 소시민 등의 남성성을 정전화했다. 이는 민중의 이름으로 명명된 젠더화된 신체이자 헤게모니적 남성성이었다. 그러나 누구도 민중이 '남성'을 의미한다는 점을 지적하지 않았다. 창비와 백낙청이 상찬한 방영웅의 『분례기』(1967)는 『창작과비평』 2년 반의 가장 뜻깊은 수확이자 농촌의 하위주체 여성의 고통을 핍진하게 재현한 것으로 평가받았다. 백낙청은 『분례기』에 대해 "객관화된 장면에서 작가의 시선이 보여주는 특징을 필자(백낙청)는 한마디로 〈건강하다〉고 부르고 싶다"[5]고 언급한다. 『분례기』는 소영현이 지적한 것처럼 "절제 없으며 불결한 세계, 온갖 폭력과 범죄가 죄의식이나 반성 없이 일상화되어 있는 비인간의 세계"다.[6] 통속과 신파라는 말이 더 어울릴 이 세계는 『창작과 비평』과 백낙청을 통해 리얼리즘의 정수로 소개된다. 「객지」(1971)도 마찬가지다. 소영현은 『분례기』에 이어 「객지」가 한국문학에서 리얼리즘적인 것을 설명하는 축으로 이동했다고 지적한다. 「객지」를 민중 재현에 근접한 문학으로 가치화하는 시도들은 노동하는 주체의 남성성을 부각하는 한편 여성에 대

한 착취는 개별적인 문제, 일상의 습속으로 치부하곤 한다.[7]

「객지」는 산업개발시대에 남성이 일용직 노동자로서 겪는 부당한 처우를 고발한 소설이다. 「객지」가 1970년대의 시작을 알리는 소설이라는 염무웅의 평가는 황석영의 소설이 남성 노동자들의 세계를 그려냈다는 진단과 맞물린다.[8] 남성 노동자와 그가 재현하는 산업·농촌현장에서의 삶이란 곧 리얼리즘의 다른 이름이었다. 이 남성으로 유표화된 리얼리즘은 시대의 헤게모니와 길항하면서 저항하는 정신의 표상으로 사용되었다. 「객지」는 건설현장을 배경으로 이동혁과 장씨, 대위 등 남성 노동자들의 노동쟁의 현장을 묘사한다. 고향을 떠나 일거리를 찾아 '객지'로 모여든 노동자들은 숙소, 식사 등 모든 것을 회사에 의존해서 해결해야 하고, 이 과정에서 착취에 시달린다. '건설은 국력의 상징이다' '아세아산업의 건설 실적표' '인위적 자연을 제2의 천성으로' 등의 표어가 붙어 있는 식당은 노동자들이 맘 편히 밥 한끼조차 먹을 수 없는 공간이다. 동혁과 장씨 등은 노동조건을 개선하기 위해 투쟁을 모색한다. 사측을 협상 테이블에 앉히기 위해 몸싸움을 벌이고, 파업을 선언하기도 한다. 그러나 "단체행동두 좋네만, 뒷일두 생각해야지"라는 동료들의 타협으로 인해 본래 목적한 바를 달성하지 못할 상황이다. 이에 혼자서라도 쟁의의 정신을 끝까지 지키겠다면서 분신자살을 암시하는 초판본의 결말은 공사장 인부인 남성 노동자의 신체를 통해서만 승화될 수 있는 1970년대식 리얼리즘을 보여준다. "꼭 내일이 아니어도 좋다"는 상승과 고양을 통해 완성되는 서사다.

　이 남성 노동자들의 서사에 삽입되는 여성은 전형적이다. 화려한 한복을 입고 고관대작들을 상대하는 여성들은 '갈보'이거나 '작부'다. 읍내의 찬란한 진열장과 나란히 등장한 요릿집의 풍경은 진열장에 비친 남성 노동자들의 "꼬락서니"와 대조된다. 이동혁과 대위는 관리자들과의 몸싸움을 하다 다친 목씨를 만나러 가는 길에 거리의 술집을 본다. 양복을 입은 남자들과 한복을 입은 여성들의 풍경은 쇼윈도의 상품들처럼 화려하다. "손에 넣을 수 없는" 삶으로 대표되는 풍경에 "그들은 묘한 감회 때문에 서로 내색을 않으려 하고 있었으나, 이런 마을이 자기들을 황량한 공사판의 흙벽 속으로 밀어 처넣었던 게 아닌가 하는 착각에 사로잡혀 있었다."⁹ 소수의 화려하고 풍족한 생활을 위해 노동자를 희생하는 구조를 고발하는 과정에서 여성은 자본의 파국을 증명하는 증거로 사용된다. 즉 '하얀 손'을 가진 여성들은 훼손된 신체의 남성 노동자와 다른 존재로 등장한다. 이들에게는 발언권이 주어지지 않는다. 이러한 정서를 더욱 확장한 소설이 「삼포 가는 길」(1973)이다.

　남성성의 각본들

「삼포 가는 길」의 노영달은 가족도 돌아갈 고향도 없이, 뜨내기 생활을 계속하고 있는 인물이다. 반면, 정씨는 노영달보다 나이가 열 살쯤 많고 목공, 용접, 구두 수선 등 도시 하층민 노동자로서 여러 기술을 가졌으며, '큰집'에도 갔다 왔다. 노영달과 정씨의 가장 큰 차이는 돌아갈 고향의 유무다.

"야아, 그럼, 거기 가서 아주 말뚝을 박구 살아버렸으면 좋겠네."
"조오치. 하지만 댁은 안될걸."
"어째서요."
"타관 사람이니까."[10]

삼포 방향으로 따라가겠다는 영달에게 정씨는 타관 사람인 영달과 자신을 구별짓는다. 하지만 이 구분은 이내 실패한다. "비옥한 땅은 남아돌아가구, 고기두 얼마든지 잡을 수 있"는 삼포는 이미 사라지고 없기 때문이다. 고향이 없는 사람(노영달)과 고향이 있는 사람(정씨)은 더 이상 구분되지 않는다. 모두가 고향을 잃을 수밖에 없는 시대가 되었기 때문이다. 즉 근대화, 산업화와 더불어 민중은 고향을 상실하게 된다.

「삼포 가는 길」의 또 다른 주인공 백화 역시 고향을 상실한 인물이다. "관록이 붙은 갈보"인 스물두 살의 백화는 서울식당의 여급으로, 가게에서 도망친 탓에 가게 주인이 현상금을 걸어놓은 상황이다. 인천, 대구, 포항, 진해 등을 거쳐서 이곳에 온 그는 3년간 군부대, 공사장, 항구 등의 술집을 전전하면서 "내 배 위루 남자들 사단 병력이 지나갔"다며 허세를 부린다. 소설은 그런 백화를 실상 군 감옥에 갇힌 청년 여덟 명의 옥바라지를 할 만큼 순정한 사랑을 하는 인물로 그린다. 이는 남성 노동자를 비추는 일종의 '거울'이다. 소설은 백화와 같은 '창녀'를 소외된 남성들의 훼손된 주체성의 등가물 혹은 은유적 표상으로 제시한다.[11] 이로 인해 황석영 소설에서 '창녀'는 고향으로 돌아가 재건의 주체로 상상될 수 있다.

한겨울 길에서 만난 두 남자의 도움으로 고향에 돌아가는 백화는 젠더화된 고향의 구도를 확인시켜주는 존재다. 안식처이자 보호처인 고향은 여성만이 돌아갈 수 있는 곳으로 남아 있다. 산업화 이후 고향의 대자연은 평화롭고 아름다운 과거를 대변하는 곳으로 소설 속에 등장하기 시작한다. 도시에서의 삶이 자연을 개발하고 파괴한다면, 고향은 훼손되지 않은 삶을 자연으로 표상한다. 녹색 자연과 흐르는 냇물, 지저귀는 새소리 등으로 오감을 활용하는 감각적 묘사는 고향에 대한 노스탤지어를 구성한다. 특히 1960~1970년대 한국

소설에 등장하는 고향은 모성성이 상실된 공간으로 재현되며, 이에 대한 반대급부로 고향의 낭만화가 이어진다. '타락한 어머니'를 '순결한 어머니'로 재건하려는 노력은 고향을 보존하려는 욕망에서 기인한다.[12] 「삼포 가는 길」에서 '타락한 여성'인 백화만 고향으로 돌아갈 수 있는 것은 이 때문이다. 백화는 고향에 돌아감으로써, 고향에 대한 노스탤지어를 완성하는 존재가 된다. 그는 고향에 가서 농사를 지으며 동생들을 보살피겠다고 말한다. 고향을 상실한 남성 노동자와 달리, 백화는 고향으로 돌아가 고향을 지키는 어머니로 거듭나야 한다.

현대소설에서 고향을 떠나는 남성 주체는 자신의 세계를 획득하는 자로 그려진다. 김승옥의 「무진기행」(1964)에서 윤희중이 부끄러움을 느끼며 무진을 떠날 때, 하인숙은 서울로 가지 못하고 무진에 남겨진다. 윤희중은 고향을 버려야 할 과거이자 부끄러움의 공간으로 인지한다는 측면에서 고향을 이상화하는 방식의 소설과는 차이를 보이지만, 그런 경우조차도 고향에 남겨지는 것은 여자라는 점에 주목해야 한다. 윤희중이나 정씨, 영달처럼 하인숙과 백화도 길을 떠났다. 백화는 처음에 부산에서 잘못 소개를 받아서 술집으로 팔려갔다. 그는 될 대로 되라, 나는 무서운 거 없다, 하는 생각이어서 겁날 게 없었다고 이야기한다. 나이는 어리지만 인생살이가 고달프다는 걸 그때 이미 알았다는 자세다. 그런 백화가 고향으로 돌아가서 정착하면 어떻게 될까?

「삼포 가는 길」의 첫 장면은 백화의 미래이기도 하다. 영달은 남편이 있는 여자와 바람을 피우다 걸려 도망치듯 떠날 수밖에 없는 상황이 된다. 상대는 군용차에서 떡을 팔다 다리를 저는 천가를 만나 함바집을 하게 된 천가의 아내이다. 백화가 한 곳에 정착한다면, 천가의 아내처럼 살고 있을 것이라는 예상을 하게 하는 이 에피소드는 고향에 돌아가는 일이 쉽지 않다는 것을 보여준다.

> "천가란 사람, 거품을 물구 마누라를 개 패듯 때려잡던데."
> 영달이는 그를 쏘아보며 우물거렸다.
> "내…… 그런 촌놈은 참."
> "거 병신 안됐는지 몰라. 머리채를 질질 끌구 마당에 나와선 차구 짓밟구… 야, 그 사람 환장한 모양이더군."[13]

정씨와 영달의 첫 만남을 묘사하는 이 장면에서 두 남자는 천가가 휘두르는 폭력을 '촌놈'이라는 말로 정리한다. 생존을 위해 섹슈얼리티를 거래하면서 살아왔고, 부르주아의 도덕이나 윤리와는 다른 삶을 사는 것이 민중인데, 천가는 촌스럽게도 이를 받아들이지 못한다는 것이다. 하지만 실제 고향은 이 '촌스러운' 사람들이 사는 곳이다. 백화가 쉽사리 고향에 돌아가지 못하는 것도 이 때문이다.

"그래요. 밤마다 내일 아침엔 고향으로 출발하리라 작정하죠. 그런데 마음뿐이지, 몇 년이 흘러요. 막상 작정하고 나서 집을 향해 가보는 적두 있어요. 나두 꼭 두 번 고향 근처까지 가봤던 적이 있어요. 한번은 동네 어른을 먼발치서 봤어요. 나 이름이 백화지만, 가명이에요. 본명은…… 아무에게도 가르쳐주지 않아."[14]

왜 진작 고향에 돌아가지 못했냐는 물음에, 백화는 '타락한 여성'이 고향에 돌아가는 것이 녹록지 않다고 대답한다. 천가의 아내는 고향에 돌아간 백화의 삶이 신산할 것임을 암시한다. 정씨나 영달 역시 그 사실을 알고 있다. 황석영은 백화와 같은 여성들이 고향에 가서 견딜 수 없을 것이라는 사실을 곳곳에 암시하고 있다. 하지만 그럼에도 백화는 고향으로 돌아간다. 이는 백화가 자신의 본명을 두 남자에게 알려주는 순간으로 완성된다. (『분례기』의) 똥례와 닮은, 백화의 본명인 '점례'는 향토적인 고향을, 고향에 남겨두고 온 '순수한' 누이를 상기시킨다. 백화가 이름을 말하는 순간, 그는 3년 만에 백전노장이 된 성매매 여성이 아니라 산업사회의 파국을 증언하는 고향의 여동생이 된다.

여성, 사라지는 매개자

「삼포 가는 길」이 고향을 떠난 남성과 여성의 상실과 훼손을 증언한다면, 도시에서 상실된 남성성을 조망하는 것은 「섬섬옥수」(1973)다. 작품의 제목은 초점화자인 주인공 박미리를 지시한다. 박미리는 지방 소도시 유지의 딸로 젊고 아름다운 여성이다. 대학생인 미리에게는 전도유망한 약혼자 만오와 스토커처럼 쫓아다니는 가난한 사범대생 장환, 아파트 수리공인 상수까지 세 남자가 있다. 소설의 첫 장면은 초점화자인 미리가 만오와 파혼을 결심하는 데서 시작한다. 미리는 '사랑하지 않는다'는 이유로 파혼을 통보하고, 미리의 성격상 이는 가족들에게 자연스러운 일로 받아들여진다. 미리는 무책임하고 싫증을 잘 내고 제멋대로인 부르주아 여성의 전형이기 때문이다. 하지만 소설은 박미리가 파혼한 진짜 이유가 계산속이 밝고, 돈이나 힘으로 만사를 해결하려고 하는 만오에게 환멸을 느꼈기 때문이라는 점을 밝힌다. 즉 미리는 주변 사람들이 생각하는 것처럼 생각 없는 부르주아 여성이 아니다. 이러한 미리의 내면은 육체노동자인 상수와의 관계

남성성의 각본들

에서 한 번 더 비틀어진다.

한기욱은 21세기의 리얼리즘을 재요청하는 글에서 「섬섬옥수」를 '한국의 『마담 보바리』'로 호명한다. 1970년대 리얼리즘 문학의 정수로 일컬어진 「객지」보다 세 주인공의 감각적 교통을 중심으로 삼고 있다는 이유에서다.[15] 『마담 보바리』가 그랬던 것처럼, 이 소설은 욕망의 모방과 재생산을 다룬다. 아파트 수리공, 고학생, 엘리트 공학사 등 서로 다른 배경을 가진 남성들은 모두 박미리를 욕망한다. 그러나 이때 욕망의 주체가 되는 것은 '마담 보바리', 즉 미리가 아니라 세 남성이다. 이들은 미리를 통해 미리가 표상하는 부르주아적 삶을 욕망한다.

고학생인 김장환은 고향을 등지고 떠난 남성으로, 박미리를 '성공의 조건'으로 삼는다. 그는 "머리도 좋고 뛰어난 미인인 박미리"를 발견하자 그를 "서울로 올라오게 했던 목적 그 자체"라고 부르며 쫓아다닌다. 부모에게 받은 생활비를 탕진하며, 일방적 구애를 계속한다. 박미리가 곧 자본, 도시와 성공을 표상하기 때문이다. 미리가 약혼했다는 소식을 듣고는 박미리를 얻지 못하고서는 돌아갈 수 없다며 기숙사에 찾아와서 행패를 부리고 그의 방에 침입하는 등 미리를 위협한다. 이에 기숙사 선생들은 여성인 미리가 잘못된 행동을 한 것은 아닌지 의심하고, 학생이니 잘 타일러서 해결하라고 한다.

중학교 때 저는 이미 시골을 떠날 것을 결심했습니다. 저는 거기서 그냥 썩어질 사람은 아니라구 생각했죠. 저는 꼭 성공하리라 마음을 굳게 먹었습니다. 서울 와서 야간부 학교를 다니면서 낮에는 신문배달이나 행상이나 급사 노릇을 했습니다. 저는 정말 고향의 누구에게나 떳떳했습니다. 그만큼 최대한으로 노력을 했으니까요. 누구나 저만 잘하면 된다는 것을 믿었습니다. 사실 그런 삼류 고등학교의 야간부에서 우리 대학에 들어가기는 하늘에 별 따기보다도 더 어렵습니다.[16]

사범대학에선 그런 학생이 해마다 몇 명씩 나옵니다. 나쁜 환경에서 성실하게 살아보려는 노력형들이 많으니까요. 한참 그럴 나이들이 아닙니까. 여자 쪽은 대개 대학에 진학했을 정도면 환경들이 좋은 편이니까. 실상 여학생과 남학생은 그런 점에서 조건이 다르죠. 군대 문제, 금전 문제, 취직 문제보다도 연애 문제는 더욱 심각합니다. 사회에서 속박당하는 면이 많은 그만큼 연애에 관해서도 자연스럽지 못한 겁니다.[17]

김장환은 미리에게 남긴 긴 편지에서 자신이 서울로 상경한 것은 시골마을에 온 소녀 때문이라고 설명한다. 방학마다 외가를 방문하러 왔던 소녀를 좋아했던 그는 그 소녀를 통해서 계급의 차이, 즉 도시와 시골 사이의 차이를 알게 된다. 이러한 설명은 김장환이 욕망한 것이 도시성임을 드러낸다. 그는 박미리를 쫓아다니는 바람에 경찰서에 드나들고, 학점도 아슬아슬한 상황이다. 김은하는 1960년대 서울로 온 유학생 집단의 서울 경험이 단순히 지역을 옮기는 물리적인 이동이 아니라 수직적 계급 이동을 의미한다고 지적한다. 농촌에서 도시로 온 대학생들은 재편된 계급사회와 마주해야 했다. 대표적으로 김승옥의 소설에서 나타나는 가난한 대학생들은 도시와 대학에 대한 불안과 분노를 여성에 대한 위악적 폭력으로 해소한다.[18] 미리에 대한 장환의 욕망은 수직 이동이 불가능한 이주에 대한 분노이자 폭력이다. 졸업하면 선생님이라는 안정적인 직업을 가질 수 있기에 자수성가하려는 성실한 학생들이 많이 오는 곳인 사범대에서 상류층인 '여대생'과의 연애는 쉽지 않고, 그 때문에 김장환 같은 이들이 생겨난다는 교수의 설명은 장환의 행동을 정당화한다. 하지만 황석영은 이를 소설의 문면에 그대로 노출시킴으로써, 다시 말해 엘리트인 만오의 오만, 장환의 어리석음 등 남성 주체들의 문제를 가시화함으로써 그들의 한계를 드러낸다.

따라서 이 소설은 미리에 관한 소설이 아니라 사실상 남성성에 관한 소고가 된다.

황석영은 초점화자를 미리로 내세우지만, 사실 소설이 주목하는 것은 미리 주변의 남자들이다. 아파트 관리실에서 일하는 상수는 비겁한 만오나 어리석은 장환에 비해 오히려 냉정하게 손익을 계산할 수 있는 인물이다. 미리가 상수를 유혹하는 것은 상수가 약혼자인 만오와 대조적인 인물이기 때문이다. 미리는 장환의 스토킹 사건을 통해 만오가 재현하는 부르주아식 도덕률이 가진 폐해를 감지한다. 만오는 장환의 학교에 찾아가거나 사람을 사서 폭력을 행사하는 등 자신의 지위와 힘의 우위를 과시하는 방식으로 문제를 해결하려 한다. 미리는 이러한 만오의 태도에 염증을 느낀다. 만오와의 파혼과 상수에 대한 관심은 만오가 상징하는 부르주아성에 저항하려는 시도이다. 황석영은 아파트에 사는 부르주아 미리가 상수의 육체를 발견하는 장면을 부러 세밀하게 묘사한다.

그는 기름투성이의 검게 물들인 작업복을 입고 있었다. 코 끝과 뺨에 모빌유가 검게 묻었고 바닥이 시꺼멓게 더럽고 끝이 다 떨어진 목장갑을 끼고 있었다. 머리카락이 오른편 눈썹 위에 길게 늘어졌는데 꽉 잠겨서 억지로 나오는 듯한 목소리가 듣기에 괜찮았다. ……

그가 저고리를 벗자, 소매 없는 러닝만 입고 있어서 둥그렇고 탄탄해 뵈는 어깨가 멋이 있었다.[19]

미리는 파이프를 수리하러 온 상수의 육체에서 매력을 느낀다. 미리를 "턱없이 양순하기만 하던 잡종 개처럼 만만"하다고 생각한 상수는 미리의 예상과 달리 미리를 특별한 대상으로 삼지 않는다. 그에게 미리는 섹스할 수 있는 또 다른 대상일 뿐이다. 미리는 아파트 관리실을 그만두었다는 상수에게 갑작스럽게 홍천행을 청한다. 그는 "기분 내는 것은 오로지 나의 자유의사"라면서 그가 "자기의 입장과 조건에 민감"할 것이라고 가정한다. 장환이나 만오가 그랬던 것처럼 말이다. 하지만 소설은 "똥치 같은 게 겉멋만 잔뜩 들어가지구"라며 투덜대는 상수를 통해 끝내 부르주아의 윤리를 넘어서는 데 실패하는 미리를 성매매 여성으로 조롱하는 남성 노동자의 시선을 보여준다. 미리에게 순결이라는 섹슈얼리티 규범은 중요하다. 이런 식의 서술은 속아서 성매매 여성이 된 「삼포 가는 길」의 백화에 대해 세상이 원래 그런 것이라는 식으로 '쿨하게' 서술하는 부분과 대조된다. 도구로서의 섹슈얼리티를 말하던 백화는 친근한 고향의 여동생 '점례'가 되지만, 미리는 도덕 감정에 사로잡혀 도약하지 못한다.

황석영은 여대생이 남성 노동자를 유혹하려다 실패하는 과정을 통해 부르주아 여성은 욕망의 대상이 될 수 있을 뿐, 결국 욕망의 주체는 될 수 없다는 점을 드러낸다. 상수의 건강한 육체와 미리의 하얀 손은 대조적이다. 박미리는 "가진 자의 삐뚤어진 오만과 허영에 뜬 방종"을 대표하는 인물[20]처럼 제시되지만, 실상 「섬섬옥수」가 재현하는 현실은 보다 복잡하다. 초점화자인 미리는 자신을 둘러싼 타락한 부르주아의 가치관을 관조하는 인물이다. 자본의 위선과 갈등은 미리의 눈을 통해 재현된다. 그렇다고 미리가 시선의 주체가 될 수 있는 것은 아니다. 소설은 미리의 욕망을 들여다보는 듯하지만, 실제로 비추는 것은 미리를 욕망하는 남자들의 욕망이다. 엘리트인 만오는 자신에게 어울리는 재력과 학력을 가진 미리와 약혼했지만, 유약하고 비겁하다. 그의 비겁함을 목격하는 것은 미리다. 가난한 장환은 어리석고 맹목적이며, 노동자 상수에게 여자는 섹스의 대상일 뿐이다. 상수는 부르주아 여성과의 섹스에 판타지를 부여하지 않는 유일한 인물이기도 하다. 한기욱은 상수의 이런 '냉철한' 자기인식에 대해 이 작품이 황석영의 작품 중 특이하게도 등장인물에 대한 작가의 '거리'가 느껴지는 텍스트라고 지적한다. 이는 「객지」의 주인공 동혁과의 대조를 통해서 더 잘 드러난다.[21] 이 거리는 황석영이 미리를 욕망의 주체로 상정하는 데 실패하면서 발생한다. 만오는 파혼으로 모욕당했다며 미리를 증오하고, 상수 역시 미리의 행동을 비웃는다. 장환은 부르주아 여성에 대한 사랑과 동경을 삶의 큰 동력으로 삼는다. 이 세 남자는 박미리를 매개로 했을 때만 자신의 사회적 위치를 인지할 수 있다. 황석영은 세 남자의 위치를 섬세하게 배치함으로써 같은 집단으로 상상될 수 없는 남성들을 한 공간에 펼쳐놓는다. 서로 다른 계급, 사회적 지위를 가진 이 남성들을 하나의 사회구성원으로 묶어내는 것은, '하얀 손'을 가진, 부르주아성을 극복하는 데 실패한 미리이다.

「섬섬옥수」가 재현하는 남성들은 다양한 계급과 정체성을 대변한다. 「삼포 가는 길」이 '오빠'의 위치에서 유사 가족을 형성함으로써 '여동생'을 고향으로 돌려보낸다면, 「섬섬옥수」는 '애인'의 위치에서 박미리라는 '여대생'을 훈계한다. 이 구도야말로 한국사회가 오랫동안 자연스러운 것으로 여겨왔던 질서이자 불변의 무엇이다. 1960~1970년대 산업역군으로서의 노동자 남성은 「객지」나 「삼포 가는 길」과 같은 소설에서 반복해서 애도된다. 이 '남자다운 것'에 대한 상실은 국가의 위기와 맞물린다. 버틀러는 전사자나 납북자 등에 대한 슬픔이 국가적인 차원에서 애도되고 애국심을 조장하는 데 동원되는 데 비해, 어떤 종류의 슬픔은 무시되고 망각되고 삭제된다고 말한다.[22] 이 반복적으로 애도되는 슬픔의 대상이 바로 남성성이다. 그러나 남성성을 강조할수록 전쟁과 가혹한 노동으로부터 오히려 남성이 소외되는 아이러니한 결과가 발생한다. 여기서 통째로 망각되고 삭제되는 것은 박미리나 '프랑스 시집을 읽는 소녀'다. 이들은 노동자 남성으로 대표재현되는 민중을 단결시키기 위해 꼭 필요한 존재였으나 그 자체로는 삭제되어야 하는 '사라지는 매개체'[23]였다.

이 시기 문학장에서는 순문학과 통속문학 모두 공히 '사라지는 매개체'로서 여성적인 것을 배치한다. 여성적인 것은 남성 주체의 내면이나 성장을 돕기 위해 동원될 뿐이다. 1973년에는 최인호의 『별들의 고향』이, 1974년에는 황석영의 「객지」와 조선작의 『영자의 전성시대』가, 1976~1977년에는 황석영의 『장길산』, 한수산의 『부초』 등이 나란히 베스트셀러가 된다.[24] 이주하는 남성과 여성, 더 나아가 여성의 죽음 혹은 비극을 공통적으로 재현하는 이 소설들은 무엇을 말해주는가. 이 시기 한국문학은 문학사의 주체인 민중을 무엇으로 상상했는가.

'오빠들'의 도시, '여동생'의 고향

황석영은 민중을 증언하는 서기관의 역할을 자임한다. 이는 그가 윤문한 것으로 알려진 『어둠의 자식들』을 통해 드러난다.[25] 1970~1980년대는 저널리즘의 발달과 더불어 수기, 논픽션, 르포 등의 비문학 장르들이 활성화된 시기로, 특히 『어둠의 자식들』은 하층민의 대항품행[26]을 보여주는 대표적인 사례로 기록되었다. 소설과 수기를 결합한 『어둠의 자식들』은 유복자로 태어난 '나'(이동철)의 인생을 기록한 전기다. 기지촌에서 태어나 다섯 살 때 왼쪽 다리에 결핵성 관절염을 앓고 다리를 절름거리는 '찐따'가 된 동철은 형이 미군 작전 차량에 치어 죽은 이후 어머니와 서울로 이사하여 신설동에 자리를 잡는다. 어머니는 노점 장사를 하고 '나'는 '창녀촌'에서 김밥을 팔다 시비가 붙어 사람을 칼로 찌르는데, 이 과정에서 어머니가 경찰이나 피해자에게 굽신거리며 고생하는 모습을 보고 가출을 택한다. 동철은 자신의 배짱과 거칠 것 없는 성격으로 거리에서의 삶을 이어나간다. 그는 성매매 여성의 기둥서방 노릇을 하며 빌붙어 살기도 하고, 강도, 폭행 등을 일삼는다. 생존을 위해서는 무엇이든 해야 하기 때문에 윤리나 도덕을 신경 쓰지 않는다. 그는 그야말로 '하얀 손'에 대한 원한을 표상하는 인물이다.

피지배층의 부정적 사회 감정으로 일컬어지던 원한은 대중 정치 시대에 들어 정의로운 사회질서를 지지하며 욕망을 추구하는 잠재력을 인정받는다. 근대성과 결합한 원한은 자신의 무력함을 되새기는 감정으로 변화하며 불의한 상황에 대해 해소되지 않는 감정을 지칭하게 된다.[27] 주인의 도덕이 '좋고 나쁨'으로 설명된다면, 그것이 전도된 노예 도덕을 가지고 있는 피지배층은 악함을 통해 세계를 바꿔나갈 수 있다는 인식이다. 『어둠의 자식들』은 그 전도된 가치를 잘 보여준다. 도시 하층민을 차별하는 중산층의 위선은 자신들의 삶을 재건하려는 이동철과 대조적으로 제시된다. 강도 사건으로 긴 복역을 마친 후 출소한 이동철은 은성학원이라는 야학을 설립하고 거리의 아이들을 모아서 교육하고 재개발에 대항하여 철거민 운동을 시작한다. 하지만 교회, 경찰 등 통치기구들은 이들의 자리를 빼앗고 이들의 '타락'을 타자화한다. 집값을 걱정하는 중산층의 위선적인 목소리는 가진 것 없는 사람들끼리의 연대와 대조적으로 제시된다.

사람에게는 누구나 자기의 얘기를 할 권리가 있다. 인품뿐만 아니라 우리 발싸개 같은 천하의 양아치도 인생살이에 관하여 몇 마디를 할 말은 있으리라. 나는 인품이 만든 세상과 그들이 말하는 도덕 질서에 관하여는 귀에 굳은살이

박일 정도로 들어왔다. 그러나 이제 그런 따위를 참으로 좆으로 뭉개면서 우리들의 얘기를 까놓을 자신이 생긴 것은 얼마 되지 않는다. 이건 솔직히, 내 친구들에게 하고 싶은 얘기다. 이제부터 지껄이는 얘기는 나와 내 친구들의 인생살이에 대한 삼국지인데, 사실 나는 새사람 되어서 어쩌구저쩌구 지껄일 생각은 없다. 새사람은커녕 예전의 내가 잔인무도한 악의 화신인 헌 사람도 아니었다. 다만 나는 삶을 조금 아는 양아치일 뿐이다. 이제부터 어디서 무얼 어떻게 하겠다는 것을 알아차렸다고나 할까.[28]

도덕 질서를 '좆으로 뭉개'는 하층민 남성은 부르주아 시민의 도덕에 문제를 제기하는 자로 거듭난다. "내가 잔인무도한 악의 화신"은 아니라고 단언하는 이동철은 자신을 먹여살렸던 성매매 여성에 대한 의리를 지키고, 어머니에 대한 죄책감도 느낀다. 그의 폭력은 생존을 위한 미학으로, 대항 품행으로 의미부여된다. 김성환은 소설과 저널리즘의 서술방식이 혼종된 『어둠의 자식들』이 하층민 집단의 목소리를 재생산하는 데 기여한다고 평가한다.[29] 김예림 역시 『어둠의 자식들』이 대중적으로 널리 읽혔음에도 불구하고 본격문학의 장이든 대항문학의 장에서든 제대로 평가된 적이 없는 텍스트라고 평하며, 일용·부랑노동자, 범법자 등 룸펜프롤레타리아를 둘러싼 상상력을 (재)구성한다면 (노동하는) 빈곤한 자들의 다중성을 드러내고 나아가 '여럿일 수 있는 삶'을 정체성의 완고한 위계질서로부터 놓여나게 할 수 있다고 지적한다.[30] 이동철의 후속작 『들어라 먹물들아』의 추천사를 쓴 동원교회 목사 허병섭 역시 이동철에 대해서 유사한 평가를 내린다.

나는 그의 말과 행동을 통해서 많은 배움과 감동을 얻었다. 그의 지혜, 언어는 놀라울 정도였으며 나를 황홀하게까지 하였다. 그것은 그의 지나온 삶을 통해서 터득된 것이었다. 인간이 되기 위해 몸부림치고, 비인간화되어가는 무리들과 온몸으로 저항하며 기득권자들의 횡포에 악을 쓰며 살아온 여정에서 체득한 지혜요, 언어였다.[31]
어쩌면 글쟁이의 '글놀음'에 대한 저항인지도 모른다. 다시 말해서 기득권자의 자기 합리화나 가면을 벗기려는 그의 불타는 사명감이 그에게 있을지도 모른다. 아니 더 나아가서 비존재, 비인간화 현상에 대한 분노일지도 모른다.[32]

이처럼 이동철의 글쓰기와 부르주아 도덕에 대한 분노와 원한은 하위주체의 정치적 행위로 독해된다. 하지만 그가 그려내는 하층민의 서사가 만들어낸 핍진성은 동시에 비

남성성의 각본들

남성, 이를테면 「삼포 가는 길」의 백화 같은 여성들에 대한 착취와 폭력에 기초한다. 1960, 1970년대에 이촌향도 현상이 보편화된 것은 남성 일용직 노동자 때문만이 아니다. 여공, 버스안내양, 식모 등 많은 여성들이 일자리와 교육받을 기회를 찾아 도시로 왔다. 그런데 이렇게 상경한 여성들에게는 '무작정 상경'이라는 딱지가 붙었다. 확실한 일자리 없이 상경한 남성 노동자들이 이촌향도 현상을 보여주는 '문제적 인간'인 반면, 친척을 찾거나 구체적인 목표를 세우고 온 여성들은 '무작정 상경'한 소녀가 된다.[33] 「삼포 가는 길」의 백화 역시 "부산에서 잘못 소개를 받아 술집으로 팔렸"다고 제시된다.[34] 잠재적 백화인 이 여성들 역시 서울역에 내리자마자 자신을 유혹, 혹은 납치하며 직업을 알선하며 팔아넘기는 사람들과 마주해야 했다. 이동철이 『어둠의 자식들』에서 한 일도 마찬가지다. 이동철의 삶이 하층민의 비인간화에 저항하는 언어로 명명되는 반면, 그가 팔아넘긴 소녀들은 어차피 처음부터 그다지 순결하지 않았던 여자들로 여겨진다.

『어둠의 자식들』에서 흥미로운 지점은 주인공이 서울역에서 속여서 데려온 소녀들 대부분이 '처녀'가 아니었다고 진술하는 부분이다. 방영웅의 『분례기』를 떠오르게 하는 이러한 진술은 여성들에게 고향은 이미 훼손되고 상실되었음을 보여준다. 똥례가 결국 자살을 선택하는 그 고향은 서울역에서 데려온 여성들이 이미 (고향의) 어른 혹은 오빠들에게 강간당한 그곳이다. 정씨와 영달이 찾는 '아름다운 고향'은 점례와 똥례에게는 그리 아름다운 곳이 아니었던 셈이다. 이와 유사한 장면들이 여성 노동자들의 수기에서도 발견된다.

1960, 1970년대 농촌의 여성, 남성은 모두 생존을 위해 도시로 상경해야 했다. 송효순의 '현장수기' 제목인 『서울로 가는 길』(1982)은 여성들의 이촌향도를 상징적으로 보여준다. 송효순은 양반이었던 아버지가 큰아들을 제외한 나머지 자식들을 방기한 탓에 어머니의 친정 근처에 살게 된다. 자신의 고향이 아버지가 계시는 태성이라고 들었지만, 단한 번도 그곳을 고향이라고 생각해본 적 없다는 그녀의 말은, 부모와 형제가 있는 '아름다운 고향'이라는 관념이 얼마나 단편적이고 편협한지 보여준다.[35] 가부장은 가족을 보호하고 지키는 것이 아니라 외면하는 자였고, 그로 인해 어머니와 딸들은 중학교에도 진학하지 못하고 식모로, 여공으로 일해야 했다. 상경한 여성들은 각종 성희롱과 성폭력에 시달리며 저임금 노동력으로 동원되었다. 스무 살의 동일방직 여공 석정남은 1970년대 크리스챤아카데미 기관지 『대화』에 1974년 일기를 일부 수록한다. 이 일기는 후일 『공장의 불빛』(1984)으로 이어진다.

4월 18일 소개소에 갔다. 부모는 시골에 계신다 하니 요정에 나가라고 했다. ……

4월 25일 그러나 돈을 벌기는커녕 저에겐 지금 100원의 적은 돈도 없어요. 밥값도 없는데 어쩌면 좋죠? 엄마, 그러나 저의 이런 가엾은 사정은 까맣게 몰라주세요.

4월 26일 오늘은 종일 시를 썼다.[36]

방직공장에서 일하던 석정남은 식구들을 위해 돈을 보내면서도, 정작 가족을 만나러 가지는 못한다. 고향에 다녀오면 그만큼 일을 하지 못해 월급이 깎이기 때문이다. 결국 고향을 '위해' 돈을 벌지만, 그 고향은 사라지는 모순적 상황에 처한다. 게다가 여성 노동자들에게 먼 곳에 있는 고향은 자신을 보호하고 지탱해주기는커녕 취약한 상황에 노출시키는 요인이 된다. 공장에 일이 없어 사직하게 된 석정남은 직업소개소에 간다. 고향에 부모가 있는 젊은 여성들에게 요정에서 일할 것을 권유하는 곳이다. 여공이 많았던 구로, 영등포 일대에는 공장에서 해고된, 혹은 그만둔 여성들을 성산업으로 이끄는 매개자들이 있었다. 일대에는 요정과 술집이 즐비했다. 그런데도 「삼포 가는 길」은 고향에 돌아갈 수 있는 사람으로 백화를 꼽는다. 물론 황석영도 백화가 고향에 돌아가서 목가적인 생활을 할 수 없다는 것을 모르지 않았을 것이다. 그럼에도 그는 영달과 정씨로 하여금 그를 돌려보내는 결말을 택함으로써 훼손된 고향을 봉합하고자 했다. 「삼포 가는 길」은 백화와 같은 '타락한 여성'을 순수한 시골의 점례로 돌려보내는 선량한 남성 청년의 모험담이다. 소설을 원작으로 한 이만희 감독의 영화 〈삼포 가는 길〉(1975)은 소설과 달리 좀 더 흥미로운 선택을 제시한다. 영화에서 백화는 집에 돌아가지 않는다. 백화는 역전의 술집을 보면서 도시에 남을 생각을 하고 있고, 영달은 일터를 찾아간다는 남자들과 합류한다. 삼포로 향하는 사람은 정씨밖에 없다. 영화가 보여주는 이 세 갈래의 결말은 이동과 이주, 고향 서사의 낭만적 판타지를 부수는 방식으로 작동한다. 영화는 고향을 낭만적으로 향수할 수 있는 시기가 이미 끝났음을 보여준다.

발견되는 내면과 불가능한 내면

4·19와 함께 시작된 1960년대는 한국문학/문화의 전환기로 이야기된다. 이때 손꼽히는 것은 김승옥과 최인훈 등 남성 주체의 내면을 이야기하는 소설이 문학사의 전면으로 대두되는 경향이다. 그러나 여기에서 주목해야 할 사실은 '내면을 발견'하는 주체가 젠더화된 헤게모니적 남성 주체라는 점

남성성의 각본들

이다. 이 시기 만들어진 한국문학사는 주체를 성별 없는 '보편'으로 상정하며 자연스레 남성 지식인, 노동자, 이성애자를 중점적으로 표상해왔다. 남성 지식인, 노동자, 농민의 세계가 민족적이고 민중적인 것이 되었으며, 그것이 문학적인 것과 리얼리즘적인 것의 근거가 되었다. 이는 한국사회가 이승만의 반공주의와 박정희의 산업개발주의와 같은 파시즘적 남성성의 연속으로 규명되는 것과 무관하지 않다. 한국사회의 폭력적 남성성에 대응하는 문학의 응전 방식 역시 남성성을 바탕에 두고 있었다. 문학사의 근간을 마련한 시민문학론, 민족문학론이 남성성의 재건을 통한 민족문학사의 창조에 초점을 맞춰온 것이다. 그중에서도 1960, 1970년대 문학은 남성성에 초점을 맞춘 문학론을 정전화했다. '민중'으로 유표화된 남성들은 자신의 적대 세력으로서 '하얀 손', 즉 부르주아 여성을 요구했다. 하층계급 여성의 섹슈얼리티가 자본에 의해 전유되는 민중을 표상할 때, 부르주아 여성은 독재 정권 및 저항운동 모두가 합의한 '공공의 적'이었다. 노동자와 농민 등 민중은 노동하지 않는 부르주아, 특히 여성을 적대로 지목한다. 통치성과 저항담론 모두 공히 여성에 대한 원한을 정동적으로 활용한다. 하층계급 여성은 잃어버린 순수와 고향을 상징하는 표상으로 근대화와 산업화에서 사라지는 매개체가 되었다. 남성 주체의 내면을 살피거나 성장을 돕기 위해 여성적인 것을 동원하는 구조이다.[37] 박정희가 언급한 '프랑스 시집을 읽는 소녀' 혹은 「섬섬옥수」의 미리는 욕망의 대상이 될 수는 있지만, 욕망의 주체는 될 수 없다. 여기서 이 시기 리얼리즘 문학이 형상화한 '현실'이 누구의 눈으로 바라본 것이었는가를 질문해볼 수 있다. 리얼리즘은 마치 객관적이고 보편적인 미학적 판단 기준에 근거하는 것처럼 이야기되지만, 실상 한국의 리얼리즘 문학을 판단하는 주요 미학적 기준은 젠더적으로 편향되어 있었다.

황석영의 소설에서 이주하는 남성은 산업화 시대 민중의 표상인 반면, 이주하는 여성은 언젠가 고향으로 돌아가야 할 존재로 여겨진다. 백화가 고향으로 돌아가고, 미리가 결국 부르주아의 도덕에서 벗어나지 못한 것은, 그의 소설이 여성을 민중적 주체, 즉 변혁 운동의 중심 인물로 상상하지 못했기 때문이다. 이동혁과 같은 철저한 리얼리즘적 주체는 여성의 신체로 상상되지 않았다. 마찬가지로, 현실에서 변혁을 만들어낸 여성들 역시 문학적 재현의 대상이 되지 못했다. 이를테면 다큐멘터리 〈우리들은 정의파다〉(이혜란, 2006)가 담아내는 노동쟁의에 나선 1970년대 동일방직 여공들을 보라. 영화는 여공들을 방문해 당시의 상황을 취재한다. 1970년대 동일방직은 입사를 위해 회사 고위직의 집에서 식모 생활을 할 만큼 '좋은' 일자리였다. 하지만 공장은 녹록지 않았다. 1300명의 직원 중 1000명은 여성이었지만, 관리직은 모두 남성이었다. 저임금 고강도의 노동과 성폭력이 이어졌다. 여성 노동자들은 "내가 이렇게 좋은 회사에서도 버티지 못하면, 어떻게 하나" 고민해야 했다. 남성 중심으로 운영된 노동조합은 이후 동일방직 여성노동자들을 위협하는 어용노조로 이어졌으며, 여성 노동자에 대한 폭력적 진압을 불러왔다. 그러나 여기에 맞서 투쟁한 이들 여성 민중의 연대와 실천, 저항은 리얼리즘 문학의 주인공이 되지 못했다. 여성들에게 내면은 허락되지 않은 것이었기 때문이다.

1 박정희 전집에 실린 시의 제목은 〈이등객차에 불란서 시집을 읽는 소녀야〉로 전문은 다음과 같다. "땀을 흘려라!/돌아가는 기계 소리를/노래로 듣고// 이등객차에/불란서 시집을 읽는/소녀야/나는, 고운/네/손이 밉더라" 박정희, 『박정희 시집』, 기파랑, 2017, 25쪽. 전집에서는 이 시가 1961년 중반경에 작성된 것으로 추정하고 있다.

2 박정희, 『국가와 혁명과 나』, 향문사, 1964, 270~271쪽. 흥미롭게도 이 인용문은 기파랑에서 출간된 박정희 전집에서는 빠져 있다.

3 김은하, 『개발의 문화사와 남성 주체의 행로』, 국학자료원, 2017.

4 공임순, 『식민지의 적자들』, 푸른역사, 2005.

5 백낙청, 「『창작과 비평』 2년 반」, 『창작과 비평』, 1968년 여름호, 창작과비평사, 1968, 373쪽.

6 소영현, 「비평 시대의 젠더적 기원과 그 불만: 『분례기』에서 「객지」로, 노동 공간의 전환과 '노동(자)-남성성'의 구축」, 『대중서사연구』 24(3), 2018, 327~328쪽.

7 같은 글, 333쪽.

8 "전태일全泰一 사건이 70년대 사회사社會史의 시발점이었듯이 작품 「객지」의 발표는 70년대 문학사의 출발점이 된다." 염무웅, 「최근 소설의 경향과 전망: 77년의 작품·작품집을 중심으로」, 『창작과 비평』, 1978년 봄호, 창작과비평사, 1978, 328쪽.

9 "그들은 붉은색 외등이 켜진 커다란 한옥의 솟을대문 앞을 지나갔다. 읍내의 유일한 요릿집인 모양인데 재건복을 입은 관리라든가 지방유지들로 보이는 양복쟁이들이 문 앞에서 배웅 나온 작부들과 희롱하고 있었다. 여자들의 풍만한 한복의 고운 색깔과 양산의 요란한 무늬들이 빗줄기 속에 아른거렸다. …… 그들은 묘한 감회 때문에 서로 내색을 않으려 하고 있었으나, 이런 마을이 자기들을 황량한 공사판의 흙벽 속으로 밀어 처넣었던 게 아닌가 하는 착각에

사로잡혀 있었다. 그들이 마을의 찬란한 진열창 속을 넘겨다보았을 때, 거기 비쳐왔던 것은 손에 넣을 수 없는 상품들 위로 비치던 자신들의 젖은 꼬락서니였었다. 그 희미한 윤곽은 잠옷 위로, 색깔들 위로, 가구나 찻잔들 위로 망령처럼 떠올랐었다. 그들은 얇은 유리창 위에 흐르고 있는 낯익은 집 동네의 생활을 훔쳐보고 있었던 것 같았다." 황석영, 「객지」, 『객지』, 창비, 2012, 229~230쪽.

10 황석영, 「삼포 가는 길」, 『황석영 중단편전집 2 삼포 가는 길』, 창비, 2012, 231쪽.

11 김은하, 「저항 주체의 남성성과 거세 콤플렉스 모티프: 황석영을 중심으로」, 『개발의 문화사와 남성 주체의 행로』, 국학자료원, 2017, 129쪽.

12 박찬효, 「1960~1970년대 소설의 '고향' 이미지 연구」, 이화여자대학교 국어국문학과 박사학위논문, 2010, 194~208쪽.

13 황석영, 「삼포 가는 길」, 225쪽.

14 같은 책, 241쪽.

15 이런 호명을 통해 한기욱은 랑시에르가 주장하는 문학의 정치성을 재독한 백낙청을 따라 리얼리즘 소설을 재평가하려 한다. 랑시에르는 마담 보바리를 통해 문학의 정치성을 논의한 바 있다. 한기욱, 「우리시대의 객지」, 『창작과 비평』, 2013년 여름호, 221쪽.

16 황석영, 「섬섬옥수」, 『황석영 중단편전집 2 삼포 가는 길』, 364쪽.

17 같은 책, 379쪽.

18 김은하, 「이동하는 모더니티와 난민의 감각: 지방 출신 대학생의 도시 입사식을 중심으로」, 『개발의 문화사와 남성 주체의 행로』, 국학자료원, 2017, 21~28쪽.

19 황석영, 「섬섬옥수」, 345쪽.

20 안남연, 「황석영 소설의 역사인식과 민중성: 황석영의 1970년대 소설 연구」, 『상허학보』 13, 2004, 507~526쪽.

21 한기욱, 「우리시대의 객지」, 221쪽.

22 　주디스 버틀러, 『불확실한 삶』.

23 　지젝은 서로 대립하는 두 개념 사이에 다리를 놓아주고 퇴장하는
　　'사라지는 매개체'가 체제 변혁이나 정치적 격변 상황에 등장해서
　　다양한 가능성을 열어준다고 지적한다. '프랑스 시집을 읽는 소녀'는
　　고등교육을 받은 교양 있는 여성이라는 새 시대의 롤모델이기도
　　했지만, 실제로는 부르주아 지배계급에 대한 원한을 자극하고,
　　노동하는 근면성실한 신체에 대한 주목을 불러일으켰다. 이후로도
　　시집을 읽는 소녀로 상징되는 여성의 '하얀 손'은 새 시대의
　　주역으로는 등장하지 못했다. 슬라보예 지젝, 『그들은 자기가 하는
　　일을 알지 못하나이다』, 박정수 옮김, 인간사랑, 2004.

24 　「대중의 꿈·욕망이 담긴 '시대의 거울'」, 『경향신문』, 1995. 8. 10.

25 　『어둠의 자식들』은 처음에 황석영의 이름으로 발간되었으나 이후
　　이철용이 자신의 필명인 이동철로, 그 이후 다시 본명인 이철용으로
　　출간했다. 애초 황석영이 명시된 것은, 출판 과정에서의 편의를
　　위한 것이었다고 전해진다. 이철용의 구술을 담은 대학노트를
　　황석영이 윤문, 가필했기 때문이다. 황석영은 "초등학교 중퇴에
　　전과도 있었고 빈민가에서 낳고 자랐지만 누구의 도움도 받지
　　않고 함께 사는 빈민들의 생활 향상을 위하여 일상적으로 싸우며
　　살고 있"는 이철용을 돕기 위해 이 작품을 출간했다고 밝힌다. 그의
　　인생을 정리한 책을 통해 도시 하층민의 실상을 알리고, 운동에
　　필요한 자금을 모은다는 목적에 협조했다는 것이다. 이는 황석영이
　　이 작품의 완전한 창작자는 아니지만, 이철용과 이 텍스트에서
　　재현하는 삶의 방식을 그리고자 하는 의도를 가지고 있었다는
　　점을 보여준다. 황석영, 「나의 문학 인생을 뿌리째 흔들려 하는가」,
　　프레시안, 2010. 11. 22.

26 　푸코는 통치성에 저항하는 투쟁을 대항품행이라고 정의하며,
　　대항품행이 그 주변부로부터 이용되고 순응하는 듯하면서 권력을
　　변화시킨다고 지적한다. 권력은 고정된 것이 아니라 유동적인

것이며, 개인은 자유롭게 능동적인 주체로서 행위하기 때문에 권력이 있는 곳에는 저항이 있다. 미셸 푸코, 『안전, 영토, 인구』, 오트르망 옮김, 난장, 2011, 265~312쪽.

27 권정기, 「근대성과 르상티망의 정치학」, 『동서철학연구』 72, 2014, 331~368쪽. 권정기는 르상티망이 실존적 고난에 처한 노예들의 권력의지를 자극하여 삶을 긍정하게 하는 삶의 철학이라고 평가한다. 즉 르상티망을 통해 노예들은 연대와 변혁을 도모하는 잠재력을 갖게 된다.

28 이동철 구술, 황석영 글, 『어둠의 자식들』, 현암사, 1980, 7~8쪽.

29 김성환, 「『어둠의 자식들』과 1970년대 하층민 글쓰기의 양상」, 『한국현대문학연구』 34, 2011, 359~397쪽; 김성환, 「하층민 서사와 주변부 양식의 가능성: 1980년대 논픽션을 중심으로」, 『현대문학의 연구』 59, 2016, 403~442쪽.

30 김예림, 「빈민의 생계윤리 혹은 탁월성에 관하여」, 『한국학연구』 36, 2015, 51~80쪽.

31 이동철, 『들어라 먹물들아』, 동광출판사, 1985, 8~9쪽.

32 같은 책, 12쪽.

33 박정미, 「'무작정 상경': 서울 이주자에 관한 담론과 젠더」, 『사회와 역사』 113, 2017, 311~344쪽.

34 "처음에 부산에서 잘못 소개를 받아 술집으로 팔렸었지요. 거기에 갔을 땐 벌써 될 대루 되라는 식이어서 겁나는 것두 없었구요, 나이는 어렸지만 인생살이가 고달프다는 것두 깨달았단 말예요." 황석영, 「삼포 가는 길」, 245쪽.

35 송효순의 어머니는 날품팔이와 삯바느질로 자식 넷을 키웠는데, 명절 때마다 아이들을 아버지가 있는 태성에 보냈다고 한다. 간 김에 쌀도 얻어오고, 고깃국도 먹고 오라는 뜻이었지만, 아버지도, 큰오빠도 송효순과 그 동생을 챙겨주지 않은 탓에 모두가 가기 싫어했다. 송효순, 『서울로 가는 길』, 형성사, 1982, 14~15쪽.

36 석정남, 「어느 여공의 일기, 인간답게 살고 싶다」, 『대화』, 1976년 11월, 178~203쪽.

37 이와 관련된 논의로는 김승옥 소설의 고백하는 남성 주체의 내면을 분석한 강지윤, 「개인과 사회, 그리고 여성: 1950~1960년대 문학의 내면과 젠더」, 『민족문학사연구』 67, 2018, 511~548쪽이 있다.

발표 지면

2장	「우익 청년단체와 백색테러의 남성성: 2015년과 1945년의 접속」 허윤·손희정 기획, 연세대학교 젠더연구소 엮음, 김영희 외 12인 글, 『그런 남자는 없다』, 오월의봄, 2017, 62~84쪽.
6장	「멜랑콜리아, 한국문학의 '퀴어'한 육체들: 1950년대 염상섭과 손창섭의 소설들」 오혜진 기획, 권보드래 외 12인 글, 『문학을 부수는 문학들』, 민음사, 2018, 155~180쪽.
7장	「냉전 아시아적 질서와 1950년대 한국의 여성혐오」 『역사문제연구』 35, 2016, 79~115쪽.
8장	「1950년대 퀴어 장과 병역법·경범법을 통한 '성 통제'」 한양대학교 비교역사문화연구소 젠더연구팀 기획, 홍양희 엮음, 홍양희 외 7인 글, 『'성'스러운 국민』, 서해문집, 2017, 82~111쪽.
9장	「남자가 없다고 상상해봐: 1960년대 초남성적 사회의 거울상으로서 『완전사회』」 『민족문학사연구』 67, 2018, 483~509쪽.
10장	「'여자가 더 좋은' 남자들: 1960년대 여장남자 코미디 영화를 통해 살펴본 비헤게모니적 남성성/들」 『한국트랜스젠더영화사』, 담담프로젝트, 2020, 51~65쪽.
11장	「'하얀 손'에 대한 원한과 박정희 체제의 젠더정치: 1970년대 황석영 소설의 남성성과 민중의 젠더화」 『이화어문논집』 51, 2020, 387~412쪽.

발표 당시의 제목으로 표기했음

연표

19세기	『방한림전』

1909	이광수, 「사랑인가」
1917	이광수, 『무정』
1918	이광수, 「윤광호」
1946	염상섭, 「해방의 아들」
1946	서북청년단 결성
1948	여성국극단 창립
	10월 여성국악동호회 〈옥중화〉 공연
1949	김동리, 『해방』
1951	종합잡지, 『희망』
1952	『전선문학』(육군종군작가단 발행)
	염상섭, 『취우』
	손창섭, 「공휴일」
1953	정비석, 「남아출생」
	데즈카 오사무, 『리본의 기사』(일본)
	손창섭, 「사연기」
1954	염상섭, 『미망인』
	정비석, 『자유부인』

1955	염상섭, 「지평선」
	염상섭, 『젊은 세대』
	손창섭, 「혈서」, 「인간동물원 초」
1956	최정희, 『끝없는 낭만』
1958	염상섭, 『대를 물려서』
1963	영화 〈남자는 안 팔려〉(임권택)
1965	문윤성, 『완전사회』
	영화 〈여자가 더 좋아〉(김기풍)
1966	영화 〈남자는 절개 여자는 뱃장〉(김화랑)
1968	영화 〈남자식모〉(심우섭)
1969	영화 〈남자와 기생〉(심우섭)
1971	황석영, 「객지」
1973	황석영, 「삼포 가는 길」
	황석영, 「섬섬옥수」
1977	『대화』(크리스챤아카데미 발행) 9월호, 「조선여자정신대의 전모」
1980	황석영·이동철, 『어둠의 자식들』

(재) 한국연구원 한국연구총서 목록

01	김주수, 신혼인법 연구 (1958)		28	최영희, 임진왜란 중의 사회동태 (1975)
02	이창열, 한국경제의 구조와 순환 (1958)		29	원유한, 조선 후기 화폐사 연구 (1975)
03	홍이섭, 정약용의 정치경제사상 연구 (1959)		30	최태호, 개항 전기의 한국관세제도 (1976)
04	박병호, 한국법제사 특수 연구 (1960)		31	김완진, 노걸대의 언해에 대한 비교 연구 (1976)
05	이만갑, 한국농촌의 사회구조 (1960)			
06	남광우, 동국정운식한자음 연구 (1966)		32	하현강, 고려지방제도의 연구 (1977)
07	김경탁, 율곡의 연구 (1960)		33	김태준, 임진란과 조선문화의 동점 (1977)
08	이광린, 이조수리사 연구 (1961)		34	황패강, 조선왕조소설 연구 (1978)
09	김두종, 한국의학발전에 대한 구미 및 서남방의학의 영향 (1960)		35	이기백, 신라시대의 국가불교와 유교 (1978)
			36	김용덕, 향청연구 (1978)
10	이현종, 조선 전기 대일교섭사 연구 (1964)		37	권영철, 병와이형상 연구 (1978)
11	박동서, 한국관료제도의 역사적 전개 (1961)		38	신용하, 조선토지조사사업 연구 (1979)
12	김병국, 한국중앙은행 연구 (1965, 영문)		39	강신표, 단산사회와 한국이주민 (1980)
13	곽상수, 한국 조세 연구 (1961)		40	소재영, 임병양란과 문학의식 (1980)
15	김동욱, 이조 전기 복식 연구 (1963)		41	이기동, 신라골품제사회와 화랑도 (1980)
16	박원선, 부보상 (1965)		42	홍승기, 고려시대 노비 연구 (1981)
17	최학근, 전라남도방언 연구 (1962)		43	김두진, 균여화엄사상 연구 (1981)
18	이기문, 국어표기법의 역사적 연구 (1963)		44	신동욱, 우리 이야기문학의 아름다움 (1981)
19	김은우, 한국여성의 애정갈등의 원인 연구 (1963)		45	이기준, 한국경제학교육사 연구 (1982)
			46	민현구, 조선 초기의 군사제도와 정치 (1983)
20	서남원, 외국원조의 이론과 실제 (1963)		47	정형우, 조선시대 서지사 연구 (1983)
21	이춘령, 이조농업기술사 (1964)		48	조희웅, 한국설화의 유형적 연구 (1983)
22	노창섭, 서울주택지역 연구 (1964)		49	김용숙, 한중록 연구 (1983)
23	유인호, 한국농업협업화에 관한 연구 (1967)		50	이배용, 구한말 광산이권과 열강 (1984)
24	강신항, 『운해훈민정음』 연구 (1967)		51	윤근호, 한국회계사 연구 (1984)
25	유원동, 이조 후기 상공업사 연구 (1968)		52	김학준, 북한·중공관계 1945~'84 (1985, 영문)
26	김병하, 이조 전기 대일무역 연구 (1969)		53	이태진, 조선 후기의 정치와 군영제 변천 (1985)
27	이효재, 도시인의 친족관계 (1971)			

남성성의 각본들

초판 1쇄 펴낸날 2021년 10월 29일
지은이   허윤
펴낸이   박재영
편집   이정신·임세현·한의영
디자인   조하늘
제작   제이오
펴낸곳   도서출판 오월의봄
주소   경기도 파주시 회동길 363-15 201호
등록   제406-2010-000111호
전화   070-7704-5240
팩스   0505-300-0518
이메일   maybook05@naver.com
트위터   @oohbom
블로그   blog.naver.com/maybook05
페이스북   facebook.com/maybook05
인스타그램   instagram.com/maybooks_05

ISBN   979-11-90422-90-1 93300

(재)한국연구원은 학술지원사업의 일환으로 연구비를 지급,
그 성과를 한국연구총서로 출간하고 있음.

만든 사람들
책임편집   임세현
디자인   조하늘